HARALD GLÖÖCKLER

Fuck you, Brain!

Seien Sie alles –
außer gewööhnlich

PLASSEN
VERLAG

Umschlagfotos: Frank Altmann
Postproduktion: Dirk Sengotta

Gestaltung und Herstellung: Johanna Wack
Buchsatz: Bernd Sabat, VBS-Verlagsservice
Lektorat: Monika Gehle
Korrektorat: Karla Seedorf
Druck: GGP Media GmbH, Pößneck

ISBN 978-3-86470-493-2

Bibliografische Information der Deutschen Nationalbibliothek:
Die Deutsche Nationalbibliothek verzeichnet diese Publikation in der Deutschen Nationalbibliografie; detaillierte bibliografische Daten sind im Internet über <http://dnb.d-nb.de> abrufbar.

BÖRSEN MEDIEN
AKTIENGESELLSCHAFT

Postfach 1449 • 95305 Kulmbach
Tel: 09221-9051-0 • Fax: 09221-9051-4444
E-Mail: buecher@boersenmedien.de
www.boersenbuchverlag.de
www.facebook.com/boersenbuchverlag

WÄRE HARALD GLOOCKLER EIN TIER, WÄRE ER EIN
LOWE
IF HARALD GLOOCKLER WERE AN ANIMAL, HE WOULD BE A LION

Inhaltsverzeichnis

Anhang

Ein schneller Anfang, mutig begangen,
führt zu raschem Erfolg
und einem schnellen Ende.
Oftmals erscheint uns ein Anfang unmöglich,
in Wirklichkeit ist es aber nur
eine weitere kosmische Prüfung,
um wieder einmal
über uns hinauszuwachsen.

HARALD GLÖÖCKLER

Sie können viel mehr, als Sie denken …

VORWORT

Fuck you, Brain! Der provokative Titel mag Sie überraschen, das ist aber durchaus beabsichtigt. Denn wie so vieles in meinem Leben steht auch mein neues Buch unter dem Motto: Alles außer gewööhnlich … Ich möchte Sie mit vielen Beispielen aus meiner Erfolgsstory dazu motivieren, die Kontrolle über Ihre Handlungen zu übernehmen und Ihr Denken umzuprogrammieren, das heißt, sich nicht durch Ihr gedankliches Hamsterrad und Ihre im Unterbewusstsein gespeicherten Erfahrungen davon abhalten zu lassen, Sie selbst und einzigartig zu sein.

Dazu müssen Sie wissen, dass das Gehirn all unsere Gedanken, die wiederum durch unsere Emotionen interpretiert und gefärbt werden, systematisch umsetzt. Empfängt unser Gehirn einen elektrischen Impuls, also einen Gedanken, versetzt es das zentrale Nervensystem augenblicklich in Aktionsbereitschaft. Was unser Gehirn mit unseren Gedanken macht, ist uns jedoch nicht bewusst.

Stellen Sie sich eine Walze vor, auf der von Geburt an all Ihre Erfahrungen, alle an Sie weitergegebenen Muster, Vorstellungen und Emotionen der Erwachsenen eingeprägt werden, mit jeder Umdrehung, sprich Wiederholung, immer tiefer und tiefer und tiefer. Unser Gehirn speichert diese Erlebnisse und Erfahrungen als zutreffend und bedeutend im Unterbewusstsein ab, ohne sie je auf ihre Richtigkeit oder Gültigkeit zu überprüfen; denn seine Aufgabe ist es, superschnell und automatisch zu reagieren, um Ihr Überleben zu gewährleisten. Da also Ihre bewussten Entscheidungen letztendlich auf dem gründen, was im Unterbewusstsein abgespeichert ist, müssen Sie, wenn Sie Sie selbst sein wollen, irgendwann im Leben auf die Reset-Taste drücken und sich auf den neuesten Stand bringen. Daher sagen wir: Fuck you, Brain! Fuck you, Automatismus! Ändern wir unser gewohntes Denken, ändern wir automatisch unsere Handlungen.

Die Herausforderung für Sie liegt darin, Ihr Unterbewusstsein zu erforschen, sich neu zu formen und zu coachen, sozusagen eine neue Spur in die Walze zu legen. Sobald Sie sich Ihrer selbst mehr und mehr bewusst werden und Ihre Muster erkennen und ändern, programmieren Sie das Unterbewusstsein neu. So wird Ihr neu gewonnenes Selbst-Bewusstsein zum Coach Ihres Unterbewusstseins. Glauben Sie mir: Wir alle sind schlafende Götter, auch Sie! Wachen Sie auf, und befreien Sie sich von Ihrer Angst vor Großartigkeit. Lassen Sie uns diese Herausforderung auf den folgenden Seiten gemeinsam anpacken.

Ich möchte Sie in diesem Buch an meinem Weg teilhaben lassen und Ihnen meine erlebten und gelebten Erfahrungen offenbaren. Keine Sorge, ich werde Ihnen keine Ratschläge erteilen, denn man sagt, selbst Ratschläge seien Schläge. Auch beanspruche ich nicht für mich, dass Sie mein Erfolgskonzept als das einzig richtige betrachten. Das wäre vollkommen irreführend. Es kann höchstens als Motivation und vielleicht zur Inspiration dienen, um zu beginnen, möglichst schnell zu beginnen. Sie allein müssen Ihren Weg am Ende allein gehen und herausfinden, was Sie wollen und wie Sie es bekommen.

„Fuck you, Brain!“ ist keines dieser mit erhobenem Zeigefinger geschriebenen Bücher anscheinend unglaublich kluger Menschen, die einem das Gefühl vermitteln, man selbst sei klein und unbedeutend. Nicht großartig und gebildet genug, um Dinge selbst reflektieren zu können. Mit beschränktem Horizont sozusagen. Dies soll kein hochtrabender, kaum verständlicher Monolog eines übermenschlich weisen Coaches werden. Ich spreche mit Ihnen auf Augenhöhe. Über die Essenz meines bisherigen Lebens, meiner Erfahrungen, meiner Erlebnisse. Über meine Art und Weise, dem Leben zu begegnen und Herausforderungen zu meistern, Widrigkeiten als Chancen zu betrachten und an ihnen zu wachsen, anstatt sich an ihnen aufzureiben.

Sollten Sie auf den folgenden Seiten ein für alle gültiges Grundrezept für den Weg zum Erfolg erwarten, muss ich Sie leider enttäuschen. Mein Weg ist nur einer von vielen Wegen, es ist meine (Eigen-) Art, dem Leben die Stirn zu bieten, indem ich einfach den Stier bei den Hörnern packe. Vielleicht ist es Ihr Weg, die Kuh vom Eis zu holen, wer weiß ...

Meine Anfänge sind wahrlich nicht aus dem Stoff, aus dem man normalerweise die großen Erfolgsgeschichten schneidert. Mein Leben begann nicht unter typisch märchenhaften Voraussetzungen. Ganz im Gegenteil! Obwohl ... wenn ich es mir richtig überlege ... beginnen nicht auch viele Märchen dramatisch und tragisch? Mit einem Mädchen, meistens einer armen Königstochter, die wie Schneewittchen nach langem Kampf gegen Neid, Missgunst und eine böse Stiefmutter ihren Prinzen findet oder von ihm gefunden und gerettet wird, um dann endlich das für sie vorgesehene, schöne Leben als Prinzessin zu führen. Im wirklichen Leben – das ist eine Erfahrung, die ich gemacht habe – sollte man sich auf den Retter in goldener Rüstung, der auf einem Schimmel dahergeritten kommt, besser nicht verlassen, sondern sich vielmehr selbst retten, ansonsten ist man unter Umständen ganz verloren. Im Leben auf Rettung zu warten, durch einen anderen Menschen, durch Verwandte oder vermeintliche Freunde erlöst zu werden, geht meist aber auch so was von nach hinten los – ja, okay, es gibt auch einige wenige Ausnahmen.

Fühlen Sie sich von diesen Worten angesprochen? Gab es etwa so eine Stiefmutter (oder auch einen Stiefvater) in Ihrem Leben? Hatten Sie auch schon einmal das Gefühl, nicht gefördert, nicht richtig eingeschätzt und schlecht behandelt worden zu sein? Oft bleiben die eigenen Talente dadurch verborgen, dass sie keiner wahrnimmt und sich ihrer annimmt; dass Sie niemand in Ihren Belangen und Wünschen unterstützt beziehungsweise Ihnen keiner eine Chance bietet, Ihre Fähigkeiten unter Beweis zu stellen. Um ehrlich zu sein: Man wird Ihnen diese Chance mit großer Wahrscheinlichkeit auch nicht bieten, wenn Sie selbst nichts dafür tun. Da können Sie unter Umständen lange warten. Für die passenden Umstände sollten Sie am besten selbst sorgen.

Kommt es Ihnen mitunter nicht auch so vor, dass in Ihnen eigentlich jemand ganz anderes steckt, ein ganz anderes Wesen? Vielleicht ein schöner, eleganter Schwan, der in der Realität, im Hier und Jetzt für ein hässliches Entlein gehalten wird oder sich, was noch tragischer ist, am Ende selbst für ein solches hält? Fühlen Sie sich wie im falschen Film, wie man so schön sagt? Ich bin der festen Überzeugung, dass alles im Leben einen Grund hat, nichts geschieht aus einer Laune heraus. Ebenso – da bin ich mir sicher – sind wir auf diese Erde gekommen, weil jeder von uns seine ganz individuelle Aufgabe zu erfüllen hat. Man könnte denken, wir seien körperliche Wesen, die geistige Erfahrungen machen sollen. Ich aber bin fest davon überzeugt, dass es umgekehrt ist. Ich sage, wir sind geistige Wesen, die auf der Erde inkarniert sind, um eine körperliche Erfahrung zu machen. Der Geist erschafft den Körper, nicht umgekehrt.

Wir sind alle wie durch unsichtbare Fäden miteinander verbunden. Der eine braucht die andere, allein könnte keiner von uns existieren. Deshalb sind Mitgefühl und ein freundlicher Umgang miteinander das Wichtigste im Leben. Das hat mich meine Lieblingstante Gertrud gelehrt. Sie sagte immer wieder zu mir: „Schau, Bub, das Wichtigste im Leben ist ein liebevoller Umgang miteinander. Das ist es, was zählt. Schnell fühlt sich jemand durch uns gekränkt, und ein Schaden entsteht, den wir nicht aus Bösartigkeit, sondern aus Unachtsamkeit angerichtet haben und nicht wieder gutmachen können. Schnell sagt man etwas unbedacht daher, der andere aber nimmt es sich schwer zu Herzen und leidet. Sei also immer achtsam im Umgang, das ist sehr wichtig. Und merke dir dieses Gedicht von Ferdinand Freiligrath:

O lieb', solang du lieben kannst!
O lieb', solang du lieben magst!
Die Stunde kommt, die Stunde kommt,
Wo du an Gräbern stehst und klagst!

Und sorge, daß dein Herze glüht
Und Liebe hegt und Liebe trägt,
Solang ihm noch ein ander Herz
In Liebe warm entgegenschlägt!

Und wer dir seine Brust erschließt,
O tu ihm, was du kannst, zulieb'!
Und mach ihm jede Stunde froh,
Und mach ihm keine Stunde trüb!

Und hüte deine Zunge wohl,
Bald ist ein böses Wort gesagt!
O Gott, es war nicht bös gemeint,
Der andre aber geht und klagt.

O lieb', solang du lieben kannst!
O lieb', solang du lieben magst!
Die Stunde kommt, die Stunde kommt,
Wo du an Gräbern stehst und klagst!

Dann kniest du nieder an der Gruft
Und birgst die Augen, trüb und naß,
– Sie sehn den andern nimmermehr –
Ins lange, feuchte Kirchhofsgras.

Und sprichst: O schau' auf mich herab,
Der hier an deinem Grabe weint!
Vergib, daß ich gekränkt dich hab'!
O Gott, es war nicht bös gemeint!

Er aber sieht und hört dich nicht,
Kommt nicht, daß du ihn froh umfängst;
Der Mund, der oft dich küßte, spricht
Nie wieder: Ich vergab dir längst!

Er tat's, vergab dir lange schon,
Doch manche heiße Träne fiel
Um dich und um dein herbes Wort –
Doch still – er ruht, er ist am Ziel!

O lieb', solang du lieben kannst!
O lieb', solang du lieben magst!
Die Stunde kommt, die Stunde kommt,
Wo du an Gräbern stehst und klagst!"

Sie können immer wieder von vorn beginnen. Das Leben auf Reset stellen, quasi auf Werkseinstellung zurücksetzen. Sie haben es in der Hand, Ihr Leben komplett umzukrempeln, es immer wieder neu zu gestalten. Keiner kann Sie daran hindern, nur Sie sich selbst. Alles, was Sie in Ihrem Leben ereilt, haben Sie selbst angezogen, bewusst, aber auch unbewusst. Ich weiß, diese Aussage werden viele von Ihnen nicht einfach so akzeptieren können. Aber es ist die Wahrheit. Die Wahrheit ist nicht schmeichelhaft, sondern manchmal hart, sie ist, wie sie ist. Wir stehen uns immer selbst im Weg, nie sind es die anderen.

Deshalb sollten Sie als Erstes damit aufhören, andere oder irgendwelche Umstände für Ihr Leben, Ihre Probleme und Tragödien verantwortlich zu machen. Seien Sie krea(k)tiv, also aktiv-kreativ, und springen Sie aus der destruktiven Opferrolle in die konstruktive Schöpferrolle. Und kommen Sie mir jetzt nicht mit den üblichen Ausreden, Sie hätten keine Chancen, kein Geld, keine Möglichkeiten. Möglichkeiten hat man immer, wo ein Wille ist, ist immer auch ein Weg. Mich hat mangelnde Liquidität nie daran gehindert, meine Träume zu realisieren, da muss man sich eben etwas einfallen lassen, um ans Ziel zu kommen. Geht nicht, gibt's nicht! Keiner sagt, dass es leicht sei, denn wäre es leicht, würden es alle machen.

An dieser Stelle frage ich Sie nun ganz unverblümt: Was erwarten Sie von Ihrem Leben? Haben Sie darüber schon einmal ernsthaft nachgedacht? Wünschen Sie sich ein erfolgreiches, erfülltes Leben in Luxus, Schönheit und Reichtum? Dann krempeln Sie jetzt die Ärmel hoch und gehen das gemeinsam mit mir an. Ich werde Sie dabei tatkräftig unterstützen. Dass im Leben alles möglich ist, wenn Sie seinen Fluss oder sich selbst nicht blockieren, werde ich Ihnen in den nachfolgenden Kapiteln beweisen.

GLOOCKLER®
Explosion

Seien Sie nur Sie selbst …
und niemand sonst.
Entdecken Sie sich täglich neu
in allen Facetten Ihres Seins
und in Ihrer ganzen Großartigkeit.
Sie sind groß, stark und mutig,
Sie sind ein Teil Gottes.
Zeigen Sie sich in Ihrem vollen Glanz.

HARALD GLÖÖCKLER

Seien Sie ein Original – keine Kopie!

Gleich das erste Kapitel könnte unter Umständen Ihre ganze Lebensweise infrage stellen. Ich werde Sie auffordern, Sie selbst zu sein. Unangepasst, freigeistig, revolutionär und mit einer gehörigen Portion Egoismus ausgestattet.

Sie selbst zu sein – wie funktioniert denn das, wie fühlt sich das an? Darf man das überhaupt? Sind wir nicht dazu erzogen worden, uns anzupassen, nicht über Gebühr aufzufallen, uns einzufügen und unterzuordnen? Nun sollen Sie auf einmal „Sie selbst sein", ohne Einschränkung. Gehört sich das denn? Kann man sich dabei nicht blamieren? Ist das am Ende nicht vielleicht sogar peinlich? Steht einem das denn zu, ist das nicht zu anmaßend? Gotteslästerlich? Wie Sie sehen, türmen sich auf der Stelle Fragen über Fragen auf, denn anscheinend ist es eher abwegig, NUR SIE SELBST zu sein!

Und dabei sollte man doch meinen, es sei das Einfachste auf der Welt. Sich zu akzeptieren so, wie man ist, mit all seinen Farben und Facetten – was soll falsch daran sein, einmalig, unique zu sein? Nichts. Ganz im Gegenteil. Es ist Ihre einzige Chance, sich von anderen abzuheben und in Ihrem Dasein selbst Regie zu führen. Sie dürfen das, es ist Ihr göttliches Geburtsrecht, ganz einfach Sie selbst zu sein, ohne Kompromisse, ohne schlechtes Gewissen. Es ist auch nicht so schwer, wie das im ersten Moment aussehen mag, und macht dabei noch tierisch Spaß. Ich schlage Ihnen vor: Versuchen Sie es einfach! Gehen Sie das Experiment an. Mit mir zusammen.

Sehen Sie, Sie sind einmalig! Jede und jeder von uns ist von Natur aus etwas ganz Besonderes. Das ist das große Geschenk des Schöpfers an uns Menschen und gleichzeitig genau das, womit wir am meisten hadern und wogegen wir kämpfen. Warum aber, frage ich Sie, fällt es uns nur so schwer, uns so zu akzeptieren, wie wir sind? Einerseits streben wir alle nach Einmaligkeit, wollen wahrgenommen werden als Person mit einzigartigen Eigenschaften und Talenten. Wir wünschen uns, mit entsprechender Achtung behandelt zu werden, fordern Anerkennung für unsere Leistungen und erwarten, dass man unsere vermeintliche Stellung in der Gesellschaft akzeptiert. Welche Stellung denn, frage ich Sie, die uns von Dritten zugedachte oder die von uns gewünschte? Denn das sind oftmals zwei Paar Schuhe. Die meisten Menschen geben sich leider nur mit dem zufrieden, was man ihnen von außen zugesteht, anstatt darüber nachzudenken, was sie sich wünschen, und es dann einzufordern. Das ist ein großer Fehler, der dringend behoben werden muss.

Und wer bitte ist denn die Gesellschaft überhaupt? Ich akzeptiere eine Gemeinschaft. Man hat etwas gemeinsam und findet sich darin wieder. Aber die Gesellschaft ist nicht mehr und nicht weniger als ein Zusammenschluss einzelner, meist einander fremder Menschen, die oftmals rein gar nichts miteinander zu tun haben.

Wieso also kratzt es uns, was diese Menschen von uns oder unserem Lebensstil halten, wieso beugen wir uns ihrem Diktat? Wieso in Gottes Namen messen und vergleichen wir uns ständig in einem immerwährenden Wettbewerb, neiden und missgönnen unseren Mitmenschen ihren Erfolg und andere Dinge? Das Irrwitzige an der ganzen Angelegenheit ist: Einerseits möchten wir sein wie alle anderen und passen uns daher unentwegt an, gleichzeitig aber wollen wir uns über sie erheben; und das nicht etwa durch geistiges Wachstum und unsere einzigartige Leistung, sondern durch gesellschaftlich anerkannte Statussymbole wie das größere Auto, das schönere Haus, die kostbarere Uhr oder den eindrucksvolleren Titel. Dadurch setzen wir uns permanent einem kaum zu ertragenden Druck aus, der unser ganzes Dasein beherrscht. Wir leben nicht mehr unser Leben, vielmehr beherrscht uns das fremdbestimmte Lebenskonzept jeden Tag, jede Stunde, jede Sekunde. Selbst unsere Kinder tyrannisieren wir mit unseren Anforderungen an ihre Leistungen, damit sie in das Weltbild von „schneller, besser, weiter“ passen. Wieso tun wir das? Woher kommt diese Unsicherheit, sich selbst nicht akzeptieren, sich so, wie man ist, nicht annehmen zu können? Ich sage es Ihnen: Wir haben Angst, nicht zu genügen, bei anderen nicht anzukommen, anderen peinlich zu sein. Wir fürchten uns vor unseren Unzulänglichkeiten und vor dem Versagen.

Aber wer, frage ich Sie, wer bitte hat das Recht und verfügt über die Voraussetzungen, Sie zu beurteilen? Wenn wir alle einmalig sind, was zweifelsohne der Fall ist, wie kann man uns dann in einen Topf werfen, uns in einen Vergleich zueinander setzen? Dies ist objektiv gesehen ja nur möglich, wenn die Voraussetzungen der beteiligten Personen zu 100 Prozent identisch sind! Da wir Menschen aber eben alle unserer Art und unserem Wesen nach verschieden sind, in unserer Denkweise wie in unseren Empfindungen, ist ein Vergleich oder Wettbewerb gar nicht möglich und nötig. Der menschliche Körper ist ein Wunder. Jeder von uns ist ein Wunder, aber die Obrigkeiten, der Staat und die Kirche haben uns über die Jahrhunderte und Jahrtausende kleingemacht. Wie war das möglich? Indem man dem Volk eingeredet hat, es sei dumm, ungebildet, niederen Ranges; dass man das Denken doch bitte tunlichst dem Adel und dem Klerus überlassen solle, den Gebildeten, die allein eine Ahnung davon hätten. Im Klartext: Unsere Vorfahren haben ihre Menschenrechte abgegeben, das Recht auf Selbstbestimmung und Freiheit zum Beispiel.

Wir sind Gottes Kinder, als göttliche Geschöpfe auf diese Erde gekommen, um in einer Dualität Erfahrungen zu sammeln. Wir können zwischen Gut und Böse wählen, zwischen einem Leben in Mangel oder Fülle, wir können alles erfahren, was wir uns wünschen. Warum tun wir es dann nicht? Warum lassen wir uns von sogenannten Autoritäten unser Leben diktieren und unterwerfen uns der Macht? Wir sind frei geboren und leben dennoch in freiwilliger Gefangenschaft, ist das nicht verrückt? Und wir beschweren uns auch noch darüber. Wir beschweren uns über alles und jeden, über unsere Mitmenschen, das Wetter, über die Kirche, die Politiker, die Parteien und begeben uns dadurch mehr und mehr in eine Opferrolle – die Rolle der Untergebenen. Wir versklaven uns selbst. Dabei himmeln wir die wenigen Menschen an, die es geschafft haben, sich aus der Masse herauszuheben, die ein sichtbar anderes Leben führen. Weshalb lieben wir denn Stars so sehr, verehren und vergöttern sie? Sie scheinen etwas Besonderes zu sein, sie leben kein alltägliches Leben, sondern ein, wie wir finden, weitaus interessanteres als unser eigenes. Ja, es sieht so aus, als sei so ein Leben nur wenigen Auserwählten vergönnt. So ist es aber nicht. Schließlich und endlich sind wir alle gleich, mit dem entscheidenden Unterschied, dass sich die einen selbst versklaven, in einer selbst gewählten Agonie leben, während die anderen ihr Leben in die Hand genommen haben und dieses selbstständig und frei nach ihrem eigenen Gutdünken gestalten.

Hören Sie ab sofort auf, sich zu beschweren. Erfolgreiche Menschen jammern und lamentieren nicht über fehlende Voraussetzungen oder mangelhafte Gegebenheiten. Sie nehmen erst mal das, was da ist, und bauen ihre Vorstellungen und Pläne einfach darauf auf. Ein „Geht nicht" gibt's bei ihnen nicht. Selbst wenn sie ein Stück Wüste geschenkt bekommen anstelle eines fruchtbaren Ackers, wie ihn der Nachbar hat, reagieren sie nicht neidisch, ärgern sich nicht über das scheinbar nutzlose Geschenk, sondern nehmen dankbar an, was sie bekommen haben ... und bohren im trockenen Boden nach Öl.

Oft höre ich Menschen sagen: „Das ist nichts für uns, ist nicht unsere Welt, das ist etwas für die Reichen." Wer sagt das? Wer bestimmt das? Niemand kann Sie begrenzen außer Sie sich selbst. Wieso machen sich Menschen derart klein? Wieso gestehen sie sich so viele Dinge nicht zu und grenzen sich aus? Als ich vor Kurzem an einem Sonntagnachmittag mit meinem kleinen Hund Billy King im Garten saß, hörte ich plötzlich eine Gruppe älterer Menschen reden. Dazu sollten Sie wissen, dass mein Garten uneinsehbar ist. Das war letztendlich auch Thema des Gesprächs, das ich zufällig mitbekam. Eine Dame meinte: „Ach, man kann ja nichts sehen, ist ja auch verständlich, denn sonst hätte Herr Glööckler ja auch keine Ruhe vor all den Gaffern." Es belustigte mich doch etwas, denn schließlich kam diese Truppe ja – wie selbst gesagt – auch zum „Gaffen". Wieder ein Beispiel dafür, dass es immer die anderen sind. Man selbst ist natürlich nicht neugierig. Plötzlich vernahm ich einen spitzen, schrillen Schrei. Eine der Damen hatte die golden schimmernden Skulpturen auf der Balustrade meines Balkons entdeckt sowie die Fahne, die über meinem Château weht. „Ei, guck amol", sagte sie, „ei, die leben in'ner ganz annern Welt. Ja ja, dös isch a ganz anner Welt als unnersch!" Nein, dachte ich, es ist eben keine andere Welt, es ist lediglich eine Facette der Welt.

Es ist eine Welt, die ich mir geschaffen habe. Seit meiner Kindheit arbeite ich daran, erschaffe Visionen, kreiere ein eigenes Universum und setze es in die Realität um. Es hat mich noch nie gekümmert, ob ein anderer so leben möchte wie ich, ob es meine Mitmenschen etwa chic finden, wie ich lebe, es als passend oder unpassend deklarieren. Wieso auch – lebe ich doch mein Leben und nicht das Leben von anderen. Je weniger man sich Gedanken darüber macht, was die Welt von einem hält, desto einfacher wird das Dasein. Ja, es gehört eine Menge Mut dazu, als Adler unter Spatzen zu leben! Man fällt definitiv auf, aber man gestaltet sein Leben nach eigenen Wünschen und lebt nicht aus dritter Hand nach den Vorstellungen, Vorgaben und Ideen der Eltern oder der Gesellschaft. Der Erfolg liebt den Mutigen. Wenn man etwas tun will, sollte man es beherzt angehen, denn eine Handlung, die mutlos, gleichgültig, ängstlich oder nachlässig ausgeführt wird, ist der Mühe nicht wert und zum Scheitern verurteilt. Wer nicht wagt, der nicht gewinnt, heißt es, und genauso sieht es auch im Leben aus. Es ist alles eine Frage der Wahrnehmung. Denn wenn man nur seine eigene, kleine Welt als die einzig wahre und reale betrachtet, wirkt der große Rest, das, was sich von der eigenen Denkweise abhebt, fremd und unter Umständen sogar beängstigend.

Wir alle sind verschieden, wir sind Individuen, hochentwickelte geistige Wesen, die auf die Erde gekommen sind, um eine körperliche Erfahrung zu machen. Wir bekommen das, was wir vom Leben einfordern – nicht mehr und nicht weniger. Es ist ein wenig wie bei einem Geburtstag. Wir müssen sagen, wie viele Stücke vom Kuchen wir haben möchten. Der eine nimmt nur ein Stück, die zweite verputzt die halbe Torte, und wieder ein anderer kauft gleich die Konditorei. Es gibt in diesem Leben keine Begrenzungen, außer denen, die wir uns selbst setzen. Völlig ungeachtet der Voraussetzungen, die unser Elternhaus uns bot, haben wir die Möglichkeit, alles zu erreichen und zu erhalten, was wir auf dieser Welt erfahren wollen. Aber dazu sollten wir erst einmal wissen, was wir wollen. Wir sind zu großen Taten berufen, doch das Fatale daran ist, dass unsere Eltern und die Gesellschaft uns von klein auf auch tatsächlich kleinreden und zusammenfalten, bis wir endlich in das für uns vorgesehene Fach im Setzkasten der Allgemeinheit hineinpassen. Die guten Plätze sind natürlich alle schon für die reserviert, die in bessere Verhältnisse und Kreise hineingeboren wurden. Und selbstredend hat keiner ein

Interesse daran, seinen Platz auf der gesellschaftlichen Sonnenseite zu teilen, geschweige denn ihn gegen eine schlechtere Positionierung einzutauschen.

Diese Erziehungsmaßnahmen, diese Versuche, uns zu domestizieren, kleinzumachen und zu unterdrücken, sind an mir gründlich vorbeigegangen. Ich habe mir in der Tat schon sehr früh Gedanken darüber gemacht, wer ich bin und wer ich sein möchte. Ich dachte nicht an „Werden", sondern an „Sein", und darin liegt ein großer Unterschied; oftmals scheitert der Mensch genau daran. Wenn ich etwas werden möchte, habe ich es noch nicht erreicht, es ist ein Wunsch, immer bedroht vom Damoklesschwert des Versagens, der Unmöglichkeit. Wenn man etwas werden möchte, haben Versagensängste und Zweifel, die uns durch Erziehung und Gesellschaft eingepflanzt wurden, immer wieder die Möglichkeit, durchzubrechen, uns zu bremsen, zu warnen und zu blockieren. Und sie tun es, unaufhörlich, unerbittlich, gnadenlos. Aber auch unsere Umwelt wird mahnend den Zeigefinger heben, wenn wir den allseits akzeptierten Pfad verlassen: „Lass das, am Ende stürzt du dich ins Unglück, das wird nichts, du gehst unter und reißt dich und deine Familie mit ins Verderben." Anstatt auf diese Worte zu hören, nehmen Sie sie als Ansporn, umso mehr herausfinden zu wollen, was Sie sich für sich selbst wünschen, wie Ihr Umfeld aussehen soll, was Sie in Ihr Leben ziehen möchten, und was Sie zu Ihrem eigenen Wohle loslassen können. Dazu ist es unerlässlich, eine Bestandsaufnahme zu machen, den aktuellen Ist-Zustand zu evaluieren. Ich erstelle dazu regelmäßig Listen, sie sind mir immer eine große Hilfe.

Nehmen Sie ein Blatt Papier und ziehen Sie einen Trennstrich in der Mitte. Links schreiben Sie bitte die Dinge auf, die Sie momentan besitzen, und rechts die, welche Sie sich wünschen. Auf einem weiteren Blatt nennen Sie links all die Dinge, die Sie in Ihr Leben ziehen wollen, und rechts alles das, wovon Sie sich besser trennen sollten.

Wenn Sie eine Entscheidung treffen wollen, sollen oder müssen, die Ihnen Angst bereitet, schreiben Sie links auf, was Ihnen bestenfalls mit dieser Entscheidung passieren wird, und rechts, was im schlimmsten Fall eintreten könnte. So sehen Sie klarer, und so mancher unüberwindbar scheinende Berg schrumpft plötzlich auf die Größe eines kleinen Hügels.

Auch meine Mitmenschen unterziehe ich regelmäßig dieser Prozedur. Links schreibe ich Personen auf, die mir guttun, und rechts die, die mich ausschließlich belasten und ausnutzen wollen.

Wenn Sie also erst einmal wissen, wie Sie sich Ihr neues Leben vorstellen, sind Sie schon einen beachtlichen Schritt weiter. Dann stelle ich mir so bildlich wie möglich vor, das Gewünschte bereits erreicht zu haben. In meinem Geist ist es bereits Wirklichkeit geworden.

Es gab Zeiten in meinem Leben, da schien alles hoffnungslos und verloren. Mit einer erdrückenden Schuldenlast stand ich da. In dieser Zeit klingelte der Gerichtsvollzieher öfter als der Postbote. Anstatt jedoch meine Zeit damit zu vergeuden, Verlorenem hinterherzuweinen, konzentrierte ich mich darauf, Neues zu erschaffen. Eine neue Zukunft zu kreieren. Trotz chronischen Geldmangels in Reichtum und Überfluss zu denken. In Gedanken und Bildern erschuf ich ein Leben im Luxus – mit eigenem Flugzeug und allem, was dazugehört. Ich dachte nicht: Das ist nichts für mich, das schaffe ich nicht, ohne Kapital geht das nicht. Im Gegenteil! Ich begann, mein Leben erst einmal visuell so zu gestalten, wie ich es mir wünschte. Um zu erleben, wie es sich anfühlt, vor einem Privatjet zu stehen, lud ich im Internet das Foto einer eleganten Maschine herunter, legte via Photoshop einen roten Teppich davor und platzierte mich selbst in Überlebensgröße darauf. Natürlich durfte neben dem Flugzeug zur Abholung eine Mercedes-Benz S-Klasse in der Langversion nicht fehlen. Ebenso verfuhr ich mit meinen Lieblingsorten und meinen favorisierten internationalen Hotels wie zum Beispiel dem Palace Hotel in St. Moritz; ich lud mir die Fotos der Suiten und Räumlichkeiten herunter, in denen ich mich bewegen wollte, und machte mir eine Collage. Diese brachte ich an der Wand an, um sie jeden Tag betrachten zu können. Ich machte mich mit meinem neuen Lebensstil vertraut, beamte mich gedanklich und (ganz wichtig!) gefühlsmäßig in diese neue von mir erwünschte Welt, bis dann eines Tages die Bilderwand zur Realität wurde.

Denn eines schönen Tages, es war 2002, kam plötzlich eine Anfrage, ob ich nicht für die kommende Skisaison eine Modenschau in der Schweiz veranstalten wollte. Dreimal dürfen Sie raten, wo – ja, im legendären Palace Hotel in St. Moritz. Es sprengte all meine Erwartungen. Dort trifft sich der Jetset, kommen die sogenannten

Reichen und Schönen zum Polo on Snow zusammen. Doch gerade für die Damenwelt spielt der Sport in St. Moritz nur eine Nebenrolle. Diese ist vielmehr damit beschäftigt, ihren Reichtum zur Schau zu stellen und ihren Platz in der Gesellschaft zu demonstrieren und zu behaupten. Nirgendwo auf der Welt sind Hackordnung und Fallhöhe größer. In meinem Wunschhotel also sollte ich eine Haute-Couture-Show präsentieren. Ich konnte und ich wollte, denn das war meine Chance. Das war der Jackpot, die Königsklasse, und ich wusste genau: Wer im Palace Hotel residierte, hatte Geld, Geld, Geld und nochmals Geld. Um dieses verwöhnte Publikum zum Staunen zu bringen und zu faszinieren, musste ich es mit seinen eigenen Waffen schlagen und richtig dick auftragen. Noch viel opulenter werden, als es der Jetset selbst gewohnt war.

So ließ ich unter dem Motto „Snow White on Ice" Brigitte Nielsen als böse Königin und Ariane Sommer als schönes Schneewittchen einfliegen. Meine Models sollten meine prächtige Mode mit Schlittschuhen auf einem Laufsteg aus Eis vorführen. Doch meine Idee war logistisch aufwendiger, als es sich der Manager des Hotels vermutlich im Vorfeld gedacht hatte. Dreißig Meter lang und fünf Meter breit sollte die Bahn sein, für deren Aufbau sogar der Speisesaal drei Tage lang geschlossen werden musste. Doch der Hoteldirektor hatte keinerlei Sorge, anwesende Gäste zu vergraulen. Vielmehr wollte er mit der Show ein neues, jüngeres Publikum anziehen und gewinnen. So glamourös wie meine Show musste natürlich auch mein eigener Auftritt im Hotel sein. Ich hatte extra einen Mantel aus goldenem Stepp entworfen, der wie pures Gold wirkte. Mit Kragen und Saum aus strahlend weißem, falschem Nerz, denn ich bin, das sollten Sie wissen, ein überzeugter Gegner echter Pelze. Dazu trug ich wie immer glitzernde Ringe von gigantischer Größe an jedem Finger und Perlen in Hülle und Fülle. Ich fühlte mich wie ein wahrhaftiger Prinz und ging selbstbewusst und voller Vorfreude ins Hotel. Wir bekamen eine luxuriöse Suite mit wunderbarem Blick auf die atemberaubende Schneelandschaft von St. Moritz. Doch Zeit zum Ausruhen und Genießen hatten wir nicht wirklich, denn langsam, aber sicher trudelten Kleider und Models ein. Ich hatte für die Schlittschuhläuferinnen ganz märchenhafte Kleider aus fließenden, glänzenden Stoffen entworfen. Doch wie konnte ich in einem Nobel-Skiort Champagner trinkende Frauen, die von Kopf bis Fuß auf edlen Schmuck eingestellt waren, noch mehr beeindrucken? Was konnte noch exklusiver sein? Und dann kam der Einfall: Ganzkörperpuder aus feinstem Gold- und Diamantenstaub. Dieses sponserte ein namhafter Juwelier. Es war dekadent, keine Frage, doch es sah unglaublich luxuriös aus, und die Modenschau übertrumpfte am Ende alles, was man bis dato an ähnlichen Events gesehen hatte. Brigitte Nielsen trug ein gigantisches, feuerrotes Kleid, Ariane Sommer wurde als Schneewittchen in einem gläsernen Sarg von Zwergen in den Saal getragen, und als absolutes Highlight ritt unser Prinz auf einem Schimmel ein. Fernsehteams aus Deutschland, der Schweiz, Frankreich und Österreich waren gekommen, dazu viele Journalisten, die für internationale Magazine und Zeitungen schrieben. Die Show fand nicht nur bei der Presse große Resonanz, auch das Publikum war hingerissen. Wir hatten genau die junge Zielgruppe erreicht, die sich der Hoteldirektor gewünscht hatte.

Das Palace fand wohl nicht nur allein meine Show extravagant und besonders, sondern auch mich als Person. Nur wenige Tage später flog ich erneut nach St. Moritz, dieses Mal zusammen mit meiner Freundin Gina Lollobrigida. Man hatte uns als Stargäste zu einer Gala eingeladen. Mit einem Privatjet kamen wir in St. Moritz an und wurden standesgemäß im Rolls-Royce zum Hotel gebracht. Dieses Mal war alles noch eine Stufe pompööser. Es gab Kaviar, Champagner und bewundernde Blicke. Man reservierte für uns einen reich gedeckten Tisch, an dem eigentlich zehn Leute Platz gefunden hätten. Auf der Gala erwartete uns schon das nächste Blitzlichtgewitter. Gina und ich hatten uns für den gemeinsamen Auftritt etwas ganz Besonderes ausgedacht. Ich wählte einen Maharadscha-Anzug aus weißem Brokat mit vielen Perlen, und Gina trug ein schwarzes Paillettenkleid mit weißen Blumen, eine Federboa und prächtige Juwelen. Wo wir auch auftauchten, wurden wir hofiert und fotografiert.

Dies ist nur eines von vielen Erlebnissen,

die ich als Beispiel anführen könnte. Wenn man erst einmal weiß, was man will, und fest daran arbeitet, wird es unweigerlich zu einem kommen. Ich habe immer auf mich selbst gehört, habe mich nie der Masse angepasst – weder in St. Moritz noch anderswo. Wenn man nicht ins Klischee passt, genießt man im wahrsten Sinne des Wortes

Außenseiter-Status. Das ist in der Welt der „High Society" nicht anders als im wirklichen Leben. Denn auch in dieser Gesellschaft treten die meisten Damen und Herren uniformiert auf. Dieselben Marken, dasselbe Schuhmodell, Rolexuhr, schnittige Yacht ... und einige teilen sich sogar denselben Liebhaber. Sorry, aber diese Spitze konnte ich mir nicht verkneifen. Die wenigen, die Wert darauf legen, sie selbst zu sein, werden auch hier gern argwöhnisch betrachtet, aber insgeheim bewundert. Denn sie sind frei wie ein Vogel im Wind, sie unterstehen keinen Reglements und wollen nicht dazugehören. Ganz im Gegenteil, sie heben sich ab von der Menge. Glauben Sie mir: Je einmaliger Sie sind, desto größer ist Ihre Chance auf Erfolg. Kopie kann jeder ...

Außergewöhnliche Sentenzen

Je einmaliger Sie sind, desto größer ist Ihre Chance auf Erfolg.

Sie sind der Star Ihres Lebens und niemand kann Sie aufhalten, außer Sie sich selbst!

Seien Sie mutig, leben Sie als Adler unter Spatzen!

Sie selbst zu sein ist eine der größten Herausforderungen im Leben. Ich rate Ihnen, sich dieser Aufgabe unbedingt zu stellen. Haben Sie Mut, wagen Sie den ersten Schritt. Sie haben nichts zu verlieren, nur zu gewinnen. Denn es ist Ihre einzige Chance, ein selbstbestimmtes Leben zu führen und sich zu verwirklichen, sich immer wieder neu zu erfahren.

Kosten Sie all Ihre Facetten aus und leeren Sie den Pokal, den Ihnen das Leben als Geschenk überreicht, bis zur Neige. Kreieren Sie Ihr ganz eigenes Märchen, führen Sie Regie in Ihrem eigenen Hollywood-Film.

Sie sind einmalig, großartig, einfach göttlich. Und das sollten Sie der Welt mitteilen. Inszenieren und präsentieren Sie sich mit allen Ihnen zur Verfügung stehenden Mitteln. Leben Sie Ihre Träume und lassen Sie Ihre Visionen wahr werden.

Es gibt in diesem Leben keine Begrenzungen, außer denen, die Sie sich selbst setzen. Sie haben die Möglichkeit, alles zu erreichen und zu erhalten, was Sie auf dieser Welt erfahren wollen.

Jammern Sie nicht, klagen Sie nicht, weinen Sie nicht verlorenen Schlachten nach. Fertigen Sie stattdessen regelmäßig Bestandsaufnahmen (Listen) von Dingen und Menschen an, die Ihnen nützen oder zur Last fallen, und erschaffen Sie sich Ihre Welt jeden Moment neu.

Wir alle sind Engel,
die ihre Flügel vergessen haben.
Nicht verloren, sondern vergessen.
Wir können uns einfach
nicht mehr an sie erinnern.
Dennoch können wir fliegen,
und auch unsere Träume können zu jedem
Zeitpunkt an jeden Ort der Welt fliegen.
Spannen Sie Ihre Flügel ganz weit aus
und ... fly, Baby, fly!

HARALD GLÖÖCKLER

Optimieren Sie Ihr Leben

Wie Sie sich denken können, bin ich in meinem Leben schon viel gereist, aber eine der Städte, die mich mit am meisten fasziniert haben, ist New York. Diese Metropole ist powerful, glamourös, selbstbewusst, einzigartig, unvergleichlich. So, wie es jede(r) von Ihnen ist, meine sehr verehrten Damen und Herren.

New York ist quasi das Synonym, der Beweis dafür, dass man alles erreichen kann, wenn man nur will. So wie auch Sie alles erreichen können, wenn Sie die Weichen neu stellen. New York hat die Messlatte des Erfolgs sehr hoch gelegt. Alles ist eine Spur reicher, exklusiver, größer, glamouröser, allerdings auch eine Spur schwerer zu erreichen. Man muss sich wirklich anstrengen, um zu brillieren. Daher frage ich jetzt Sie: „Wie hoch haben Sie Ihre persönliche Messlatte gelegt? Und was oder wie viel sind Sie bereit zu tun, um exakt das zu bekommen, was Sie vom Leben erwarten? Eigentlich ist es ja ganz einfach: Man sollte immer das Beste erwarten und das Optimum herausholen, und genau das mache ich.

Wenn ich zum Beispiel in New York bin, residiere ich in meinem Lieblingshotel The Plaza. Dieses Luxushotel, das 1907 seine Pforten öffnete und zu einem Wahrzeichen der Stadt wurde, ist eines der berühmtesten Hotels in New York. The Plaza ist gerade durch seine Lage so exklusiv. Mitten in Manhattan, umgeben vom Central Park und der Fifth Avenue, erstrahlen seine 19 Stockwerke im Renaissance-Stil eines französischen Schlosses.

Direkt gegenüber stehen Droschken, um Touristen durch den Central Park zu kutschieren. Ich frage mich jedes Mal aufs Neue, wie es den Pferden wohl gehen mag in einer Stadt, die so hektisch und laut ist. Sie wirken traurig, unterernährt, der Kopf ist immer gesenkt und der Blick leer. Um zum Park zu kommen, müssen sie aus ihren Ställen nahe dem Hudson River durch die Straßenschluchten Manhattans traben. Die Scheuklappen sollen sie vor Ablenkung schützen, den Abgasen können sie aber trotzdem nicht entfliehen. Wie sehr ihnen wohl der Auslauf fehlt, das grüne Gras und die reine Luft. Ein Pferd braucht die Natur und nicht die Straßen von New York. Hier steht es den ganzen Tag und wartet auf Leute, umgeben von Autos – wenn es regnet oder schneit, wenn es +40 Grad sind oder -15 Grad. Sie laufen bei Wind und Wetter und machen das, was der Mensch von ihnen verlangt. Was ist das wohl für ein Leben? Kein schönes, möchte ich behaupten. Die armen Pferde können ihr Schicksal nicht bestimmen – wir unseres aber schon.

Wir Menschen müssen nicht mit Scheuklappen durch die Welt laufen, allzu oft tun wir es aber doch. Und dabei haben wir eine wunderbare Chance bekommen. Das Leben ist großzügiger mit uns, als wir es jemals begreifen werden. Dem Kosmos ist es egal, ob wir uns mit wenig zufriedengeben oder aus dem Vollen schöpfen und uns dazu entschließen, das Geschenk des Schöpfers in seiner großartigen, unendlichen Fülle anzunehmen. Denn genau das ist unser Leben, und als solches sollten wir es auch bitte betrachten, als das großartigste Geschenk, das uns jemals gemacht wurde und uns jemals gemacht werden wird. Ich möchte Sie ermutigen, diese großartige Gabe mit der Bezeichnung „Leben" zu erfahren, zu erspüren, zu genießen und sich als Teil dieses Wunders zu sehen, denn Sie sind so großartig und einmalig wie die Schöpfung selbst. Wir alle sind miteinander und mit dem Kosmos verbunden, wir sind ein Teil von ihm.

Über unsere Seele sind wir sozusagen mit der göttlichen Macht verbunden. Das Wort Seele soll einer Hypothese nach vom urgermanischen „saiwaz" (See) abgeleitet sein. Ich stelle mir vor, dass jede Seele als kleiner Wassertropfen diesem großen, universellen See entsprungen ist – zwar getrennt vom großen See existierend, aber dennoch sein ganzes Wissen enthaltend, seine DNA sozusagen; und das bedeutet, dass wir, wenn wir den See als die Schöpfung, als allwissende Macht, als Gott sehen, göttliche DNA in uns tragen und ebenso allwissend sind. Nur bleibt dies uns Menschen meist noch als Geheimnis verborgen.

Ihre Seele ist der Schlüssel zum Geheimnis.

Sie ist wie ein Sonnenblumenkern, ein wahres Kraftwerk, das die geballte Power einer ganzen Sonnenblume enthält. Doch in einer Zeit, in der die Körperlichkeit einen vorrangigen Stellenwert besitzt, hat man leider verlernt, auf seine Seele zu hören. Sie ist zu unserem Stiefkind geworden. Dabei ist sie das Wichtigste, schließlich erweckt sie den Körper zum Leben; ohne die Seele ist der Körper wie eine Oper ohne Musik.

Lassen Sie sich von mir dazu ermutigen, wieder auf die Stimme Ihrer Seele zu hören. Dies bedarf einiger Übung und Geduld, aber es lohnt sich allemal. Um herauszufinden, was Sie im Leben wollen und welche Ziele Sie sich setzen möchten, ist es unerlässlich, auf Ihre innersten Bedürfnisse zu achten. Viele Menschen jagen ein Leben lang dem falschen Ziel nach, leben das Leben der anderen und erfüllen die Erwartungen der Gesellschaft und die ihrer Eltern an sie. Eine Freundin von mir ist Sterbebegleiterin. Sie erzählte mir, und das schockierte mich zutiefst, dass 95 Prozent der Sterbenden kurz vor ihrem Tod bereuen, ihr Leben nicht so gelebt zu haben, wie sie es eigentlich gerne wollten. Sie beugten sich den gesellschaftlichen Maßstäben und richteten ihr Leben danach aus. In der irrigen Meinung, sie müssten die Erwartungen der anderen erfüllen, vernachlässigten sie die eigenen. Und noch schlimmer: Einigen wurde erst im Angesicht des Todes bewusst, dass sie ein Leben lang auf das falsche Pferd gesetzt hatten. Zum ersten Mal nahmen sie sich die Zeit zu reflektieren. Und dann war es zu spät. Begehen Sie diesen Fehler bitte nicht. Schaffen Sie sich Freiräume, nehmen Sie sich Zeit für sich selbst. Denken Sie über Ihr Leben nach. Vergessen Sie den Trubel um sich herum und hören Sie in sich hinein. Sie werden eine wundervolle Reise in Ihr eigenes Ich machen.

Die Stimme Ihrer Seele ist eine sehr leise Stimme, sie kommt daher wie eine Katze auf samtenen Pfoten. Sie ist kaum zu hören, weil sie von vielen anderen, lauten Stimmen unterdrückt wird. Wir denken, wenn etwas leise ist, ist es automatisch unbedeutend. Das stimmt nicht. Es kann sehr viel Kraft in der Ruhe liegen, wir sollten sie nur erleben. Denken Sie an die Shaolin-Mönche, die sagen, man müsse nicht kämpfen, um zu siegen. Sie bringen ihren Geist zur Ruhe, fokussieren und konzentrieren sich und gelangen so zu Klarheit und innerer Stärke – und zu Gelassenheit. Gelassenheit ist sehr wichtig. Wie aber wird man gelassen, wenn um einen herum alles zusammenbricht? Indem man die Umwelt ausschaltet und in sich, in sein Inneres hineinhört. Nach einiger Zeit der Übung, vielleicht mithilfe von Gebeten und Meditation, werden Sie die Stimme Ihrer Seele wieder hören. Ihr Körper wird von einer ungeahnten Wärme und Freude erfüllt.

Doch kommen wir zurück zum großartigsten Geschenk, das wir erhalten haben, zu unserem Leben. Wie sieht es aus, dieses Geschenk? Lassen Sie es uns auspacken, seien Sie neugierig! Sehen Sie, mit dem Leben ist es wie mit den Gaben zu Weihnachten. Da gibt es wunderschön verpackte, mit goldveredeltem Papier und großen Schleifen, luxuriös und prachtvoll. Das sind meist die Päckchen, die die anderen bekommen oder die wir im Fernsehen oder im Kaufhaus sehen. Doch was ist drin? Wir wissen es oftmals nicht. Wir sehen nur die Verpackung, die Hülle, und werden ein wenig neidisch, weil wir denken: „Mensch, so ein schönes Geschenk hätte ich auch gern." Aber warum entwickeln wir Begehren, Neid oder sogar Missgunst, wo wir doch gar nicht wissen, was sich unter dem Papier verbirgt? Es kann ja theoretisch alles sein, etwas Luxuriöses, Kostspieliges, aber auch etwas ganz Gewöhnliches. Vielleicht aber auch gar nichts. Vielleicht ist die Verpackung nur eine aufwendige, aber leere Hülle, wie so vieles im Leben auch nur eine luxuriöse Hülle ohne Tiefgang ist.

Wir haben die Chance, jeden Tag – nein, was schreibe ich, jede Sekunde – alles anders zu machen, unser Leben zu verändern und neu zu gestalten. Ich sagte einmal: „Das Leben ist eine Tragödie. Machen wir eine Operette draus. So schön wie möglich und so elegant wie möglich, dann ist es wunderbar!" Nehmen Sie Ihr Leben in die Hand oder besser an die Hand. Erinnern Sie sich an die Dinge, die gut waren in Ihrer Kindheit, an Dinge, die Ihnen jetzt guttun. Alles, was Ihnen guttut, ist richtig für Sie. Alles, was Ihnen ein schlechtes Gefühl oder gar Angst bereitet, sollten Sie ändern. So handhabe ich das auch in geschäftlichen Angelegenheiten. Menschen müssen ebenfalls ein gutes Gefühl in mir erzeugen, ansonsten verzichte ich lieber auf ein Business. Es mag altmodisch klingen, aber für mich spielt der menschliche Aspekt eine sehr große Rolle. Deshalb ist es mir auch wichtig, alle neuen Geschäftspartner erst einmal in einem persönlichen Gespräch kennenzulernen. Dabei geht es mir hauptsächlich um die Ausstrahlung der Person. Wie kommt sie rüber, was vermittelt sie über ihre Aura und Seele? In diesen Momenten verlasse ich mich stets auf meine innere Stimme.

Wir alle sind miteinander verwoben, und schlechter Umgang färbt automatisch ab. Wenn wir uns mit Menschen umgeben, deren negative Eigenschaften am Ende überwiegen, werden wir früher oder später Schaden nehmen. Es ist also sehr wichtig, dass Sie darauf achten, wen Sie in Ihre Nähe lassen. Wie bereits erwähnt, mache ich jeden Monat eine Liste und schreibe die Namen aller Menschen, die ich kenne, in eine Plus- und eine Minus-Spalte; wer längere Zeit auf der Minus-Seite steht, wird über kurz oder lang von der Liste und somit aus meinem Leben gestrichen. Auch das ist sehr wichtig, denn wer nicht für Sie ist, ist gegen Sie. Merken Sie sich das gut. Und jemand, der Ihnen nicht wohlgesinnt ist, vergiftet Sie und Ihre Seele langsam, aber sicher wie ein fauler Apfel, der den ganzen Obstkorb ansteckt. Deshalb weg damit! Schauen Sie nach, wer Ihnen immer nur zur Last fällt, bei Ihnen schnorrt, Ihre Arbeitskraft für sich einnimmt, Ihnen die Zeit stiehlt und damit das Kostbarste, was Sie haben – Ihre Lebenszeit. Menschen, die immer nur fordern und nehmen, aber nichts geben, die nicht da sind, wenn man sie braucht, sollten Sie aus Ihrem Umfeld verbannen. Mit solchen Zeitgenossen ist es wie mit überflüssigem Zeug.

Vergleichen wir Ihr Leben einmal mit einem Kleiderschrank: Ein großes Event steht an, und Sie überlegen, was Sie zu diesem Anlass tragen sollen. Sie stehen vor Ihrer Garderobe und denken sich: „Oje, ich habe nichts anzuziehen." Im prall gefüllten Schrank verbirgt sich alles, was sich eine Frau nur wünschen kann, und dennoch sehen Sie die wertvollen, genau passenden Stücke nicht. Ich sage Ihnen, schauen Sie genau hin. Werfen Sie all den Ballast weg, den Sie in den letzten Jahrzehnten nur einmal getragen haben oder der Ihnen zum Teil nicht einmal mehr passt. Jedes Kleidungsstück, das nicht mehr passt, bereitet Ihnen nur schlechte Laune.

Räumen Sie Ihr Leben auf oder besser gesagt aus. Räumen Sie alte Schubladen aus, buchstäblich und auch im übertragenen Sinn. Entrümpeln und vereinfachen Sie Ihr Leben. Strukturieren Sie Ihren Geist, indem Sie in Ihrem Inneren aufräumen und Ordnung schaffen. Verschaffen Sie sich einen Überblick über die Kostbarkeiten, die Sie besitzen, denn so sehen Sie plötzlich, dass Sie ja noch die wertvollen Schuhe haben, die in dem Chaos nicht aufzufinden waren, oder dass die längst vergessene Tasche genau zu Ihrem heiß geliebten Etuikleid passt. Legen Sie Ihre Lieblingsteile gut sichtbar ganz nach vorne. Was ist das Resultat? Struktur, Sinn und Vielfalt. Ungeahnte Kreationen und verborgene Schätze. So ist es auch in Ihrem Leben. Schauen Sie genau hin, es lohnt sich. Aktivieren Sie Ihre ordnenden Kräfte.

Und so ist es eben auch mit Ihren Mitmenschen, Bekannten und Freunden: Rangiert man die aus, die nicht mehr passen, schafft man Platz, Platz für Menschen, die einem guttun, die es gut mit einem meinen. Um das eine ins Leben zu holen, muss man zuerst das andere gehen lassen. Um neue Blumen in eine Vase zu stellen, müssen zuerst die verwelkten raus. Dieser Schritt macht uns Menschen oftmals Angst. Einen bekannten Pfad zu verlassen und neue, ungewisse Wege zu beschreiten, bereitet uns Sorge. Aber vergessen Sie nicht: Alles um uns herum verändert sich, täglich, stündlich, sekündlich. Nehmen Sie also Ihren Mut zusammen und wagen Sie den ersten Schritt.

Leben bedeutet Veränderung. Es ist kein langsam und gleichmäßig dahinströmender Fluss. Es ist ein ständiges Auf und Ab. Alles ist in Bewegung, nichts bleibt, wie es ist. Nicht nur unsere Umwelt verändert sich unentwegt, auch wir erneuern uns ständig. Wenn wir unseren Körper sehen könnten, wie er in Wirklichkeit funktioniert, nähmen wir wahr, was bereits der griechische Philosoph Heraklit sagte: „Unser Körper ist nicht etwa eine in Raum und Zeit fixierte, erstarrte Skulptur, sondern vielmehr vergleichbar mit einem aus Energie und Informationen bestehenden Fluss.“ Und er sagte auch: „Man kann nicht zweimal in denselben Fluss steigen.“ Ein Fluss ist unergründlich. Er kann wild sein, aber auch sanft. In seinen Tiefen birgt er ungeahnte Geheimnisse. Ganz wie wir. Wenn wir ihn betrachten, scheint er immer gleich dahinzuströmen, wobei er sich doch in Wirklichkeit ständig verändert. Deshalb ist es unerlässlich, uns immer wieder zu hinterfragen, in uns hineinzuhören und zu ergründen, was sich wichtig und richtig für uns anfühlt. Ziele müssen immer wieder angepasst werden. Was uns mit 20 wichtig erscheint, kann sich mit 40 als völlig belanglos, sogar unsinnig herausstellen.

Morgens nach dem Aufstehen blicken wir als Erstes in den Spiegel, abends vorm Zubettgehen als Letztes. Wir betrachten unsere Falten und den Festtagsschmaus auf der Hüfte oder unsere Schönheit und unser Outfit. Entweder lieben wir unser Spiegelbild oder wir verfluchen es. Wir leben heutzutage immer länger und wollen dabei jung und schön bleiben. „Das Bildnis des Dorian Gray“ zum Beispiel, ein Roman des irischen Schriftstellers Oscar Wilde, zeigt, wie zerstörerisch es sein kann, sich nur auf das Äußere zu fixieren. Die Hauptfigur, der reiche und schöne Dorian Gray, wird von einem Maler porträtiert. Als er zum ersten Mal das Bild sieht, wird ihm bewusst, wie schön er ist. Zugleich halluziniert er den Verfall seiner Schönheit und empfindet Eifersucht auf das Bild. Deshalb wünscht er sich, sein Porträt möge an seiner Stelle altern. Während das Bildnis aufgrund von Grays selbstverliebtem Lebenswandel immer grausamere Züge aufweist, bleibt der Mann jung und makellos schön. Bis zum bitteren Ende.

Wir altern körperlich, das ist ein natürlicher Prozess. Wenn Menschen älter werden, denken sie: „Es bleiben mir vielleicht noch zehn bis zwanzig Jahre und die möchte ich gerne in Ruhe und Annehmlichkeit verbringen.“ Sie denken nicht mehr so sehr an die Zukunft, nicht zuletzt aus Angst vor dem Tod, lassen sich gehen und werden träge und müde. Doch das ist falsch. Denn Sie können geistig jung und agil bleiben, unabhängig davon, wie viele Jahre Sie schon auf dieser Erde sind. „Junge“ Menschen zeichnen sich dadurch aus, dass sie wissbegierig, neugierig und hungrig nach Leben sind.

Die meisten Menschen erreichen und verzeichnen deshalb keine größeren Erfolge im Leben, weil sie sich keine großen Ziele setzten. Irgendwann haben sie resigniert, sich damit abgefunden, dass sie auf der Schattenseite des Lebens stehen, und bemitleiden sich nun selbst. Anstatt ihr Leben in die Hand zu nehmen und die ihnen geschenkten Jahre auszukosten, werfen sie sie weg. Anstatt zu leben, vegetieren sie dahin und vergeuden ihre kostbare Zeit mit negativen Gefühlen und Jammerei und schlittern so immer mehr in Armut und Abhängigkeit hinein. Aus Angst zu scheitern haben sie aufgegeben.

Umgeben Sie sich niemals mit solchen Menschen. Hören Sie niemals auf die, die ihre Träume längst begraben haben. Das ist Gift für Sie und nährt nur Ihre eigenen Selbstzweifel. Für solche Menschen sind Sie ein Irrer, ein Verrückter. Tun Sie sich besser mit Gleichgesinnten, mit anderen „Verrückten“ zusammen, mit mutigen Visionären, Menschen mit Träumen, die mit Kraft, Disziplin und Bereitschaft das, was sie wollen, um- und durchsetzen. Diese Menschen werden Ihnen guttun, Sie beflügeln und Ihnen zum Erfolg verhelfen.

Sie können Ihr Leben auf zwei verschiedene Arten bewältigen. Mit Ansporn oder ohne Ansporn. Wie Sie es angehen, entscheidet über den weiteren Lebensweg. Verwirklichen Sie Ihren Traum oder wählen Sie den Weg des geringsten Widerstands. Ich empfehle Ihnen, die Opferrolle abzulegen. Sehen Sie, das Leben ist wie ein Film. Sie sind der Regisseur und Sie entscheiden, welche Rolle Sie spielen, ob die Haupt- oder lediglich eine Nebenrolle. Schon als Kind begann ich, mein eigenes Lebens-Drehbuch zu schreiben. Ich war zugleich Regisseur und Hauptdarsteller. Aber auch die Nebenrollen wurden von mir sehr bewusst besetzt. In meinem Film gab es nur Luxus, Schönheit, Schlösser, Hollywoodstars und Prinzessinnen, und ich, ich war Harald, der Modeprinz. Die passende Inspiration dafür holte ich mir aus Büchern, Magazinen und Hollywoodmovies. Am besten gefielen mir die amerikanischen Filme der 1930er- und 1940er-Jahre, vorzugsweise die mit Marlene Dietrich in der Hauptrolle. Sie sah immer so chic aus, so elegant, sie war gelassen und weltgewandt. Mein Film spielte in einer prunkvollen Villa mit großem Garten, mit allerlei farbenprächtigen Blumen und Bäumen, deren Blätter so sagenhaft groß waren, dass sich die Vögel darunter hätten verstecken können. Ich lebte als Hausherr in dieser märchenhaften Villa. In jedem Raum hingen vergoldete Spiegel und Kronleuchter. Die Decken waren von so atemberaubender Höhe, dass sich das Licht im ganzen Raum weich und gleichmäßig verteilte. Üppige Blumensträuße in den schillerndsten Farben verliehen den Zimmern eine besondere Aura und den passenden Duft. Aus einem alten Grammophon tönte klassische Musik, zu der die Hausdiener den Kaffee servierten. Antike Sitzmöbel mit Schnörkeln und Verzierungen luden zum Verweilen ein. Die Sonne strahlte durch die schweren, barocken Vorhänge in den Raum und ließ Marlene Dietrich in ihrer prachtvollen Robe noch mehr glänzen. Sie zündete sich eine Zigarette an und lächelte, als sie mich die lange Treppe der Eingangshalle herunterkommen sah. Wir öffneten die großen, vergoldeten Flügeltüren und gingen hinaus auf die Gartenveranda.

Ich könnte jetzt ewig so weitermachen, malerische Szenen entwerfen, Fortsetzungen konzipieren und einen echten Kassenschlager in die Kinos bringen, denn ich bin der Regisseur und bestimme, wo er spielt, wer darin agiert und vor allem, wie prachtvoll er wird. Und genau das müssen Sie auch machen: zum Regisseur Ihres eigenen Lebens werden.

Außergewööhnliche Sentenzen

Erwarten Sie nur das Beste und holen Sie aus allem das Optimum heraus.

♔

Hören Sie wieder auf die leise Stimme Ihrer Seele, um herauszufinden, was Sie im und vom Leben wollen und welche Ziele Sie sich setzen möchten.

♔

Räumen Sie auf und aus, entrümpeln und vereinfachen Sie Ihr Leben. Schaffen Sie eine neue (Denk-)Struktur, indem Sie in Ihrem Inneren Ordnung schaffen. Nur so entdecken Sie Ihre vergessenen Schätze.

♔

Nehmen Sie Ihr Leben selbst in die Hand und vergeuden Sie Ihre kostbare Zeit nicht mit Selbstmitleid, Neid und Missgunst auf andere.

♔

Lassen Sie sich beflügeln! Hören Sie niemals auf Menschen, die ihre Träume längst begraben haben. Tun Sie sich besser mit Gleichgesinnten, mit anderen „Verrückten" zusammen, mit mutigen Visionären, die ihre Ziele mit Kraft, Disziplin und Ausdauer umsetzen.

♔

Bleiben Sie jung, egal wie alt Sie sind! „Junge" Menschen zeichnen sich dadurch aus, dass sie wissbegierig, neugierig und hungrig nach Leben sind.

♔

Das ganze Leben bedeutet Veränderung. Verändern Sie sich mit! Bleiben Sie im Fluss.

Wir denken, dass alle
die Welt genauso sehen wie wir.
In Wirklichkeit sieht jeder die Welt
jedoch nur auf seine Weise,
gefärbt durch die eigenen Emotionen.
Nichts ist so, wie es scheint!

HARALD GLÖÖCKLER

Es ist alles anders, als Sie denken

Wussten Sie, dass wir Menschen zwar meinen, alle dasselbe zu sehen, dass dem fatalerweise aber gar nicht so ist? Dass ich meine Welt ganz anders wahrnehme als Sie und Dinge unter Umständen völlig anders registriere und empfinde? Ich sage bewusst „meine Welt", denn ich erlebe die Welt mit meinen Empfindungen und Sie erleben sie mit den Ihrigen. Jeder nimmt einen Stuhl, einen Baum, einen Menschen anders wahr. Nur wenn wir etwas aus unserer Seele und unserem Herzen heraus betrachten, ist es rein und frei von Erfahrungen und Emotionen. Antoine de Saint-Exupéry schrieb in „Der kleine Prinz": „Man sieht nur mit dem Herzen gut. Das Wesentliche ist für die Augen unsichtbar."

Unsere Augen fungieren quasi nur als Linse. Genauer gesagt nimmt das Auge visuelle Reize von außen wahr und wandelt sie in elektrische Impulse um. Anschließend werden die Informationen über den Sehnerv an das Gehirn weitergeleitet. Die Art und Weise, wie wir Informationen verarbeiten, ist aber nicht neutral (also allgemeingültig), sondern vielmehr durch unsere Emotionen gefärbt. Unsere Emotionen entscheiden maßgeblich über unsere Sichtweise der Dinge. Leider lassen wir uns nur allzu oft von unseren Gefühlen übermannen. Der Trugschluss, die Welt sei genauso, wie wir sie sehen, und alle anderen würden sie exakt genauso wahrnehmen, sorgt für so viel Ärger und Unverständnis und kann von kleinen Differenzen über Streitereien bis hin zu Weltkriegen jegliche Art von Katastrophen auslösen.

Vielleicht fragen Sie sich jetzt: Was ist es denn dann, was wir sehen, wenn jeder etwas anderes wahrnimmt? Oder anders: Gibt es das, was wir als Realität bezeichnen, überhaupt? Ist alles real, was wir sehen, oder entspringen Gebäude, Wälder, Städte und Wiesen lediglich unserer Projektion wie Szenen eines Films? Nicht zuletzt aufgrund der Arbeiten Dr. Anton Zeilingers, Quantenphysiker an der Universität Wien, stellte sich heraus, dass Information ein wesentlicher Grundbaustein der Welt ist. Wir müssen uns wohl langsam von der naiven Vorstellung verabschieden, dass die Welt an sich und aus sich selbst heraus existiert, ohne unser Zutun und unabhängig von unserer Beobachtung.

Auch andere Physiker gehen davon aus, dass die Welt, die wir wahrnehmen, unabhängig von uns gar nicht existieren würde. Sollte Beobachtung tatsächlich die Voraussetzung dafür sein, dass Materie überhaupt vorhanden ist, dann stellt sich unter anderem die Frage, ob beispielsweise Ihr Gartenhaus wirklich materiell existent ist. Wir alle meinen, dass die Dinge immer da sind, dass sie sowohl mit unserer als auch ohne unsere Beobachtung existieren. Doch das scheint ein Irrtum zu sein. „Existiert der Mond auch dann, wenn keiner hinsieht?", lautete in diesem Zusammenhang eine polemische Frage Albert Einsteins an Nils Bohr. Und Bohr antwortete: „Können Sie mir das Gegenteil beweisen? Können Sie mir beweisen, dass der Mond da ist, wenn Sie nicht hinsehen? Das ist unmöglich."

Die vielleicht für uns in diesem Moment jedoch weitaus essenziellere Feststellung ist, dass unsere Auffassung von Dingen und Geschehnissen und unsere Weltanschauung stark durch unsere Emotionen geprägt werden. So kann es passieren, dass wir etwas, das wir eigentlich mögen, in einer negativen Phase oder Stimmung von uns weisen oder, im schlimmsten Fall, dass wir sogar Menschen ablehnen, die für unsere Entwicklung wichtig sind. Aber auch unsere durch Erziehung und Erlebnisse gebildete Weltanschauung lässt uns Dinge verzerrt sehen. Wenn man Ihnen von Kindheit an eingeredet hat, dass Leute mit Tattoos allesamt kriminell seien und man ihnen nicht trauen könne oder dass alle rothaarigen Damen Hexenkräfte besäßen, wird sich dieses eingeprägte Vorurteil bewusst oder unbewusst irgendwie auf Ihre Wahrnehmung auswirken. Es gibt unzählige solcher Vorurteile, die unsere Wahrnehmung zusätzlich trüben.

So wirken auch Sie auf andere Menschen eben nicht so, wie Sie sich selbst sehen, denn – und das kommt ja noch erschwerend dazu – Sie selbst betrachten sich von innen, die anderen betrachten Sie von außen. Sie wirken auf jeden Menschen anders und oft auch anders, als Sie denken. Und manchmal sind Sie Ihrem Gegenüber auch völlig fremd, und das erzeugt Ängste.

Gerade wir Deutschen sind meiner Erfahrung nach eher vorsichtig, im Gegensatz zu den Amerikanern. „Was der Bauer nicht kennt, frisst er nicht" und „Wen man nicht kennt, dem traut man nicht", sind typische Redensarten. Ist der andere dazu auch noch eine starke und zudem exzentrische Persönlichkeit und lässt sich schwer in unser so schön sortiertes Weltbild einpassen, läuten alle Alarmglocken. So einer Person sollte man mit Vorsicht begegnen, an Vorurteilen und Ablehnung wird dabei nicht gespart. Davon kann ich ein Liedchen singen. Ich verstehe so ein Denken und Verhalten nicht. „Das kann doch nicht mit rechten Dingen zugehen, wenn man so erfolgreich ist, die hat sich doch hochgeschlafen, das kann ja anders nicht sein!" Diese und andere Bosheiten werden meist erfolgreichen Frauen unterstellt. Bei einer ähnlichen Konversation erlaubte ich mir einzugreifen und sagte zu einer Dame: „Nur kein Neid – dann schlafen Sie sich doch auch hoch! Wo ist denn das Problem?" Aber auch unsere Künstler bleiben oftmals nicht verschont. „Der Prophet gilt nichts im eigenen Land", sagt ein weiteres Sprichwort.

Was ist los mit uns? Können wir keine großen Persönlichkeiten aus den eigenen Reihen akzeptieren? Woran liegt das, sind wir neidisch oder wollen wir alle bloß auf ein Mittelmaß reduzieren? Die Amerikaner jedenfalls lieben ihre Stars. Selbst wenn einer fällt und dann wieder aufsteht, wird er geliebt, sogar noch mehr als zuvor, weil er es erneut geschafft hat.

Als ich das erste Mal in New York war, gingen wir zuerst zum Times Square, einer der Attraktionen der Stadt, voll mit Leuten, Leuchtreklame und Selfie-Sticks. Plötzlich interessierte sich bei meiner Ankunft aber jeder für mich. Kameras und Fans umringten mich und riefen „Harald". Einen derartigen Hype auf einen Deutschen hatte selbst ich nicht erwartet. Es kamen immer mehr Menschen – Schulklassen, Frauen, Männer. Die einen wollten Autogramme, die anderen Fotos mit mir. Amerikaner lieben das Außergewöhnliche, das Exzentrische. Sie lieben Stars und Glamour und stehen auf Persönlichkeiten.

Während die Deutschen eher neidisch auf erfolgreiche Menschen blicken, nehmen die Amerikaner es als Ansporn, wenn jemand es geschafft hat. Nun möchte ich gewiss nicht pauschalisieren und von „den" Deutschen oder „den" Amerikanern sprechen. Dennoch gibt es eine Tendenz der Deutschen zum Neid und der Amerikaner zu Offenheit und Begeisterung, so ist jedenfalls mein Eindruck und der kommt auch nicht von ungefähr.

Seit 30 Jahren lese ich in der Presse immer wieder über mich, wie schrill ich sei, wie schwul, wie exzentrisch und tuntig, und dass ich nicht akzeptiert werden würde. Vielleicht bin ich das ja alles, aber eben nicht ausschließlich. Hier werden bewusst oder unbewusst Fakten weggelassen und das Wesentliche wird verdreht. Wenn es bewusst geschieht, ist es in gewisser Weise sogar bösartig. Macht es jemand unbewusst, muss man annehmen, er handelte aus Dummheit. Beides ist gleich schädlich. Egal, welches Bild man von mir geprägt hat, man hat es in die Köpfe der Menschen gesetzt. Letztendlich bin ich jenen Faktenverdrehern sogar noch dankbar. Sie haben mich bekannt gemacht, indem sie mich denunziert haben, und haben mir so geholfen, meine Marke erfolgreich zu etablieren.

Im Übrigen öffnete es mir sehr früh die Augen dafür, dass nichts so ist, wie es im ersten Moment scheint. Seit ich denken kann, begegnen mir Menschen mit einem vorgefertigten Bild im Kopf, was in meinem Fall oftmals dazu führte, dass man auf eine Zusammenarbeit mit mir verzichtete, weil man Angst vor mir hatte, mich nicht in eine Schublade stecken konnte. Man hielt mich für zu unberechenbar, zu schwierig, für nicht handelbar, und wusste generell nicht, wie man mit mir umgehen sollte. Mein Erscheinungsbild wie auch mein Auftreten weckten in diesen Menschen extreme Gefühle und Regungen – zum Positiven wie zum Negativen. Das Repertoire an Bemerkungen reichte dabei von „Der sieht ja aus wie ein geschminkter Pavianarsch" über „hässliche Hackfresse" bis hin zu „wunderschöner Mann". Wissen Sie, ich habe das nie an mich herangelassen, wieso sollte ich auch. Wenn dann jemand zu mir sagte „Aber was denken die Leute … die Leute haben gesagt …", erwiderte ich höchstens: „… die Leute! Welche Leute denn? Und wieso erzählen Sie mir das?"

Sehen Sie, natürlich ist es unangenehm bis ärgerlich, wenn Ihnen durch solche Vorurteile und Bosheiten Steine in den Weg gelegt werden und man mit Ihnen unter Umständen keine Geschäfte machen möchte, nur weil Sie schwul, schwarz oder Indianer sind.

Aber glauben Sie mir, am Ende ist es vielleicht sogar besser, wenn Sie mit Menschen, die so wenig Weitsicht, Anstand und Taktgefühl besitzen, nicht zusammenarbeiten. Nichtsdestotrotz sollten Sie nicht aus den Augen verlieren, wie Sie auf andere wirken möchten. Anstatt sich beeinflussen oder etwa deprimieren zu lassen, arbeiten Sie lieber daran, Ihre Außenwirkung mit Ihrem gewünschten Image und Ihren eigenen Vorstellungen in Einklang zu bringen. Und genau das habe ich getan. Heute gibt es noch immer ungefähr genauso viele Menschen, denen mein Gesicht gefällt, wie solche, denen es überhaupt nicht passt. Es ist wie mit der Oper: Man liebt sie oder man hasst sie. Doch mein Blatt hat sich gewendet. Denn ungeachtet dessen, ob man meine Person mag oder achtet, zumindest honoriert man meine Leistung. Ich habe meine Kritiker mit meinem Können mundtot gemacht. Oftmals werden mir Sätze zugetragen wie: „Ich kann den Typen zwar nicht leiden, aber das, was er geschaffen hat, davor ziehe ich den Hut." Nun möchte ich aber bitte nicht den Eindruck erwecken, dass die Mehrheit der Menschen nichts mit mir anfangen kann. Wie gesagt, das hält sich die Waage, wobei Fans und begeisterte Anhänger vermutlich doch eher überwiegen.

Nun geht die Frage an Sie: Wie wirken Sie auf andere? Haben Sie sich das schon einmal gefragt? Das sollten Sie unbedingt tun, denn sowohl im beruflichen als auch im privaten Umfeld entscheidet meist der erste Eindruck, ob man uns mag oder lieber meidet; so kann ein Geschäft unter einem guten Stern stehen oder aber sofort zum Scheitern verurteilt sein. Doch wie kommt man zu einer realistischen Antwort, auf die man sich verlassen kann? Denn erst wenn wir wissen, wie wir auf andere wirken, können wir dazu übergehen, an uns zu arbeiten, um die Wirkung zu erzielen, die wir uns wünschen beziehungsweise die für unseren Erfolg vonnöten ist. Sie denken nun vielleicht: Aber ich weiß doch, wie ich aussehe und wie andere mich wahrnehmen. Da täuschen Sie sich aber gewaltig. Genauso, wie wir eine verzerrte Wahrnehmung von uns selbst haben und nur sehen, was wir sehen wollen, betrachten uns auch unsere Mitmenschen durch eine von Emotionen, Erfahrungen und Erziehung gefärbte Linse. Körperliche Merkmale und Angewohnheiten, die wir an uns nicht mögen oder akzeptieren, stören uns auch meist vehement an anderen beziehungsweise stechen uns bei anderen besonders ins Auge. Oftmals projizieren wir sie geradezu auf andere und nutzen sie als Prellbock. Für gewöhnlich lieben wir Menschen, die uns guttun und uns Komplimente machen. Wir haben aber die größten Probleme mit denjenigen, die uns ehrlich die Meinung sagen und uns kritisieren. Dabei sind genau diese Menschen die wertvollsten für uns, denn durch sie erfahren wir, wie wir von außen wahrgenommen werden. Wenn uns also jemand kritisiert, sollten wir nicht emotional oder beleidigt reagieren, sondern genau hinhören und den Moment ausschöpfen, ihn als eine gottgegebene Chance sehen, kostenlos eine Reflexion unserer Persönlichkeit zu bekommen. Es geht nicht darum, dass das, was unser Gegenüber in diesem Moment sagt, die absolute Wahrheit ist, die werden wir nie von nur einer einzelnen Person erfahren, denn dazu sind wir zu komplex in unserem Wesen und unsere Kritiker nicht neutral genug. Es ist wie bei einem Puzzlespiel: Je mehr Teilinformationen Sie über Ihre Außenwirkung von anderen erhalten und zusammensetzen, desto schneller ergibt sich ein verlässliches Gesamtbild. Das bringt Sie in Ihrer Entwicklung weiter.

Ich gebe zu, ich war nicht immer dieser Meinung, aber man darf ja hoffentlich dazulernen und klüger werden. Denn was haben Sie davon, wenn Sie sich ärgern (lassen)? Und überhaupt, worüber ärgern Sie sich eigentlich? Die Äußerungen anderer sind immer emotional gefärbt und sagen genauso viel aus über den, der spricht, wie über den, an den sie gerichtet sind. Und wenn Sie sich ärgern, das muss Ihnen bewusst sein, ärgern Sie sich im Grunde nicht über die anderen, sondern über sich selbst. Sie und nur Sie allein haben die Entscheidungsgewalt, ob Sie sich über etwas echauffieren oder es lediglich registrieren. Wir bilden uns ein, dass uns jemand mit seiner Kritik etwas antun kann, uns Böses will. Kann er aber nicht. Er hat lediglich eine Äußerung von sich gegeben und seine Meinung kundgetan. Niemand kann uns ärgern, wenn wir es nicht zulassen. Ob wir uns über etwas aufregen oder nicht, ist ganz allein unsere Entscheidung und hängt von unserem Verhalten ab. Je öfter wir uns im Leben bereits über bestimmte Dinge aufgeregt haben, desto schneller neigen wir dazu, es automatisch wieder und wieder zu tun. Es ist wie ein schleichendes Gift, das sich in unserem Körper angesammelt hat. Ein Giftcocktail aus Frust, nicht ausgelebter Wut und unbefriedigter Bedürfnisse und Wünsche.

Nicht gelebte, unterdrückte Empfindungen sind wie ein Fisch, den man zu lange unsachgemäß aufbewahrt hat. Er wird schlecht und stinkt. Auch der in uns aufgestaute Ärger und Frust, die verleugneten Bedürfnisse und Wünsche, die unterdrückte Wut wollen beachtet und ausgelebt werden. Dann brauchen wir andere nicht, um uns über sie aufzuregen. Wer achtsam mit sich und seinen Gefühlen umgeht, wer ergründet, was er braucht und was ihm schadet, wer für sich einsteht und sich selbst wichtig ist, braucht keine Projektionsfläche. Sie müssen weder alles akzeptieren noch alles entschuldigen. Sie haben das Recht, Ihre eigenen Entscheidungen zu treffen, wie andere das Recht haben, diese zu akzeptieren oder sich darüber aufzuregen. Ziehen Sie einen Schlussstrich unter Ihre Vergangenheit und vergeben Sie sich und anderen. Leben Sie nicht länger fremdbestimmt, sondern selbstbestimmt. Transformieren und heilen Sie Ihren Zorn, Ihren Ärger, Ihren Neid mit Liebe im Herzen. Beginnen Sie neu. Carpe diem, nutze den Tag! In jedem Moment haben Sie die Chance, neu zu beginnen. Und bevor Sie sich das nächste Mal wieder echauffieren wollen, halten Sie inne und spüren Sie nach, worum es denn hier wirklich geht. Die Entscheidung, sich aufzuregen oder nicht, liegt bei Ihnen.

Beschweren Sie sich auch nicht und hören Sie endlich damit auf, anderen die Schuld für Ihre eigenen Handlungen zu geben. Sie müssen sich im Leben niemandem erklären und Sie müssen sich für nichts entschuldigen, auch nicht bei sich selbst. Ich persönlich lege keinen Wert auf Entschuldigungen. Geschehen ist geschehen. Man kann es ohnehin nicht mehr ändern, sondern nur versuchen, es in Zukunft besser zu machen, dazuzulernen. Anstatt Achtsamkeit zu leben, sind manche unserer Mitmenschen der Meinung, es sei alles wieder im Lot, wenn sie sich nach einer unbedachten, unkontrollierten Aktion entschuldigen. So einfach sollte man sich das nicht machen. Also hören Sie auf damit, sich aus schlechtem Gewissen oder aus Höflichkeit zu entschuldigen. Stehen Sie zu sich und zu Ihren Handlungen, machen Sie es das nächste Mal einfach anders oder besser. Sich zu entschuldigen macht klein. Denn mit jeder Entschuldigung schwächen Sie Ihr Selbstwertgefühl.

Ein einfaches Beispiel zur Verdeutlichung: Nehmen wir an, Sie möchten irgendwo hinein und es versperrt Ihnen jemand die Tür, dann sagen Sie meist: „Entschuldigung, würden Sie mich bitte einmal durchlassen?" Wieso, frage ich Sie, entschuldigen wir uns bei einer Person, die uns unhöflicherweise den Weg versperrt! Wäre es nicht richtiger, in bestimmtem Ton zu sagen: „Würden Sie mich freundlicherweise durchlassen?" Im ersten Fall begeben wir uns in die Defensive. Wir machen uns vor der anderen Person klein und das erzeugt einen inneren Frust. Bei der zweiten Variante bewegen wir uns auf Augenhöhe und sind trotz allem höflich. Fazit: Wir fühlen uns gut. Kein Frust. Genauso sollten wir auch, wenn wir das Leben mit Bravour meistern möchten, damit aufhören, Entschuldigungen als Alibi für unsere mangelnde Willenskraft, für unsere Unzulänglichkeiten und unseren Wankelmut zu benutzen – und stattdessen selbstbestimmt durch die Tür des Erfolgs gehen!

Außergewööhnliche Sentenzen

Jeder sieht seine Welt mit anderen Augen … Ihre Emotionen entscheiden maßgeblich über Ihre Sicht der Dinge.

Geben Sie nichts auf die Meinungen anderer, aber seien Sie offen für Kritik! Finden Sie heraus, wie Sie auf andere Menschen wirken, denn die sehen Sie von außen, während Sie selbst sich von innen heraus wahrnehmen. Feilen Sie auf diese Weise an Ihrer gewünschten Außenwirkung.

Es ist Ihre Entscheidung, ob Sie sich über etwas aufregen oder nicht. Niemand kann Sie in Rage bringen, wenn Sie das nicht wollen. Unterbrechen Sie den automatisch ablaufenden „Ich-ärgere-mich-jetzt"-Prozess, indem Sie sich bewusst werden, was gerade tatsächlich in Ihnen abläuft.

Was Sie an anderen nicht mögen, mögen Sie meist auch an sich selbst nicht.

Unterdrückter Ärger und Frust, verleugnete Wünsche und Bedürfnisse wirken wie ein Cocktail, der Sie langsam vergiftet.

Gehen Sie selbstbestimmt durch die Tür des Erfolgs!

Entschuldigen Sie sich nicht für alles, akzeptieren Sie nicht alles. Machen Sie sich nicht selbst klein. Mit jeder Entschuldigung schwächen Sie Ihr Selbstwertgefühl. Geschehen ist geschehen, machen Sie es das nächste Mal einfach besser.

*Sie sind immer verantwortlich,
für alles, was Sie tun,
und für alles, was Sie nicht tun.
Mensch, Tier und Pflanze bilden eine Einheit,
sie sind durch unsichtbare Fäden
miteinander vernetzt.
Die Entscheidung, ob Sie sich
Ihrer Verantwortung für das Leben stellen,
liegt allein bei Ihnen.
Niemand kann Ihnen
diese Entscheidung abnehmen,
niemand wird über Sie richten.*

HARALD GLÖÖCKLER

Stehen Sie zu Ihrer Verant-WORT-ung!

Wir leben in einer Zeit, in der kaum einer mehr Verantwortung für etwas übernehmen möchte, angefangen bei den Politikern. In oft langwierigen Prozeduren werden in Gremien mehrheitliche Entscheidungen getroffen – die Verantwortung dafür übernimmt später jedoch keiner.

Wenn ein ethisch handelnder Unternehmer eine Entscheidung trifft, ist er auch für sein Handeln verantwortlich, für das Wohl seiner Firma und das seiner Angestellten. Es bleibt ihm gar nichts anderes übrig. Wo bleibt die Verantwortung der Politiker bei mehr als drei Millionen Kindern in Deutschland, die unterhalb der Armutsgrenze leben? Wo bleibt die Verantwortung, wenn man an krisengebeutelte Diktaturen Waffen verkauft? Und wo bleibt Ihre Verantwortung für die großen Dinge des Lebens, wenn Sie sich nicht einmal im Kleinen für sich selbst, für das eigene Handeln, für die eigene Gesundheit einsetzen?

Neulich schrieb mir eine Dame, sie könne nicht aufhören zu essen; äße sie nicht, sei sie unglücklich, müsse immer weinen, deshalb sei sie auch dick und könne nicht abnehmen. Diese Aussage ist eine typische Opferhaltung und Entschuldigung für die eigene Disziplinlosigkeit. Man selbst trifft die Entscheidung, ob man isst oder nicht, was man isst und wie viel. Läge dies nicht in unserer Entscheidungsgewalt, könnte der Nächste ja sagen: „Sorry, dass ich Alkoholiker bin, aber ich kann es nicht ändern, das liegt an meiner Kindheit, denn ich muss immer trinken, damit ich glücklich bin." Wir sind Weltmeister im Erfinden von Ausreden, wenn es darum geht, etwas in unserem Leben zu verändern. Und warum? Weil wir zu bequem sind und Angst vor Veränderungen haben. Die meisten haben gern alles so, wie es ist und wie es immer schon war, denn das ist gewohnt, praktisch und sicher. Jede Veränderung ist unbekannt, und vor dem Unbekannten haben wir Menschen Angst.

Manche sind auch zu faul, etwas anzugehen und an sich zu arbeiten, also flüchten sie sich in Ausreden und verschieben es auf ein anderes Mal. Wieder andere trauen sich einfach nichts zu, und aus Angst vor Versagen versuchen sie ihr Glück erst gar nicht. Ich bitte Sie, unterlassen Sie das! Es gibt eine recht einfache Regel, die schon Kinder lernen: „Wer es gar nicht erst versucht, kann auch nichts erreichen." Zeigen Sie bitte etwas mehr Selbstvertrauen, denn wenn Sie nicht einmal sich selbst vertrauen, wie können Sie dann von Ihrer Umwelt erwarten, dass sie Sie ernst nimmt, Ihnen vertraut, Ihnen etwas zutraut? Wahrscheinlich ist Ihnen gar nicht bewusst, wie gut Sie sein könnten, und wie viel Spaß es unter Umständen machen würde, dies zu ergründen. Das allerdings werden Sie nur herausfinden, wenn Sie es versuchen. Suchen Sie sich etwas aus, was Sie wirklich fasziniert, was Sie schon immer tun wollten. Und dann packen Sie es an. Um erfolgreich nach vorn zu gehen (nicht nur nach vorn zu blicken), werfen Sie erst einmal all das über Bord, was Sie bremst und behindert.

Am besten beginnen Sie den Kehraus mit einer ordentlichen Sprachhygiene. Schon in der Bibel steht:

> *Im Anfang war das Wort, und das Wort war bei Gott, und das Wort war Gott. Im Anfang war es bei Gott. Alles ist durch das Wort geworden und ohne das Wort wurde nichts, was geworden ist.*
>
> Johannes 1, 1-3

Aus Worten werden Taten, unsere Worte zimmern unsere Realität. Deshalb ist es unerlässlich, auf unsere Wortwahl zu achten. Verbannen Sie unnütze, destruktive Aussagen aus Ihrem Sprachgebrauch wie: „Ich hätte dies oder jenes ja gerne gemacht, aber dafür ist es jetzt leider zu spät!" Sprechen Sie so, dass es Ihre Ziele und gewünschten Ergebnisse fördert: „Ich gehe jetzt an, was ich schon immer tun wollte, dafür ist es nie zu spät!" Wählen Sie Ihre Worte nur noch so, dass sie Ihre Entwicklung beschleunigen und nicht behindern. Glauben Sie mir, es ist wirklich nie zu spät. Mit einer destruktiven Einstellung kommt niemand weiter. Auch wenn eine Aufgabe nicht vollständig erledigt werden kann, weil die Zeit fehlt, ist es besser, sie noch anzufangen, als gar nichts vorweisen zu können.

Ganz abgesehen davon sollten wir ernsthaft infrage stellen, ob es diese ewig tickende Bombe namens Zeit, von der wir uns und unser komplettes Leben unterjochen und gängeln lassen, überhaupt gibt oder ob sie nur in unseren Gedanken und Projektionen existiert. Wir sollten uns darin üben, uns auf den gegenwärtigen Moment zu konzentrieren, auf das Hier und Jetzt. Denn das Gestern ist Vergangenheit, ist bereits in den Händen des Todes, und das Morgen ist noch nicht greifbar und somit für uns im Moment nicht relevant. Lernen Sie, sich auf das Wesentliche zu konzentrieren, und das Wesentliche ist der jetzige Moment. In diesem Moment können Sie alles verändern, neu beginnen, Dinge und Ziele verwirklichen. Der jetzige Moment ist ein großes Geschenk an uns, er ist wie eine ewige Erneuerung und Wiedergeburt. Das Jetzt ist die größte Chance, das einzig wertvolle Pfand, das wir momentan besitzen, und es kann, wenn wir es zulassen, der schöpferischste und kreativste Augenblick unseres Lebens werden. Die schöpferische Macht und Kraft, alles anzuziehen, was wir uns wünschen beziehungsweise uns nur vorstellen können, liegt in diesem Augenblick verborgen. Deshalb sollten wir keine Sekunde damit vergeuden, uns Gedanken über die Zeit zu machen, sondern jede Chance nutzen. Da schon jeder Herzschlag einen Neubeginn in sich trägt, ist es auch niemals zu spät, Altes zu verändern und frisch zu starten. Wie bereits gesagt: Das ganze Leben ist Veränderung.

Oft hört man: „Sorry, aber das ist nicht meine Aufgabe!“ Lassen Sie sich eines gesagt sein: Für einen selbstständigen Unternehmer ist alles „seine“ Aufgabe, denn das Wort Unternehmer bedeutet, etwas zu unternehmen und nicht zu unterlassen. Wenn Sie selbstständig sind, geht es darum, Dinge selbst und ständig zu erledigen.

Diese Lektion lernte ich bereits im ersten Lehrjahr meiner Ausbildung. Ich arbeitete damals im Kaufhaus Sämann in Mühlacker, einem als Unternehmen geführten Familienbetrieb auf circa 4.000 Quadratmetern. Mein Interesse galt der Mode, doch in der Modeabteilung war zu diesem Zeitpunkt nichts vakant. So landete ich zuerst einmal in der Elektroabteilung. Elektro war nun wirklich so gar nicht mein

Ding, aber ich biss die Zähne zusammen, ergriff die Chance und wartete zielstrebig auf die Gelegenheit, ins „Kleiderfach" überzuwechseln. Doch stattdessen wurde ich in die Sportabteilung versetzt. Ich betreibe zwar Fitness und Bodybuilding, aber nicht etwa (wie man vielleicht annehmen könnte) aus sportlicher Begeisterung, sondern weil mein Anliegen einer perfekten Figur gilt. Zumindest war ich den Textilien schon einmal nähergekommen. Und nachdem ich eines Mittags in der benachbarten Herrenmodenabteilung ausgeholfen hatte, war man dort so begeistert von meinem professionellen, engagierten, fachkundigen Auftreten, dass sich mein Wunschtraum erfüllte. Man könnte durchaus sagen, „Er kam, sah und siegte!"

Mein Chef war ein strenger, fast diktatorischer Mann, vor dessen Wutausbrüchen sich alle fürchteten. Nur ich nicht. Schließlich hatte ich jahrelange Erfahrung mit Despoten und Cholerikern. Mein Vater war in diesem Bereich unschlagbar. So begegnete ich meinem Boss nicht etwa eingeschüchtert mit gesenktem Kopf wie der Rest der Belegschaft, sondern auf Augenhöhe, das heißt mit klarem, geradem Blick. Nicht aufsässig, versteht sich, aber selbstbewusst. Dies schien ihm nicht zu entgehen und offensichtlich fand er Gefallen daran. Duckmäuser schienen ihm nicht zu liegen. So wurde ich mit der Zeit zu einem seiner bevorzugten Lehrlinge, was allerdings auch zu steigenden Anforderungen an mich führte, um seine Erwartungen zu erfüllen. Dies jedoch nahm ich sportlich und als Kompliment. Ich sah es im Gegensatz zu anderen als Chance zu wachsen und nicht als Schikane. Er stellte mich auf die Probe. So geschah es, dass er eines Morgens zu mir kam und mit fragend vorwurfsvollem Blick monierte, dass in der Heimtextilabteilung ein Stockwerk höher eine Lampe defekt sei. Ich erwiderte nicht etwa (wie viele andere es getan hätten), dass das nicht meine Angelegenheit sei und auch nicht meine Abteilung, ich antwortete: „Oh, das habe ich in der Tat nicht gesehen." Er daraufhin: „Und dabei läufst du täglich mehrmals an der Abteilung vorbei." „Da haben Sie Recht", pflichtete ich ihm bei und versprach, mich gleich darum zu kümmern.

Mir war schon sehr früh bewusst, dass es einem nicht gut zu Gesicht steht, Vorgesetzten oder Respektspersonen über den Mund zu fahren. Auch heute noch empfinde ich es als überaus unangenehm, um nicht zu sagen unhöflich, wenn Menschen, statt sich einer Sache anzunehmen, schnippische Antworten geben. Dies erlebt man leider immer wieder in vielen Situationen. So kann es einem passieren, dass man in einem Restaurant sitzt, der Service hinten und vorne nicht klappt beziehungsweise gar niemand zu sehen ist, man mühsam einen Kellner heranbittet und dieser nicht etwa fragt, „Was kann ich für Sie tun?", sondern „Sorry, ist nicht mein Bereich" zischt. Da könnte ich ausrasten. Wie gesagt, ich lernte sehr schnell, dass niemandem ein Zacken aus der Krone bricht, wenn er sich einer Angelegenheit außerhalb seines Kernbereiches annimmt.

Mein damaliger Arbeitgeber gab mir Folgendes mit auf den Weg: „Wenn du selbstständig bist als Chef, musst du alles sehen, dir darf nichts entgehen." Dann zog er mit zufriedenem Gesicht ab, nicht ohne mir zuvor noch auf die Schulter geklopft zu haben. Hätte ich ihm widersprochen, gesagt, es ginge mich ja nichts an, hätte es vermutlich eine unerfreuliche Szene gegeben mit Wutanfall und Unverständnis seinerseits sowie dem Gefühl, ungerecht behandelt zu werden, auf meiner Seite. In jedem Fall wären wir beide mit schlechter Energie aus dem Gespräch gegangen. So aber waren wir beide zufrieden, meine Auffassungsgabe und meine Sinne wurden dadurch geschärft, wofür ich ihm noch heute von Herzen dankbar bin. Mir entgeht so leicht nichts! Wo immer ich auch bin, scanne ich im wahrsten Sinne des Wortes jeden Raum. Wenn Sie im Leben erfolgreich werden und bleiben wollen, ist alles Ihre Aufgabe.

Manches im Leben lässt sich nicht verändern; dann ist es am klügsten, sich mit der Situation zu arrangieren. Ich halte es mit dem bayerischen Urgestein Karl Valentin, der sagte: „Ich freue mich, wenn es regnet, denn wenn ich mich nicht freue, regnet es auch." So ist es auch mit zu erledigenden Aufgaben, im Privaten wie im Beruflichen. Nehmen Sie eine Hausfrau und Mutter als Beispiel: Sie kann sich nicht einfach vor unliebsamen Aufgaben drücken, sie erledigt Dinge deshalb, weil sie getan werden müssen. Den Haushalt führen, die Wohnung sauber halten, gesundes Essen kochen, Wäsche waschen, Kinder erziehen, bei den Hausaufgaben helfen, Pläne aller Art erstellen, mit dem Haushaltsgeld klarkommen, Finanzen verwalten, Behördengänge erledigen, Freundschaften pflegen, auf sich achten, für Kinder und Mann und Probleme immer ein offenes Ohr haben, Geliebte und perfekte Gastgeberin sein ... und all das wird als selbstverständlich betrachtet. Sie sagt nicht: „Das ist nicht meine Aufgabe!“ Sie muss sich allen Belangen, die auf sie zukommen, stellen.

Das Gleiche gilt für einen erfolgreichen Unternehmer oder jemanden in einer Führungsposition. Denken Sie, die Damen und Herren da oben könnten es sich erlauben zu sagen: „Das geht mich nichts an, ist nicht mein Business?“ Da sind Sie aber ordentlich auf dem Holzweg. Man sollte stets bestens informiert sein und sich über alle Bereiche die nötigen Kenntnisse aneignen. Ich kann mit bestem Wissen und Gewissen sagen, dass ich von allem, was ich von anderen einfordere, selbst profunde Kenntnisse besitze. Ob Visagist oder Friseur – sie erkennen nach kurzer Zeit, dass ich ihren Job – zumindest, was meine Person anbelangt – genauso gut beherrsche wie sie selbst. Das ist auch wichtig. Wie bitte, frage ich Sie, wollen Sie wissen, ob Ihr Visagist, Ihr Koch oder Gärtner gute Arbeit leistet, wenn Sie von der Materie keine Ahnung haben? Als Unternehmer sollten Sie über alles bestens informiert sein und sich unentwegt weiterbilden.

Außergewööhnliche Sentenzen

Übernehmen Sie immer und überall die volle Verantwortung für Ihr Handeln, für alle Bereiche, für Ihr komplettes Leben.

Für einen unternehmerisch handelnden Menschen ist alles „seine“ Aufgabe! Wenn Sie im Leben erfolgreich werden und bleiben wollen, sind Sie auch für die kleinsten Dinge verantwortlich.

Wenn Sie selbstständig sind, bedeutet das im wahrsten Sinn des Wortes, Dinge selbst und ständig zu erledigen.

Als Unternehmer/in sollten Sie über alles bestens informiert sein und sich unentwegt weiterbilden, sich über alle Belange profunde Kenntnisse aneignen.

Konzentrieren Sie sich stets auf das Wesentliche, auf den jetzigen Moment. In diesem Moment können Sie alles verändern, alles anziehen, was Sie sich wünschen, all Ihre Ziele verwirklichen.

Unterlassen Sie es, nach faulen Ausreden zu suchen, um nicht beginnen zu müssen. Wer es gar nicht erst versucht, kann auch nichts erreichen. Entwickeln Sie Selbstvertrauen.

Verbannen Sie destruktive Aussagen wie „Ich hätte es ja gern gemacht, aber …“ aus Ihrem Sprachgebrauch.

Es ist nie zu spät, neu zu beginnen! Lassen Sie den jetzigen Moment zum schöpferischsten und kreativsten Ihres Lebens werden.

Freundlichkeit, Höflichkeit und Herzenswärme,
Güte und Großzügigkeit
sowie ein liebevoller Umgang miteinander
entsprechen unserem wahren Wesen.
Die Lasten und Bürden des Lebens
lassen uns oft zweifeln,
uns mürrisch und ungerecht werden.
In diesen Momenten
sollten wir in uns gehen
und uns auf unsere Tugenden besinnen.

HARALD GLÖÖCKLER

Höflichkeit FIRST!

Höflichkeit ist einfach zu praktizieren, adelt, kostet nichts und ist dennoch ein sehr seltenes und kostbares Gut in unserer Zeit geworden. Höflichkeit wird aus vielen verschiedenen Gründen praktiziert und hat eine eigene Kulturgeschichte. Ganz egal, welcher Art von Höflichkeit wir begegnen, der angeborenen oder der im Leben erworbenen – wenn wir höflichen Menschen begegnen (und diese scheinen einer aussterbenden Rasse anzugehören), ist es immer eine Wohltat für die Seele. Möchte man wahre Höflichkeit leben, muss sie einem inneren Bedürfnis entspringen, einem brennenden Verlangen, sie muss ein Seelenzustand sein.

Echte, wahre Höflichkeit überstrahlt alles mit Güte und Herzenswärme. Wer dagegen eine manipulative oder floskelhafte Form der Höflichkeit praktiziert, agiert oft steif und leer wie eine seelenlose Puppe. Höflichkeit bedeutet im historischen und gesellschaftlichen Sinn eine Verfeinerung des Lebensstils sowie das Beherrschen von Ausdrucksformen und Emotionen. Letzteres ist mit Sicherheit die schwerste Übung, denn wem fällt es schon leicht, in schwierigen Situationen höflich zu bleiben? Wenn jemand Sie provozieren, beleidigen oder beschämen möchte, ist die beste Reaktion, gelassen zu bleiben und einen klaren, kühlen Kopf zu bewahren. Ich gebe durchaus zu, dass es nicht immer einfach ist, aber genau dies unterscheidet den zivilisierten Menschen von einem Barbaren. Gelassene Höflichkeit ist eine edle Form von Weisheit. Sie allein entscheiden, ob Sie sich auf die Provokation einlassen und sich von einer Person beleidigen und demütigen lassen oder ob Sie höflich bleiben und somit die Provokation ins Leere laufen lassen. Eine größere Klatsche können Sie dem Provokateur gar nicht geben, denn wer höflich bleibt, ist immer der Gewinner und vereinigt sämtliche Sympathien auf sich. Zudem haben Sie dem Gegenüber nicht gestattet, Sie zu manipulieren. Wären Sie auf seine Aktion eingegangen, hätten Sie Ihr eigenes Wesen verleugnet und somit Ihre Persönlichkeit der seinen angepasst. So aber bleiben Sie sich treu und zeigen charmant, aber messerscharf Ihre Grenze auf, indem Sie ihm höflich mitteilen: Bis hierhin und nicht weiter! Dadurch gewinnen Sie den Respekt aller Beteiligten und geben ein perfektes Beispiel an Stärke und gepflegtem, zivilisiertem Benehmen. So erscheint die Provokation des Angreifers in einem noch unangenehmeren Licht.

Wer höflich ist, zeigt nicht nur sein zivilisiertes Benehmen, sondern auch den nötigen Respekt gegenüber anderen. So sagt man auch, dass Höflichkeit die Schwester der Nächstenliebe sei. „Liebe deinen Nächsten wie dich selbst", heißt es in der Bibel. Dazu ist es allerdings zuerst einmal unbedingt notwendig, sich selbst zu lieben, zu schätzen und zu ehren und sich auch selbst mit Höflichkeit zu begegnen; denn wie können Sie anderen etwas geben, das Sie sich selbst nicht zugestehen?

Höflichkeit öffnet zeitlebens Türen und festigt Freundschaften. Wer sich höflich artikuliert, wird von vielen Menschen geliebt. Wie unsere Gedanken sind auch unsere Worte starke Waffen, die wir für oder gegen uns einsetzen können. Deshalb ist die richtige Wortwahl eine sehr ernstzunehmende und absolut entscheidende Voraussetzung für Erfolg im Leben. Mit unseren Worten können wir schmeicheln oder verletzen, deshalb sollte ein Wort wohlüberlegt sein, bevor es über unsere Lippen geht. Wie sagt man so schön: „Reden ist Silber, Schweigen ist Gold." An unseren Worten werden wir gemessen. „Ein Mann, ein Wort", heißt es auch; es wird erwartet, dass wir Wort halten. Ein höfliches, nettes, liebenswürdiges Wort, das wir an einen Menschen richten, kann Aggression und Konfrontation eindämmen, kann geradezu Wunder bewirken.

Oft fällt es uns schwer, höflich zu bleiben, weil wir durch das Leben beziehungsweise durch die Stürme des Lebens so gepeitscht und verletzt sind, dass wir in der Talsohle einer großen Unzufriedenheit und Frustration feststecken. Ein Ereignis hat uns durch unsere emotionale Wahrnehmung enttäuscht und uns in einen depressiven Zustand versetzt. Wir wären gerne höflich, handeln aber entgegen unserer eigentlichen Natur abweisend, unterkühlt und unhöflich, was wiederum eine weitere Konfusion bei uns auslöst, weil uns bewusst beziehungsweise unbewusst klar ist, dass wir im Grunde falsch handeln. Deshalb ist das unentwegte Praktizieren, Üben und Studieren von Höflichkeit unerlässlich. Gäbe es in Schulen ein Unterrichtsfach namens Höflichkeit, wäre unsere Welt in vielen Bereichen eine bessere, da bin ich mir sicher.

„Bitte nach Ihnen“ ist ein Satz, dem ein Zauber innewohnt und der uns bei unseren Mitmenschen mehr Pluspunkte auf einen Schlag beschert, als wir uns vorstellen können. Jemandem den Vortritt zu lassen ist in einer Welt wie der unseren, wo Ellenbogen oftmals das Gehirn ersetzen, ein Relikt aus einer vergangenen Epoche. Mit dieser Geste entspannt man jede Situation auf der Stelle und sorgt für eine angenehm temperierte Atmosphäre.

Meine Mutter sagte immer zu mir: „Bub, wenn du eingeladen bist und es keine festgelegte Tischordnung oder Tischkarten gibt, dann warte, bis dir jemand einen Platz zuweist. Falls dies nicht geschieht, setz dich ganz unten an die Tafel und sei bescheiden, niemals anmaßend. Du bekommst schon den Platz, der dir zusteht, und wenn du dich zurücknimmst, wirkt das edel und wohlerzogen. Wenn du dich aber unaufgefordert auf den besten Platz am Tisch neben den Gastgeber setzt, bringst du ihn unter Umständen in Verlegenheit. Es gibt Gäste, denen der Gastgeber aus welchen Gründen auch immer – das können familiäre Hintergründe oder eine berufliche Verpflichtung sein – besondere Beachtung schuldig ist. Und somit gebührt denen gegebenenfalls auch der Ehrenplatz. Wenn du diesen aber unaufgefordert besetzt, manövrierst du den Gastgeber mit deiner Unhöflichkeit in die unangenehme Situation, dem Ehrengast den Ehrenplatz nicht geben zu können. Im schlimmsten Fall kann dir dies eine peinliche Erfahrung bescheren, indem du vor den Augen aller gebeten wirst, deinen Platz zu räumen und weiter unten am Tisch Platz zu nehmen. Wählst du aber von Anfang an einen der weniger begehrten Plätze und der Gastgeber wünscht sich dich mehr in seiner Nähe, wird er dich vor den Augen aller auffordern, näherzurücken. Deine Höflichkeit und Zurückhaltung zeugen von einer guten Herkunft, Erziehung und Ausbildung und zeigen dein edles Wesen. Mit solch einem Menschen haben alle gern zu tun. Höfliche, zuvorkommende Menschen sind mitfühlend, behutsam und liebenswürdig im Umgang mit anderen, hüten ihre Zunge und werden dafür geliebt und respektiert; ganz im Gegensatz zu denen, die grob, ungezogen, unhöflich und respektlos sind. Menschen mit derartigen Allüren wollen sich mit ihrem unverschämten, ungehobelten und ungeschliffenen Verhalten nur profilieren und in den Vordergrund drängen und brüskieren damit unverhohlen den Gastgeber und die anderen Gäste. Dies sind meist Menschen mit mangelnder Selbstachtung. Menschen mit Selbstachtung verbietet allein schon ihr Anstand, ein derart rüdes Benehmen an den Tag zu legen."

Wer Wind sät, wird Sturm ernten, und wer unhöflich gegenüber seiner Umwelt agiert, wird ebenso behandelt werden und darf sich nicht wundern, wenn er plötzlich nur noch „ungehobelte Klötze" um sich hat. Wer möchte schon gern so jemanden um sich haben, geschweige denn Geschäfte mit ihm machen? Ich selbst bin ein sehr direkter Mensch, jegliche Schauspielerei ist mir zuwider. Trotzdem kann man dabei höflich und respektvoll bleiben. Selbst wenn man sich über jemanden oder etwas ärgert, sollte man Ruhe bewahren und nachsichtig und höflich bleiben und nicht gleich unbedacht reagieren. Ist ein böses Wort erst einmal gesagt, kann man es nicht mehr zurücknehmen. Es zeugt von wahrer Größe, gerade dann höflich zu bleiben, wenn es schwierig wird, ansonsten ist es gespielte Höflichkeit. Es ist so, als würde man einen Schirm nur dann anbieten, wenn die Sonne scheint, und ihn verweigern, wenn es regnet. Auch Selbstbeherrschung ist eine Form von Höflichkeit und verhindert Gewalt und Streit. Außerdem ist es nicht ratsam, zu allem seine Meinung kundzutun. Es ist überaus unhöflich, Mitmenschen unaufgefordert korrigieren und berichtigen zu wollen. Auch hier gilt, dass Zurückhaltung besser ist als forsches Voranschreiten.

Egal, was ich mache, ob ich die Frisur ändere, eine neue Haarfarbe ausprobiere, neue Schuhe oder ein neues Jackett trage – es dauert keine Sekunde, und schon kommen ungefragt die ersten Kommentare. „Die blonden Haare stehen Ihnen nicht. Die Schuhe gefallen mir nicht. Wieso lachen Sie nicht?" und so weiter. Wenn man nicht gefragt wird, hält man den Mund. Und wenn man nichts Gutes zu sagen hat, schweigt man besser auch. Das ist mein Rat aus weiser Erfahrung. Die Menschen lieben Komplimente und sie verabscheuen negative Äußerungen. Am Ende ist zurückhaltende Höflichkeit der beste Ratgeber – in jeder Hinsicht.

Außergewööhnliche Sentenzen

Wahre Höflichkeit überstrahlt alles mit Herzenswärme!

Wer höflich ist, zeigt nicht nur zivilisiertes Benehmen, sondern verhält sich auch respektvoll gegenüber anderen.

Höflichkeit öffnet Türen und festigt Freundschaften. Wer sich höflich artikuliert, wird von vielen Menschen geliebt.
Wer Wind sät, wird Sturm ernten, und wer unhöflich gegenüber seiner Umwelt agiert, wird ebenso behandelt werden.

„Bitte nach Ihnen" ist ein Satz, der Ihnen bei Ihren Mitmenschen mehr Pluspunkte auf einen Schlag beschert, als Sie sich das vorstellen können. Jemandem den Vortritt zu lassen in einer Ellenbogengesellschaft entspannt jede Situation auf der Stelle und sorgt für eine wohltemperierte Atmosphäre.

„Reden ist Silber, Schweigen ist Gold." Worte sind starke Waffen, die Sie für sich oder gegen sich verwenden können. Ein höfliches, nettes und liebenswürdiges Wort zur rechten Zeit kann Aggression und Konfrontation eindämmen und ist eine absolut entscheidende Voraussetzung für Erfolg im Leben.

Behalten Sie einen kühlen Kopf, bleiben Sie höflich, wenn jemand Sie beleidigt und beschämen will.

Schweigen Sie lieber, wenn Sie nichts Gutes zu sagen haben.

Halten Sie Wort! An Ihren Worten werden Sie gemessen.

Am Ende ist zurückhaltende Höflichkeit immer ein guter Ratgeber – in jeder Hinsicht.

*Begeisterung, Faszination und Enthusiasmus
sind unermessliche Schätze in Ihrem Leben.
Indem Sie sich für etwas
oder jemanden begeistern,
entfachen Sie ein leidenschaftliches Feuer,
das Ihren Wunsch nährt
und die nötige Triebkraft verleiht,
das Erwünschte auf schnellstmöglichem
Wege zu erreichen.*

HARALD GLÖÖCKLER

Geben Sie mit Begeisterung Vollgas

Begeisterung ist mitreißend, ansteckend, faszinierend. Nur wer sich für Menschen und Dinge begeistern kann, wer von etwas begeistert ist, kann auch andere begeistern. Wer zu großer Begeisterung fähig ist, kann im Leben Großes erreichen.

Ich habe die Fähigkeit – zum kleinen Teil angeboren, aber zu 80 Prozent im Laufe des Lebens erworben –, mich für alles begeistern zu können beziehungsweise in allem etwas Positives und Schönes zu sehen. Sie haben die Wahl! Sie können allem mit Argwohn und Skepsis begegnen oder mit Begeisterung und neugieriger Freude unvoreingenommen Ihre Umwelt betrachten.

So unterhaltsam Menschen kurzfristig auch sein mögen, die sich über andere mokieren und Zoten reißen, auf Dauer wirkt das primitiv. Denn so ein Verhalten entspringt überwiegend Missgunst und Neid. Auf lange Sicht zieht es uns zu den freundlichen, gutgelaunten Menschen hin, die sich mit echter, ehrlicher Begeisterung mit und für andere freuen können und die dieser Freude in Form von Komplimenten Ausdruck verleihen. Begeisterung ist Energie, und zwar faszinierende, magnetisierende Energie, die uns anzieht und mitreißt.

Ich bin sehr schnell fasziniert von Menschen, Dingen und Situationen. Herr Schroth und ich führen diesbezüglich oft Diskussionen, da ich mich sofort begeistern kann, während er erst einmal skeptisch ist und zur Vorsicht warnt. Das ist der Steinbock in ihm, der ihn erst einmal misstrauisch allem Neuen gegenüber reagieren lässt. Ich hingegen bin Feuer und Flamme, und auch wenn sich dann herausstellt, dass es sich um etwas weniger Großartiges handelt als angenommen, bin ich keineswegs enttäuscht oder ernüchtert – ich nehme es als eine Tatsache hin, ohne es zu bewerten. Was mir aber bleibt, ist die Freude, und oftmals entwickle ich doch noch ein Business daraus. Wenn mir, um Ihnen ein Beispiel zu geben, jemand erzählt, er wolle mich auf eine gigantische Party einladen im Stil von Ludwig XIV., und es sich dann als haltloses Hirngespinst herausstellt, nehme ich meine Begeisterung und Imagination eventuell zum Anlass, den Traum selbst zu verwirklichen, anstatt ihn zu begraben. Ich entwerfe ein Konzept, überlege, wen ich einbinden könnte – als Partner und Sponsor –, um das Ganze zu finanzieren. Oftmals refinanziert sich ein solches Event auch durch eine geschickt eingesetzte Öffentlichkeitsarbeit.

Kinder, vor allem Kleinkinder, gehen ganz unvoreingenommen mit Menschen, Situationen und Eindrücken um, daher ist die kindliche Faszination etwas ganz Besonderes. Sie sind noch nicht durch gesellschaftliche Dogmen und Verhaltensregeln geprägt, um nicht zu sagen verseucht. Wir sollten daher versuchen, uns diese kindliche Faszination und diesen Enthusiasmus so lange wie möglich zu bewahren oder sie wiederzufinden, falls sie bereits verloren sind. Enthusiasmus ist für mich die gesteigerte Form der Begeisterung, die sogenannte große Schwester, oftmals geprägt von einem Zustand freudiger Erregung, einer euphorisierten Hochstimmung.

Denke ich an Enthusiasmus, fällt mir spontan das antike Griechenland ein: Mit all seinen Sagen von Helden und Heldentum scheint es mir ein profunder Ort für Enthusiasten gewesen zu sein. Das griechische Wort „enthousiasmós“ bedeutet so viel wie die Inbesitznahme eines Menschen durch eine höhere Macht. Die „göttliche“ Macht der Begeisterung kann Steine ins Rollen bringen. Und doch möchte ich hier zwischen Begeisterung und Faszination differenzieren. Ich kann zwar von allem fasziniert sein, was mich begeistert, muss aber nicht von allem begeistert sein, was mich fasziniert. Das möchte ich Ihnen etwas genauer erläutern. Faszination kann passiv sein; ich werde von etwas angezogen, obgleich ich mich damit unter Umständen gar nicht identifizieren kann oder möchte. Ein Beispiel: Es gibt wunderbare Kunstwerke oder auch Gemälde, die mich auf den ersten Blick sehr faszinieren; für schwarzmagische Symbole oder Totenköpfe, die Teil dieser Bilder sein können, kann ich mich allerdings überhaupt nicht begeistern. Ich finde diese Kunstrichtung an sich zwar spannend, sie ist aber nicht Teil meiner Welt, denn ihre Energie passt nicht zu der meinigen. Wenn ich wirklich von irgendetwas oder irgendjemandem begeistert bin, dann identifiziere ich mich ganz und gar mit dem Gegenüber, lasse mich vollkommen darauf ein und lege eine ganz andere Power in das, was ich tue. Eine Begeisterung kann aber auch nach kürzester Zeit wieder verfliegen, wobei eine Faszination meist länger bestehen bleibt.

Jede der beiden Formen hat ihre Berechtigung, und beide beflügeln; was uns beflügelt, trägt uns mit Leichtigkeit. Deshalb sind diese beiden Eigenschaften so wichtig, privat wie beruflich. Ich selbst fasziniere Menschen durch meine Optik und mein Wesen. Gut, zugegebenermaßen schockiere ich auch einige, aber das ist nicht schlecht, auch das ist eine Art der Faszination. Ebenso begeistere ich Menschen mit meinen Ideen, meinen Werken und meiner enormen Vorstellungskraft. Die mir angeborene und von mir weiterkultivierte immense Fantasie ermöglicht es mir, in Windeseile die großartigsten Ideen zu skizzieren und sie mir derart opulent auszumalen, dass meine Zeitgenossen regelrecht mit Eindrücken überflutet werden. Dabei stelle ich zeitgleich fest, welche der vorgeschlagenen Versionen meine Gegenüber am meisten ansprechen und welche Wünsche und Träume sie damit befriedigen können, konzentriere mich dann augenblicklich auf diese Punkte und binde sie in das Konzept ein. Somit schaffe ich es meist mit Leichtigkeit, wichtige Unterstützer mit ins Boot zu holen und sie für meine Sache nicht nur zu erwärmen, nein, auch zu begeistern.

Und wenn Ihnen die Begeisterungsfähigkeit einmal verloren gehen sollte ... Mithilfe von Imaginationen können Sie sich selbst aus einem psychischen Tief in ein euphorisches Hoch katapultieren. Dies ist eine hervorragende Vorbereitung für wichtige Gespräche. Mit einer positiven Stimmung hat man nämlich eine bessere Ausstrahlung, was wiederum andere fasziniert. Um Ihnen auch hier ein Beispiel zu nennen: 1994 haben wir eine CD aufgenommen, „POMPÖÖS is my life" war der Titel. Ich hatte die Texte geschrieben und die Idee zur Musik entwickelt und dann die Songs zusammen mit Herrn Schroth eingesungen. Entstanden war die Idee eines Abends in unserem damaligen Lieblingsrestaurant, der Brasserie Flo in Stuttgart. Das Lokal war berühmt für seine Live-Musik, und so trat auch an diesem Abend eine fantastische Band auf mit großartigen Stimmen; aber die Outfits waren so etwas von fürchterlich und die Performance zum Einschlafen. Ich dachte an Marlene Dietrich, eine bekennende Perfektionistin, und beschloss, es ihr gleichzutun. Ich wollte es besser hinbekommen und machte Nägel mit Köpfen. Unter den Stammkunden befand sich ein Musikproduzent, mit dem wir uns schnell einig wurden. In seinem Studio gab es dieses riesengroße Mischpult mit unzähligen Reglern, um unter anderem von laut auf leise oder von tief auf hoch zu stellen. Dieser Soundmixer hat einen sehr nachhaltigen Eindruck bei mir hinterlassen, ich war über die Maßen begeistert. Wenn ich mich wieder einmal in einem Tief befinde, was durchaus der Fall sein kann, fällt mir daher unweigerlich dieses Mischpult ein. Dann ziehe ich bildlich die Regler hoch und stelle mir vor, dass sich automatisch meine Laune verbessert. Und was soll ich sagen – es funktioniert! Probieren Sie es ruhig einmal aus.

Auch die Medizin arbeitet mit Imaginationen. Ein Patient wird zum Beispiel dazu angehalten, sich etwa einen bestimmten Ort oder eine Begebenheit vorzustellen, mit der er ausschließlich positive Erinnerungen verbindet, eine grüne Wiese oder das Meer. So schafft er es, sich in eine andere, heilsamere Schwingung zu katapultieren.

Gehen Sie in sich und finden Sie heraus, was Sie fasziniert, was Sie wirklich ergreift und Sie in Aufregung versetzt. Ich spreche nicht von einem lauen Lüftchen, sondern einem ausgewachsenen (Begeisterungs-) Sturm. Wir alle kennen sie, diese Momente, in denen uns etwas ins Auge springt und so in seinen Bann zieht, dass wir es unbedingt haben müssen. Das ist genau das, was ich meine. Dieses Gefühl sollten Sie finden und sich erhalten, denn genau das ist der Treibstoff, der Sie ganz nach oben befördert. Viele Menschen trauen sich nicht, wagen sich nicht aus ihrer Komfortzone heraus aus Angst, einen Fehler zu machen. Jahrelange, ja oftmals jahrzehntelange Demütigungen und Enttäuschungen haben die Seele vernarben lassen; aus Angst vor weiteren Verletzungen wagen es viele nicht mehr, sich auf Dinge zu freuen, sich für etwas zu begeistern oder sich von etwas faszinieren zu lassen, immer in der Angst, weitere Schmerzen ertragen zu müssen. Das ist der vollkommen falsche Ansatz. Damit verstärken Sie wiederum das negative Denken und ziehen automatisch Destruktives an. Denken Sie immer daran: Wer nicht wagt, der nicht gewinnt.

Außergewööhnliche Sentenzen

Wer zu großer Begeisterung fähig ist, kann im Leben Großes erreichen.

♔

Die „göttliche" Macht der Begeisterung kann Steine ins Rollen bringen.

♔

Gehen Sie in sich und finden Sie heraus, was Sie fasziniert, was Sie wirklich ergreift und mitreißt. Entfachen Sie einen Sturm der Begeisterung!

♔

Begeisterung ist der Treibstoff für Ihren Erfolg.

♔

Nur wer sich für Dinge und Menschen begeistern kann und selbst von etwas begeistert ist, kann auch andere mitreißen.

♔

Achten Sie auf den Unterschied! Sie können von allem fasziniert sein, was Sie begeistert, müssen aber nicht von allem begeistert sein, was Sie fasziniert. Begeisterung ist faszinierende, magnetisierende Energie, die alle anzieht und mitreißt.

♔

Katapultieren Sie sich mithilfe von Imagination aus einem psychischen Tief in ein euphorisches Hoch, gerade vor wichtigen Gesprächen. Erinnern Sie sich an das Bild vom Mischpult.

♔

Lernen Sie von Kindern! Bewahren Sie sich den kindlichen Anfängergeist so lange wie möglich oder gewinnen Sie Ihre kindliche Faszination und Begeisterungsfähigkeit zurück.

Was Sie als Fehler bezeichnen,
sind lediglich Erfahrungen
als Resultate Ihres Bemühens,
erfolgreiche Strategien zu entwickeln.
Wer einmal weiß, wie es nicht geht,
hat die Chance, sich neu zu orientieren
und gestärkt Anlauf zu nehmen.
Jeder Fehler macht Sie klüger.
Ihre größten Fehler werden
zu Ihren besten Lehrmeistern.

HARALD GLÖÖCKLER

Machen Sie so viele Fehler wie möglich

Die Überschrift dieses Kapitels wird Sie vielleicht erstaunen. In unserer westlichen Kultur betrachten wir einen Fehler ja als ein Manko, das es besser zu vermeiden gilt und über das man tunlichst den Mantel des Schweigens legen sollte. Über die eigenen Fehler redet man nicht einmal mit sich selbst, geschweige denn, dass man sie sich und schon gar nicht anderen zugesteht. Wir schämen uns für unsere Fehler, fühlen uns durch sie minderwertig und wollen mit ihnen nichts zu tun haben. Aber ich sage Ihnen: Das ist falsch. Fehler sind etwas Wunderbares, Wichtiges, eine echte Chance. Denn durch unsere Fehler lernen wir und kommen zu neuen Erkenntnissen. „Es ist noch kein Meister vom Himmel gefallen", sagt man und „Aus Fehlern wird man klug!" Und in einem weniger bekannten, englischen Zitat heißt es: „Kluge Leute lernen aus den Fehlern der anderen – die Dummen aus ihren eigenen."

Ich persönlich halte Menschen, die aus den eigenen Fehlern lernen, keineswegs für dumm. Ich würde eher sagen: „Kluge Leute lernen aus den Fehlern der anderen – die Dummen nicht mal aus den eigenen." Wenn man mit offenen Augen und Ohren durch die Welt geht, kann man von anderen so einiges lernen. Und zwar von allen. Von den Erfolgreichen, wie man es macht, und von den Erfolglosen, was man besser vermeidet. Deshalb gibt es keinen Grund, sich über andere zu mokieren. Ich betrachte jede Begegnung mit jeder Person als Bereicherung, aus der ich oft auch meinen ganz persönlichen Nutzen ziehen kann.

Nachahmung ist der einfachste Weg, etwas zu lernen. Ich habe in meinem Bekannten- und Freundeskreis viele kleine Kinder und bin immer wieder überrascht darüber, wie schnell diese Kleinen durch Nachahmung lernen. Aber auch wir Erwachsenen können durch Achtsamkeit und Beobachtungsgabe einiges von anderen lernen. Man erspart sich so viel Kummer und Mühe. Nun gut, durch manche Erfahrungen muss man wohl selber durch, aber jeder intelligente Mensch wird denselben Fehler nur einmal machen. Auch ich werde immer wieder vor neue große Aufgaben gestellt, die eine Herausforderung darstellen. Das ist aber völlig normal, man wächst schließlich mit seinen Aufgaben. Und Not macht bekanntlich erfinderisch, nicht wahr?

Gerade wenn wir vor neue, scheinbar schwer überwindbare Hürden gestellt werden, haben wir die größten Chancen auf Wachstum. Wir sind gezwungen, etwas zu unternehmen und uns etwas einfallen zu lassen. Dabei wachsen wir oft im wahrsten Sinne des Wortes über uns hinaus oder machen einen großen Schritt nach vorn. Anstatt zu jammern und zu klagen, wenn wir vor solche Aufgaben gestellt werden, sollten wir sie also als Geschenk betrachten und mutig angehen.

Immer wieder aber hört man Menschen lamentieren. Ich will offen sein zu Ihnen – das sind schwache Menschen. Menschen, die erfolgreich sind, jammern nicht. Menschen, die erfolgreich sind, zweifeln nicht an sich, und Menschen, die erfolgreich sind, halten sich auch nicht mit kleinen Dingen auf. Sie verlieren niemals, selbst in größter Not nicht, ihren roten Faden, der sie immer wieder zum Ziel zurückführen wird. Sie verlieren vielleicht einmal einen Kampf, aber niemals den Krieg. Anstatt sich zu beklagen und sich selbst zu bemitleiden, sollten Sie es sportlich nehmen und nach Lösungen suchen. Das ist positiv und stärkt Ihr Selbstwertgefühl, da Sie als Handelnde die Zügel in den Händen halten. Wenn Sie sich jedoch ständig beklagen, machen Sie sich automatisch zum Opfer.

Suchen Sie sich Vorbilder, die Großes erreicht haben. Studieren Sie deren Werdegang. Ich will damit keinesfalls sagen, dass Sie die Vorgehensweise anderer eins zu eins übernehmen sollen, das wäre zu einfach. Selbstverständlich müssen Sie alles an Ihre persönlichen Gegebenheiten anpassen. Es ist aber enorm motivierend und inspirierend zu sehen und zu hören, wie andere ihren Weg gegangen sind und wie sie schwierige Klippen umschifft haben. Wie gesagt: Auch aus den Fehlern und Irrtümern anderer kann man wunderbar lernen. Deshalb sollten wir niemals überheblich und arrogant sein, das sind nur die Dummen. Seien Sie lieber neugierig auf das, was das Leben auf allen Ebenen zu bieten hat. Mit Neugierde meine ich Interesse in seiner edelsten Form und nicht bloßen Voyeurismus, das platte Ausspähen Ihrer Mitmenschen. Seien Sie eher demütig und dankbar dafür, aus den Fehlern anderer lernen zu dürfen und aus deren Verhalten Lehren für Ihr eigenes Leben ziehen zu können. Schadenfreude und Spott sind nicht angebracht. Es gibt keinen Grund, sich über jemanden zu stellen oder sich über seine Mitmenschen hochnäsig zu mokieren. Das ist schlechter Stil und zeugt von Unreife.

Erfolgreiche Menschen bekommen nicht etwa deshalb vom Leben, was sie sich wünschen, weil ihnen mit der Geburt ein Sonderstatus zuerkannt wurde, sondern weil sie ganz genau wissen, was sie wollen und welche Entscheidungen sie treffen müssen, um es zu bekommen. Und sie treffen diese Entscheidungen vor allem mutig und selbstbewusst. Je besser Sie darin werden, Entscheidungen zu fällen, und je mehr Erfahrungen Sie sammeln, desto eher erzielen Sie das gewünschte Resultat. Um sich zu verbessern, muss man aber an sich arbeiten und lernen, lernen, lernen. Und wer viel in Angriff nimmt, begeht eben auch automatisch mehr Irrtümer. Für mich sind Menschen, die auch zu ihren Fehlern stehen können und diese unumwunden zugeben, die eigentlichen Sieger, denn sie siegen über die Normen der Gesellschaft, über die Annahme, Fehler zu machen sei eine peinliche Schwäche und stünde nur einem Loser zu, nicht aber einem erfolgreichen Menschen. Das Zugeben der eigenen Fehler zeugt für mich von wahrer Größe.

Wir alle sind Menschen und wir alle sind fehlbar. Wenn nun aber gerade ein „Großer" zugibt, dass er viele Fehler in seinem Leben gemacht hat, macht er sich für uns nah- und greifbar, denn seine Fehler sind ein Band, das uns mit ihm vereint. Wer möchte schon mit jemandem befreundet sein, der fehlerlos, ja sogar makellos und unantastbar ist? Mit einer solchen Person möchte man kein Bier trinken gehen, denn man fürchtet ihre Perfektionsansprüche und geht davon aus, dass man es ihr im schlimmsten Fall niemals recht machen kann. Umgekehrt hat das Zugeben von Fehlern einen nicht zu unterschätzenden psychologischen Effekt auch auf Sie selbst. In dem Moment, in dem Sie zu Ihren

Unzulänglichkeiten stehen, Ihre Fehler und Tiefschläge als einen Teil von sich akzeptieren und sie von Herzen annehmen, indem Sie sich selbst also in Ihrer Gesamtheit lieben, erleben Sie eine ungemeine Erleichterung. Der Druck, besser sein zu müssen, sich vor anderen beweisen zu müssen, fällt ab und Sie sind frei. Dadurch strahlen Sie mehr Selbstsicherheit aus und wirken souveräner und überzeugender.

Sie alle kennen wahrscheinlich die Situation, dass einem ein Fehler immer gerade dann passiert, wenn man es besonders gut machen will. Wenn man beispielsweise einen extrem anspruchsvollen Kunden oder Job hat und gerade dann auf keinen Fall etwas verkehrt machen möchte, passiert einem vermutlich ein Patzer. Dann ist das Entsetzen groß und man versucht alles, um es zu vertuschen. Aus meiner Erfahrung heraus ist es aber das Beste, die Flucht nach vorn anzutreten und das Missgeschick gleich zuzugeben, bevor es das Gegenüber von sich aus merkt. Sagen Sie klipp und klar: „Mir ist das und das passiert, aber ich bekomme das wieder hin." Glauben Sie mir, das ist die beste Lösung. Sie behalten die Oberhand, sind der Handelnde, nehmen dem Gegenüber den Wind aus den Segeln und lassen sich in keine Opferrolle drängen. Meist hat Ihr Gegenüber sogar Verständnis und reagiert lösungsorientiert.

Fehler passieren also. Tun Sie mir nur einen Gefallen und bereuen Sie diese nicht. „Je ne regrette rien!", sang bereits die wunderbare Edith Piaf, die ganz sicher viele Fehler in ihrem turbulenten Leben begangen hat. Es ist passiert, vorbei, man kann es ohnehin nicht mehr rückgängig machen. Anstatt sich nun zu grämen, sollten Sie das Debakel schnellstmöglich abhaken und die Angelegenheit mit Freude und neu gewonnenen Erkenntnissen frisch angehen. Ich bin mir sicher, Sie werden erfolgreich sein. Man sollte sich im Leben nur auf Dinge konzentrieren, die man auch beeinflussen kann. Verschwenden Sie niemals Ihre Energie in die falsche Richtung.

Es gibt aber auch diejenigen unter uns, die aus Angst vor Versagen, aus Angst, einen Fehler zu machen, Dinge erst gar nicht angehen. Diese Menschen verkümmern, werden immer kleiner und ihr Selbstbewusstsein sinkt mehr und mehr auf Zwergenniveau. Sie wollen jeden Misserfolg vermeiden und verpassen dabei zu leben, sich in ihrer ganzen Vielfalt zu erleben. Sie können weder wachsen, noch entwickelt sich ihre Persönlichkeit. So wie es den Baum nicht interessiert, ob zwischen all seinen großen, schönen Ästen ein paar verkrüppelte, kleine, krumme Zweige wachsen, sollten auch Sie nur das große Ganze sehen. Wo Erfolg ist, ist auch Misserfolg, und alle „Großen“ haben ihre Misserfolge durchlebt. Wir bekommen dies allerdings oft nicht mit, weil am Ende nur der Erfolg übrig bleibt. Er allein ist für uns sichtbar. Erfolgsmenschen aber wissen, dass ein Scheitern nicht ausbleiben kann, dass auch sie den einen oder anderen Fehler machen müssen, jedoch orientieren sie sich nicht an ihren Misserfolgen, sondern an ihren Erfolgen.

Scheitern gehört in einer dualen Welt, in der wir nun mal existieren, genauso dazu wie der Erfolg. Es fragt sich nur, wie wir damit umgehen. Beachten Sie daher unbedingt, dass Sie nur das verstärken, worauf Sie sich wirklich konzentrieren und was Sie in den Fokus stellen möchten. Wie schon Mutter Theresa gesagt haben soll: „Ladet mich nicht zu einer Anti-Kriegs-Demonstration ein, sondern zu einer Friedensdemonstration.“ Deshalb halte ich auch nichts von der so oft geforderten, von Politikern und Journalisten ins Leben gerufenen „Kultur des Scheiterns“. Es ist in Ordnung, dass wir darüber reden. Es mag sogar wichtig sein, aber es kann nicht zu einer Art Philosophie hochstilisiert werden. Warum sollte ein Mensch, der erfolgreich werden will, das Scheitern auf ganzer Linie studieren? Ich akzeptiere, wenn Sie hier eine andere Meinung vertreten, muss Ihnen aber sagen, dass ich das für absurd halte. Ich empfinde dies als eine Philosophie von Losern für Loser, als eine Art Selbstbeweihräucherung, ein kollektives Hochjubeln von Misserfolgen zu Triumph-Akten. Fehler passieren, man nimmt sie wahr, lernt aus ihnen und begeht sie kein zweites Mal. Basta! Aber mit dieser sogenannten Kultur des Scheiterns wird ja geradezu zur Nachlässigkeit aufgerufen. Was für ein billiger Populismus! Perfektionismus ist uncool, mangelnde Sorgfalt soll dagegen cool sein? Was für ein Schwachsinn!

Danken Sie dem Universum für die Erfahrung, aber halten Sie sich nicht länger als nötig mit Misserfolgen auf. Und suhlen Sie sich nicht in Selbstvorwürfen. Es ist nichts per se gut oder schlecht, das wird es erst durch unsere Bewertung. In der Art und Weise, wie Sie mit einer selbst erlebten oder von Dritten übernommenen Erfahrung umgehen, liegt der Schlüssel zu Ihrem Erfolg. Hören Sie auf, die Schuld bei sich zu suchen oder auf andere zu schieben. Es geht nur um

Erkenntnis. Negative Erfahrungen zu machen ist keine Schande, auch kein Versagen, es ist ein essenzieller Bestandteil des Lebens. Wenn jemand sich auf Neuland begibt und etwas Großartiges versucht, gebühren ihm Lob und Anerkennung und nicht Häme. Seien Sie kritisch mit sich selbst, aber steigern Sie sich in nichts hinein. Anstatt sich kleinzumachen und die Angelegenheit zu sezieren, klopfen Sie sich lieber selbst auf die Schulter: „Nicht schlecht für den Anfang, Kollege, aber beim nächsten Versuch machen wir das besser, denn nun haben wir dazugelernt." Durch den Misserfolg haben Sie sich nun ein größeres Wissen erworben, das Ihnen dabei helfen wird, das Projekt erneut anzugehen, und das unter weitaus besseren Voraussetzungen als zuvor. Deshalb gehen Sie es im besten Vertrauen auf Ihre Fähigkeiten einfach an.

Außergewööhnliche Sentenzen

Fehler sind etwas Wunderbares und Wichtiges, eine wahre Chance, ein Geschenk. Denn durch unsere Fehler kommen wir zu neuen Erkenntnissen.

Das Scheitern ist in einer dualen Welt nur die andere Seite des Erfolgs.

Fehler passieren auch den Besten! Fokussieren Sie sich immer weiter auf Ihr Ziel.

Das Zugeben der eigenen Fehler zeugt von wahrer Größe. Erfolgreiche Menschen, die auch zu ihrem Misserfolg stehen können, sind die eigentlichen Sieger.

Bereuen Sie Ihre Fehler nicht, schämen Sie sich nicht für sie, sondern lernen Sie von ihnen. Wachsen Sie an der Erfahrung, starten Sie neu. Sagen Sie sich: Je ne regrette rien, ich bedaure nichts.

Hören Sie auf, die Schuld bei sich zu suchen oder auf andere zu schieben. Negative Erfahrungen zu machen ist keine Schande, sondern ein essenzieller Bestandteil des Lebens.

Wer aus Angst vor Versagen, aus Angst, einen Fehler zu machen, Dinge erst gar nicht angeht, macht sich klein und verliert jegliches Selbstbewusstsein.

Mokieren Sie sich nicht über die Fehler und Misserfolge Ihrer Mitmenschen. Das ist schlechter Stil und zeugt von Unreife.

Vertrauen ist eine göttliche Eigenschaft.
Vertrauen Sie darauf,
dass am Ende alles gut wird und
Sie immer einen Schutzengel im Leben haben.
Auf Gott und auf sich selbst zu vertrauen,
lässt Sie mutig nach vorn schauen.
Ihr Selbstvertrauen sorgt dafür,
dass andere Ihnen vertrauen und
auf Sie bauen.

HARALD GLÖÖCKLER

Vertrauen Sie sich selbst!

Sich seiner selbst bewusst zu sein, sich selbst zu vertrauen ist eine große Sache. Viele Menschen machen sich klein, sind ängstlich, unterwürfig und trauen sich rein gar nichts zu im Leben. „Das ist nichts für unsereins", hört man sie oft sagen. Wer sich zum Wurm macht, braucht sich allerdings nicht zu wundern, wenn er von einem Vogel gefressen wird. Und das werden Sie, wenn Sie sich kleinmachen. Ihr größter Feind ist die Opferhaltung. Sie ist die Verursacherin vielen Übels. Menschen, die sich selbst nicht wertschätzen, werden auch von ihren Mitmenschen nicht geachtet und geschätzt, sondern mitunter sogar verhöhnt und verspottet.

Man kann sich nun die Frage stellen, warum Menschen andere schlecht- und lächerlich machen müssen, sie als unwissend, unfähig oder als Versager hinstellen. Dafür gibt es verschiedene Gründe. Zum einen kann es ein Versuch sein, sich selbst durch das Kleinmachen anderer aufzuwerten, also die eigenen Minderwertigkeitskomplexe und mangelnden Selbstwertgefühle zu kaschieren und zu kompensieren. Dadurch, dass man andere in der Öffentlichkeit der Lächerlichkeit preisgibt und sie erniedrigt, fühlt man sich selbst mächtig. Zum anderen werden Menschen, die in ihrer Kindheit Opfer waren, die in der Familie Demütigungen, Kränkungen, Schmähungen und dergleichen erfahren mussten, als Erwachsene selbst zu Tätern und geben das konditionierte Verhalten weiter. Denn nun haben sie die Oberhand und müssen sich nicht länger hilflos fühlen. Aber auch Antipathie kann ein triftiger Grund dafür sein, Mitmenschen schlechtzumachen. Jeder von uns trifft auf Personen, die uns aus welchem Grund auch immer nicht liegen, die wir nicht leiden mögen, nicht riechen können. Aber ein vernünftiger und kultivierter Mensch sollte in der Lage sein, jedem mit Respekt, Achtung und gebührender Höflichkeit entgegenzutreten. Tut er das nicht, stellt er sich damit ein Armutszeugnis aus.

Jemanden zu verspotten und zu demütigen, nur weil man ihn nicht leiden mag, er anders aussieht, einer anderen Kultur angehört oder einen anders gearteten Lebensstil pflegt, ist primitiv und unterstes Niveau. Oftmals aber entspringt ein solches Verhalten auch dem blanken Neid. Doch was genau ist Neid? Neid ist eine aus Mangel entstandene, emotionale Reaktion auf einen Vergleich mit anderen Personen: Was hat der, was ich nicht habe? Neid ist ein infames Gift, das Menschen, die davon befallen sind, systematisch zerstört und auffrisst. Wer die Geschichte kennt, weiß: Solange es Menschen gibt, wird auch Neid existieren.

Wir leben in einem unentwegten Dialog mit uns selbst. Basiert dieser Dialog auf einer gesunden Einstellung, geprägt von positiven Gedanken, leben wir in Zufriedenheit mit unserer Umwelt und uns selbst. Wir haben es dann nicht nötig, uns selbst und unsere Mitmenschen runterzumachen oder kleinzureden. Ist dieser Dialog jedoch gestörter, destruktiver Natur, geprägt von Selbstzweifeln, Missgunst und Verbitterung, dann laufen wir Gefahr, uns genau in dieser Spirale zu bewegen. Sollten Sie sich also je in solch einer Situation befinden, ist es unbedingt notwendig, dass Sie diese Muster löschen und sich neu programmieren. Setzen Sie sich selbst wie einen Computer auf Werkseinstellung zurück und füttern Sie sich dann mit neuen Informationen. Wir und nur wir allein sind in der Lage, unser Leben, unsere Einstellung und unsere Gedanken zu verändern. Mit den richtigen Gedanken verändert sich automatisch unsere Sichtweise auf die Dinge und somit auch auf unsere unmittelbare Umgebung, denn auch auf diese haben wir einen Einfluss. Je reiner unsere Ausstrahlung, desto klarere Signale senden wir; zugleich ändert sich unsere Resonanz.

Dafür verantwortlich ist das universelle Gesetz der Anziehung (Gleiches zieht Gleiches an), auch Resonanzgesetz genannt. Leider sind sich nur wenige darüber im Klaren, dass wir genau das anziehen und erschaffen, was wir denken und fühlen. Dies ist eine Tatsache! Es funktioniert, ganz egal, ob wir es akzeptieren oder nicht. Deshalb ist es so wichtig, dass wir unsere Gedanken und Gefühle kontrollieren, um das zu erreichen, was wir uns wünschen. Sie glauben mir nicht? Versuchen Sie es doch einmal mit einfachen, ganz alltäglichen Übungen:

Wenn Sie jemanden anlächeln, werden Sie ebenfalls ein Lächeln erhalten.
Wenn Sie mit gutem Herzen und selbstlos geben, werden Sie beschenkt werden.
Wenn Sie Freude ausstrahlen, wird noch mehr Freude in Ihr Leben treten.
Wenn Sie glauben, arm zu sein, werden Sie immer wenig(er) haben.
Wenn Sie glauben, reich zu sein, wird sich Ihr Reichtum ständig vermehren.

Was Sie erfahren, ist ein Spiegelbild der Gedanken und Gefühle, die Sie aussenden. Nutzen Sie also die Kraft Ihrer Gedanken und Gefühle, um Ihr Leben so zu gestalten, wie Sie es haben möchten. Hören Sie auf damit, auf andere zu zeigen, ihnen die Schuld an Ihren Miseren zu geben, und übernehmen Sie die volle Verantwortung für Ihr Leben. Konzentrieren Sie sich auf positive, aufbauende Dinge, anstatt sich mit negativem, destruktivem Müll zu beladen. Hören Sie auf, neidisch zu sein und anderen etwas zu missgönnen, denn das, was Sie anderen nicht gönnen, werden auch Sie nie erhalten. Kämpfen Sie nicht gegen Menschen, Dinge und Angewohnheiten an, die Sie verabscheuen, sondern danken Sie ihnen für die Erfahrung, die Sie machen durften, lassen Sie sie in Liebe los, und geben Sie ihnen ein Platz in Ihrem Herzen. Und dann erschaffen Sie die Dinge so, wie Sie sie gerne hätten.

Je bildhafter Sie sich Ihre Zukunft, das Erwünschte ausmalen, je konkreter Sie es skizzieren und je mehr Gefühle Sie hineinprojizieren, desto schneller wird es in Ihr Leben treten. Gehen Sie ins Internet, gehen Sie „shoppen". Suchen Sie sich Ihre Traumvilla aus, Ihr Traumschloss, am besten gleich mehrere Domizile an verschiedenen Orten auf der Welt. Wie wollen Sie leben, wo möchten Sie leben, wie sollen Ihre Häuser eingerichtet sein, gibt es Blumen, einen Garten oder einen Park? Haben Sie einen Gärtner, Butler, Koch oder ein Hausmädchen, sehen Sie Ihre Kinder oder Enkelkinder auf dem Rasen spielen, welche Autos stehen in Ihrer Garage, und wer sind Ihre Freunde? Je präziser Sie jedes Detail skizzieren und sich immer wieder vor Ihrem inneren Auge abrufen, desto größer ist die Chance auf Erfolg. Ihre Vision von Ihrem neuen Leben muss Sie faszinieren und bei Ihnen weitaus mehr als ein Kribbeln im Bauch verursachen, nur dann beginnen Sie, dafür zu brennen, und werden alles dafür tun, es zu bekommen.

Daneben sollten Sie Ihr Selbstvertrauen aufbauen. Loben Sie sich, finden Sie positive Attribute. Sie sind einmalig, kein Mensch ist wie Sie. Sie sind ein absolutes Unikat. Wie können Sie als Gottes Geschöpf nur an sich zweifeln? Hinzu kommt, dass das, was wir mitunter in unserer

Kultur als Schwäche und als Makel betrachten, in anderen Ländern hoch geachtet ist. Während in der westlichen Welt Schlanksein als Ideal gilt, bevorzugen andere Kulturen die Fülle. Während man bei uns mit älteren Menschen oft abfällig umgeht und beruflich keine Verwendung mehr für sie hat, sie aufs Abstellgleis schiebt, werden sie in anderen Kulturen geschätzt und verehrt. Auch hier gilt: Was für die einen eine Schwäche darstellt, mag für andere eine wahre Stärke sein. Sie können die Umwelt nicht ändern, sondern nur sich selbst. Und wenn Sie sich ändern, schaffen Sie automatisch ein neues Umfeld, ziehen neue Menschen in Ihr Leben. Ihre derzeitigen Freunde und Bekannte, Ihre komplette bisherige Umgebung, Ihre ganze Art zu leben ist Ihre Projektion aus der Vergangenheit. Das, was Sie morgen erleben wollen, müssen Sie heute projizieren. Allein deshalb sollten Sie ständig an Ihren Gedanken und Handlungen arbeiten und feilen, damit Sie auch das ernten, was Sie säen wollen. Wer Radieschen pflanzt, darf keine Erdbeeren erwarten. Es ist unser Geburtsrecht, zu wählen und zu entscheiden, welche Erfahrung wir machen wollen, darum sind wir hier. Das ist das Geschenk des Lebens. Es gibt kein Gut oder Schlecht, es gibt nur Möglichkeiten. Wir haben die Chance, uns zu trauen, uns selbst etwas zuzutrauen, Selbstvertrauen und eine innere Stärke zu entwickeln, um unser Leben frei und selbstbestimmt zu erfahren. Wenn Sie schwach sind und sich nichts zutrauen, werden Sie immer ein Opfer Ihrer Umwelt sein, denn diese wird Ihnen auch nichts zutrauen, sondern Sie ausgrenzen oder bestenfalls mit Brotkrumen von der reichhaltigen Tafel abspeisen. Sie werden immer den untersten Stuhl am Tisch bekommen, die Reste vom Buffet, den Stehplatz in der letzten Reihe. Genügt Ihnen das? Sind Sie damit zufrieden, oder streben Sie in die erste Reihe, verlangen das Filetstück vom Leben? Dann holen Sie es sich. Stellen Sie sich auf die Hinterbeine, machen Sie sich groß, zeigen Sie Präsenz und Profil.

Mit einer gesunden Portion Selbstvertrauen erwerben Sie sich automatisch die Achtung Ihrer Umwelt. Man wird Sie zuvorkommender behandeln, Sie bei Entscheidungen konsultieren und Ihnen den Ihnen zustehenden Respekt zollen. Hören Sie damit auf, andere für Ihre Situation verantwortlich zu machen, zu jammern, sich zu beschweren. Sie allein haben Ihre momentane Lage erschaffen, und Sie allein können diese ändern. Worauf wir uns fokussieren, verstärken wir, vergessen Sie das nie. Sich zu ärgern bringt weiteren Ärger, sich zu freuen erzeugt Freude, sich nichts zuzutrauen wird Sie noch kleiner machen, während Selbstvertrauen Sie in faszinierende, schwindelnde Höhen erhebt.

Außergewööhnliche Sentenzen

Mit einer gesunden Portion Selbstvertrauen erwerben Sie sich automatisch die Achtung Ihrer Umwelt.

♔

Wer sich zum Wurm macht, braucht sich nicht zu wundern, wenn er von einem Vogel gefressen wird.

♔

Verlangen Sie das Filetstück vom Leben? Dann holen Sie es sich. Stellen Sie sich auf die Hinterbeine, machen Sie sich groß, zeigen Sie Präsenz und Profil!

♔

Was Sie erfahren, ist ein Spiegelbild der Gedanken und Gefühle, die Sie aussenden. Nutzen Sie also die Kraft Ihrer Gedanken und Gefühle, um Ihr Leben so zu gestalten, wie Sie es haben möchten.

♔

Gleiches zieht Gleiches an! Wenn Sie jemanden anlächeln, werden Sie ein Lächeln erhalten, wenn Sie mit gutem Herzen und selbstlos geben, werden Sie beschenkt werden, wenn Sie Freude ausstrahlen, wird noch mehr Freude in Ihr Leben treten.

♔

Zeigen Sie nicht auf andere und geben ihnen die Schuld an Ihren Miseren. Übernehmen Sie die volle Verantwortung für Ihr Leben. Sie allein haben Ihre momentane Lage erschaffen und Sie allein können diese ändern.

♔

Hören Sie auf, neidisch zu sein, denn das, was Sie anderen nicht gönnen, werden auch Sie nie erhalten. Das ist das Gesetz der Resonanz!

♔

Konzentrieren Sie sich auf positive, aufbauende Dinge, anstatt sich mit negativem, destruktivem Müll zu beladen.

Alles, was Sie in diesem Moment sehen,
ist eine Spiegelung Ihrer selbst
sowie Ihrer Handlungen in der Vergangenheit.
Ändern können Sie jedoch nur die Zukunft,
indem Sie hier und jetzt den
richtigen Samen legen durch Ihre Taten.
Um Ihre Zukunft nach Ihren Vorstellungen
zu kreieren, ist es unerlässlich,
Ihre Gedanken zu kontrollieren.

HARALD GLÖÖCKLER

Verändern Sie Ihre Gewohnheiten, verändern Sie Ihr Leben

Das ganze Leben ist Veränderung! Selbst Ihr Körper verändert sich jede Sekunde. Ich als Zwilling bin nicht nur offen für Veränderungen, ich liebe sie regelrecht. Aussehen, Wohnung, Wohnort – alles gestalte ich in meinem Leben immer und immer wieder neu.

Was ist das Leben? Ein Geschenk? Ja, manchmal! Eine Zumutung? Auch das mitunter. Realität oder Fiktion? Vom Gefühl her oftmals beides. Bilden wir uns das alles mit der Welt, dem Leben, dem Sein an sich am Ende nur ein? Ehrlich gesagt, ich weiß es nicht, denn alles ist möglich, je nachdem, aus welchem Blickwinkel man es betrachtet. Erschwerend kommt hinzu, dass wir Menschen emotionale Wesen sind, geprägt durch unsere Umwelt und unsere Eltern. Unsere Erfahrungen und Wertvorstellungen stammen vorwiegend aus zweiter Hand. Unsere Eltern lehrten uns nach bestem Wissen und Gewissen. Sie gaben ihre Glaubenssätze, Dogmen und Paradigmen an uns weiter, die sie wiederum von ihren Eltern, also unseren Großeltern, übernommen hatten. Und wir haben ihnen vertraut. Klar, wieso auch nicht, schließlich sind es unsere Eltern. Dann aber kommt irgendwann der

Tag, an dem wir uns entscheiden müssen, ob wir unser Leben nach den Vorstellungen unserer Vorfahren leben oder unsere eigenen Regeln festlegen möchten.

Akzeptieren Sie die Tatsache, dass Leben Veränderung bedeutet und es Ihnen obliegt, die großen Chancen zu nutzen, die darin liegen, um sich zu verwirklichen, um der Regisseur, die Regisseurin Ihres eigenen Lebensfilms zu werden. Sie entwerfen das Drehbuch, suchen die Darsteller aus, den Kameramann und haben die fantastische Möglichkeit, alles in Ihr Leben zu schreiben, was Sie sich wünschen, ganz egal, von welchem Ausgangspunkt oder mit welchen Voraussetzungen Sie starten.

Leben Sie unbedingt Ihr Leben, anderenfalls lebt Ihr Leben Sie. Sind Sie in Ihrem Lebensfilm der Macher oder das Opfer? Diese Entscheidung können nur Sie allein treffen. Sie entscheiden durch Ihre Ausstrahlung, durch das, was Sie in die Welt aussenden, welchen Platz man Ihnen einräumt. Begegnen Sie der Welt selbstbewusst, stark und von sich überzeugt, mit Begeisterung, Faszination und Leidenschaft, glauben Sie an sich, dann läuft alles wie von allein. Sollten diese positiven Attribute fehlen, passiert nichts. Während der Mutige, Leidenschaftliche und Begeisterungsfähige über sich hinauswächst und zum „Riesen" wird, bleibt der Zaghafte, Zögernde und Ängstliche auf der Strecke.

Aber lassen Sie uns bitte ganz vorn beginnen. Wie gehen wir mit dem Leben um, wenn es Veränderung bedeutet? Das eigene Leben zu leben heißt, es selbst in die Hand zu nehmen. Sie sind der Kapitän. Geben Sie den Kurs nicht vor, treiben Sie wie ein Boot ohne Segel und Motor einfach dahin, ohne zu wissen, wohin die Reise geht. Sie fragen sich nun vielleicht, was Sie tun müssen, um sich zu verändern? Sie müssen gar nichts, Sie können und dürfen. Doch um zu können, sollten Sie wollen und vor allem herausfinden, was Sie wollen. Finden Sie heraus, was Sie vom Leben erwarten. Ja, Sie haben richtig gelesen, was SIE erwarten. Denn das Leben ist nicht dazu da, etwas von Ihnen einzufordern. Es ist wie beim Einkaufen: Sie sollten sich ein so klares Bild wie möglich, noch besser eine Liste davon machen, was Sie sich wünschen, was Sie vom Leben erwarten, was Sie im Leben erreichen wollen. Was immer Sie sich wünschen, das Leben wird es Ihnen liefern, ob Sie es glauben oder nicht. Wenn Sie davon ausgehen, dass Sie nichts bekommen, werden Sie natürlich genau das erhalten: nichts. Sind Sie davon überzeugt, Ihre gewünschte Lieferung zu erhalten, was immer es auch sei – ein Auto, eine Reise, einen Partner, eine Partnerin – wird sie auch zugestellt.

Bitte vergessen Sie nicht, klar und deutlich mitzuteilen, wann sie geliefert werden soll. Dazu beginnen Sie am besten damit, einen klaren Zeitplan für sich zu entwerfen mit vielen kleinen Zwischenetappen, quasi Ihre eigene „Tour de Success". Diese Zwischenetappen sind extrem wichtig für Sie, nicht für den Kosmos, da Sie dadurch nicht das Gefühl bekommen, der Berg sei zu hoch, um ihn zu bezwingen. Oftmals tun wir uns leichter, an etwas zu glauben, das wir in unseren Gedanken zunächst für durchaus möglich halten. So wird es Ihnen sicherlich leichter fallen, daran zu glauben, einen gewünschten Blumenstrauß am darauffolgenden Tag von wem auch immer zu erhalten, als eine Million Euro zu gewinnen. Deshalb wollen wir damit beginnen, einen Fuß vor den anderen zu setzen, um Ihr Selbstvertrauen zu stärken. So erreichen Sie stetig eine Etappe nach der anderen, einen Erfolg nach dem anderen, und erleben fortwährend das Glücksgefühl, Ihrem Ziel nähergekommen zu sein und Ihre Aufgabe gemeistert zu haben. So können Sie sich immer wieder selbst motivieren.

Motivation ist im Übrigen ein sehr starkes und, wie ich finde, äußerst interessantes Thema. Motivieren Sie sich selbst, sonst macht es keiner. Ich persönlich motiviere mich immer über Begeisterung und Faszination. Ich spreche nun nicht von den alltäglichen Dingen, die routiniert erledigt werden müssen (dies fällt, wie schon beleuchtet, unter die Kategorie Disziplin und ist eine unabänderliche Voraussetzung dafür, erfolgreich zu werden und zu bleiben). Darüber hinaus benötigen wir oftmals noch einen motivierenden Aspekt, quasi den Turbo, um richtig Gas zu geben. Wenn ich zum Beispiel zum Sport gehe, ohne aber die geringste Lust dazu zu haben, dann ist es meiner Disziplin geschuldet, dass ich am Ende trotzdem gehe. Um aber dann auch äußerst effektiv zu trainieren, muss ich mich motivieren, denn Lust habe ich ja nach wie vor keine. Dabei kann ich eine Person im Studio betrachten, die gerade ihre Muskeln stählt, oder ich male mir aus, wie großartig ich als Adonis mit einem perfekten Sixpack aussähe. Ich kann aber auch genau das Gegenteil tun und mir jemanden vorstellen, bei dem wirklich alles im Argen liegt, und mir vor Augen führen, dass ich eines Tages genauso aussehen könnte, wenn ich jetzt nicht am Ball bleibe. Beides verhilft mir zum Kick, unmittelbar und ohne Wenn und Aber zu handeln.

Wenn Sie einer breiteren Masse bekannt werden wollen und erfolgreich sein möchten, müssen Sie auf sich aufmerksam machen. Ein jedes Produkt muss beworben werden. Dabei sind Sie selbst Ihr eigenes Schaufenster, Ihre eigene Litfaßsäule, also sollten Sie sich im besten Licht präsentieren, das Ihr Ziel von Ihnen fordert. Diese Parameter verändern sich ständig, wie alles im Leben. Ihr Anspruch gibt den Ton für Veränderungen an. Was ich damit sagen möchte: Ein Bauarbeiter zum Beispiel muss, um ernst- und wahrgenommen zu werden, anders aussehen als ein Bankkaufmann. Aber auch jeder Bankkaufmann vermittelt wiederum einen anderen Eindruck, je nachdem, wie er auftritt. Wollen Sie der Wallstreet-Banker sein oder der Bankdirektor aus der Provinz? Sie müssen sich zuerst einmal optisch von der Masse abheben und später natürlich auch durch Ihre Leistungen. Aber die Leistung sieht man zunächst nicht, deshalb ist zuerst Ihr Auftreten extrem wichtig. Denn für den ersten Moment gibt es keine zweite Chance.

Wenn Sie mit der Aufgabe, sich optisch zu verändern, überfordert sind, empfehle ich Ihnen, sich professionelle Berater zu suchen, die Ihnen dabei helfen, das richtige Outfit, die richtige Frisur, den richtigen Look zu finden, und zwar einen Look, an dem man Sie immer wieder und sofort erkennt. Aber auch an Ihrer Ausstrahlung sollte gearbeitet werden, daran, wie Sie auftreten. Es gibt viele erfolgreiche Zeitgenossen, deren Kapital es unter anderem ist, dass man sie sofort (wieder-)erkennt. Harald Glööckler ist so ein Beispiel. Es gibt wenige Menschen in Deutschland, die ein so markantes Profil haben wie ich, deren Aussehen und Lifestyle so prägnant ins Auge stechen, dass sie sich derart aus der Masse herausheben. Wie schafft man das? Indem man authentisch ist – keine Kopie, sondern das Original.

Stärken Sie alles, was zum Original gehört. Zeigen Sie Haltung, kontrollieren Sie immer wieder, wie und wo Sie stehen, innerlich wie äußerlich. Vergessen Sie alles, was Sie bisher im Leben und von Ihren Eltern und Freunden gelernt haben und worauf Sie jahrelang konditioniert wurden. Wenn Sie froh waren, dass die Schulzeit vorbei war, da Sie keine Lust mehr hatten zu lernen, mag das für diesen Moment richtig gewesen sein. Heute gilt jedoch etwas anderes. Das ganze

Leben bedeutet zu lernen, zu lernen und nochmals zu lernen und Erfahrungen zu sammeln. Wir müssen immer wieder alles auf den Prüfstand und gegebenenfalls sogar auf den Kopf stellen. Dazu gehören Mut und Tatkraft. Bereits als Junge ist mir klar geworden: Es geht nicht darum, was andere, also Ihre Eltern oder Lehrer vom Leben erwarten, sondern um die eigenen Vorstellungen und Anforderungen ans Leben. Es ist absolut in Ordnung, dass Ihre Vorfahren Ihnen ihre Erkenntnisse übermittelt haben, was sollten sie auch sonst tun. Aber nun ist es an Ihnen, daraus Ihre ganz persönlichen Lehren zu ziehen und Ihr eigenes Weltbild zu formen. Dazu benötigen Sie so viele Informationen wie möglich.

Anstatt also das Lernen als etwas Mühsames, als eine Strafe zu betrachten, sollten Sie es als eine Möglichkeit sehen, sich selbst zu gestalten und das Resultat nach außen zu repräsentieren. Viele Menschen halten an einmal erlernten und festgezurrten Meinungen und Methoden fest. Und obwohl sie merken, dass sie damit keinen oder nur mäßigen Erfolg verbuchen können, sind sie nicht bereit dazu, Neues zu versuchen. Erfolgreiche Menschen ticken da anders. Sie wissen: Wer Großes erreichen will, muss sich immer wieder weiterbilden und ausgetretene Pfade verlassen. Man darf nicht stehenbleiben, denn der Erfolg von heute hat bereits unter Umständen schon morgen keinen Bestand mehr. Also muss man heute schon wieder die Saat aussäen, um morgen ernten zu können. So probieren erfolgreiche Menschen unaufhörlich die verschiedensten Möglichkeiten und Methoden aus, um herauszufinden, welche am besten für sie funktionieren. Betrachten Sie es als einen Sport, nicht als Arbeit. Zufriedene, satte Menschen sind dagegen oft schwer dazu zu bewegen, etwas Neues auszuprobieren, etwas zu wagen. Schon Machiavelli schrieb:

> *„Es ist unmöglich, einen Mann, dem durch seine Art zu verfahren, viel geglückt ist, zu überzeugen, er könne gut daran tun, anders zu verfahren. Daher kommt es, dass das Glück eines Mannes wechselt; denn die Zeiten wechseln, er aber wechselt nicht sein Verfahren."*

Der Mensch ist ein Gewohnheitstier, und unsere Gewohnheiten sind unser größter Feind. Man wird nichts so schwer los wie schlechte Gewohnheiten. Zugegeben: Nicht alles Neue wird automatisch besser sein und das bereits Erprobte und Bewährte gekonnt vom Thron stoßen. Mitunter ist es sinnvoll, an Altem festzuhalten, wenn man damit erfolgreich war. Andererseits werden wir niemals erfahren, ob der neue Weg nicht doch der bessere oder schnellere gewesen wäre, wenn wir ihn nicht einschlagen. Unsere heutige Zeit ist bedeutend schnelllebiger als frühere Epochen, und so ändern sich auch Trends und äußere Umstände um einiges schneller. Wenn wir dieser Tatsache nicht Rechnung tragen, wird der Zug des Erfolgs eines Tages ohne uns weiterfahren.

Fürchten Sie keine Veränderungen, beginnen Sie, diese lieben zu lernen und in Ihren Alltag zu integrieren. Sie finden sowieso unentwegt mit Ihnen und auch ohne Sie statt. Dies ist eine Tatsache, die Sie nicht verhindern können; wohl aber bestimmen Sie, ob Sie passiv oder aktiv daran teilnehmen. Verändern Sie sich aktiv, verändern Sie Ihre Umwelt nach Ihren Vorstellungen mit. Veränderung ist etwas Großartiges. Sie trägt den Atem Gottes. Sich zu verändern heißt, immer wieder neu geboren zu werden. Buchstäblich. Wissenschaftler gehen davon aus, dass der menschliche Körper zwischen zehn und fünfzig Millionen Körperzellen pro Sekunde abbaut und durch neue Zellen ersetzt. Ein wahres Wunder. Ständig wird etwas in Ihrem Körper erneuert, ergänzt und repariert. Dies geschieht automatisch! Unseren Geist müssen wir jedoch selbst verändern, das ist unsere Aufgabe. Beginnen Sie jetzt und gestalten Sie Ihre Zukunft nach Ihren Wünschen. Tauchen Sie ein in die Magie, das Wunder der Veränderung.

Außergewööhnliche Sentenzen

Tauchen Sie ein in das Wunder der Veränderung.

Veränderung ist etwas Großartiges. Sie trägt den Atem Gottes. Sich verändern heißt, immer wieder neu geboren zu werden.

Leben Sie unbedingt Ihr Leben, anderenfalls lebt Ihr Leben Sie.

Der Mensch ist ein Gewohnheitstier, und Ihre Gewohnheiten sind Ihr größter Feind. Integrieren Sie zunächst kleine Abweichungen von der Routine in Ihren Alltag.

Lernen Sie Veränderungen lieben. Sie bestimmen, ob Sie passiv bleiben oder aktiv mitgestalten.

Verändern Sie sich aktiv, verändern Sie gleichzeitig Ihre Umwelt mit.

Wer Großes erreichen will, muss lernen, sich weiterbilden und vor allem Neues wagen. Sie dürfen nicht stehenbleiben, denn der Erfolg von heute hat bereits morgen unter Umständen keinen Bestand mehr.

Begegnen Sie der Welt selbstbewusst, stark und von sich überzeugt, mit Begeisterung, Faszination und Leidenschaft, glauben Sie an sich – dann läuft alles wie von allein.

Motivieren Sie sich selbst, sonst macht es keiner. Setzen Sie sich kleine Etappenziele. So erleben Sie einen Erfolg nach dem anderen und haben fortwährend das Glücksgefühl, Ihrem Ziel näher gekommen zu sein und Ihre Aufgabe gemeistert zu haben.

Sie selbst sind Ihr eigenes Schaufenster, also sollten Sie sich stets im besten Licht präsentieren.

Widmen Sie sich zuerst Ihrem Auftreten. Ihre Leistung sieht man zunächst nicht. Für den ersten Moment gibt es keine zweite Chance.

Sie sind das Original! Zeigen Sie Haltung. Wenn Sie erfolgreich einer breiten Masse bekannt werden wollen, müssen Sie auf sich aufmerksam machen.

GROSS zu denken und GROSS zu handeln
zeugt von wahrer Größe.
Es gibt nur die Begrenzungen,
die Sie selbst festlegen.
Warum kleckern,
wenn man auch klotzen kann?
Fordern Sie vom Leben nur
das Beste und Edelste:
Es steht Ihnen zu
als Ihr göttliches Geburtsrecht.

HARALD GLÖÖCKLER

Denken Sie GROSS! Kleiner wird es von allein ...

Nur Menschen, die wirklich GROSS zu denken vermögen, erreichen auch die höchsten Gipfel des Erfolges. Ja, ich weiß, das hört sich für Sie nun vielleicht etwas hochtrabend an, aber in einer Zeit, in der die meisten Menschen nur noch den einfachsten Weg einschlagen und simpel denken, haben so viele unter uns bereits verlernt, was Denken überhaupt bedeutet. Von „im großen Stil" zu denken ganz zu schweigen.

Genau da liegt Ihre Chance. Den Weg zu gehen, den andere scheuen, weil er ihnen zu steinig ist, zu mühsam, zu schwierig. Exakt diesen Weg sollten Sie einschlagen. Viele Menschen bewegen sich lieber auf den bewährten, bekannten Pfaden, auf breiten, asphaltierten Straßen; sie würden sich am liebsten bequem auf dem Rücksitz einer Limousine chauffieren lassen. Doch haben Sie schon jemals von einem Menschen gehört, der auf diese Art und Weise einen Berggipfel erklommen hat? Ich nicht. Mein Weg war mühsam und beschwerlich. Und als würde das nicht reichen, wurden mir noch zusätzlich Steine in den Weg gelegt. Doch hat mich das gebremst, war das für mich etwa ein Grund aufzugeben? Habe ich gejammert, mich beschwert? Fehlanzeige! Nichts dergleichen habe ich getan. Aus den Steinen, die man mir in den Weg gelegt und mit denen man nach mir geworfen hat, habe ich mein Königreich erbaut. Was das zum Teil für Brocken waren, kann ich Ihnen gern erzählen ...

1987 beschloss ich, mit meinem Partner in Stuttgart einen Laden zu eröffnen. Auch wenn unsere Voraussetzungen ziemlich ungünstig waren – Herr Schroth hatte gerade eine Scheidung hinter sich und alles verloren, kein Dach mehr über dem Kopf, Schulden bis über beide Ohren und eine schlechte Schufa-Auskunft, und ich war nach meiner Lehre von zu Hause ausgezogen, stand ohne Ersparnisse und Sicherheiten da –, verfolgten wir große Ideen. Wir bekamen durch viel Geschick einen Laden in der Eberhardstraße in Stuttgart, wenngleich auch nicht in 1A-Lage – eine bessere hätten wir uns aber auch gar nicht leisten können. Wir konnten über Kommissionsware und einen von mir aufgenommenen Kredit von damals 30.000,- DM einen Warenbestand generieren und füllten das Geschäft geschickt mit barocken und antiken Möbeln vom Speicher meiner Tante. Mittelpunkt des Geschehens war ein großer Tisch, den wir bei einem Trödler auf dem Land für kleines Geld erworben hatten. Über ihm hing ein wunderschöner Kronleuchter, den wir ebenfalls bei einem Antiquitätenhändler abstotterten.

Wir waren fleißig und voller Tatendrang. Mit großem Enthusiasmus schafften wir es in kürzester Zeit, Stammkunden anzuziehen. Sowie wir etwas verkauft hatten und Geld in die Kasse kam, kauften wir gleich wieder neue Ware. Hier und da belächelte man uns und sagte: „Da haben zwei Schwule einen Laden aufgemacht, die halten bestimmt nicht lange durch!“ Die „zwei Schwulen“ schauen inzwischen auf mehr als eine 30 Jahre andauernde Erfolgsgeschichte zurück und sind mit ihren Produkten in mehr als 80 Ländern der Erde vertreten. Das nur nebenbei.

Wenn man mit chronischer Geldknappheit ein Business beginnt, holt einen das immer wieder ein. So nahmen wir auf Empfehlung unseres Anwalts eines Tages einen Geldgeber als „atypisch stillen Teilhaber“ in unsere Firma auf, was letztendlich aber nicht gut für uns ausging. Nachdem wir 1997 genau zehn Jahre hart gearbeitet, uns einen Namen und eine Marke erfolgreich aufgebaut hatten und auf dem besten Weg zu internationalem Erfolg waren, kam es zum Super-GAU mit ebenjenem Teilhaber. Wir waren plötzlich aus unserer eigenen

Firma ausgeschlossen und standen vor dem Nichts. Es folgte ein Jahr voller Streitereien und Gerichtstermine, uns wurde das Betreten unserer Firma verwehrt, und ich hatte kein Geld mehr für Modekollektionen. Doch aufgeben war nicht drin. So versetzte ich meinen Schmuck im Pfandhaus und eröffnete eine Galerie in einem heruntergekommenen Ladengeschäft in einer mittelmäßigen Gegend. Doch wie gewohnt putzte ich mit wenig Mitteln auch diese Galerie pompöös heraus. Wie meine Freundin immer wieder zu sagen pflegt: „Es ist doch erstaunlich, dass man mit viel Mühe etwas Billiges so gut aussehen lassen kann!" Nachdem die unschöne Angelegenheit gerichtlich geregelt war, brachen wir unsere Zelte in Stuttgart ab, folgten einer Einladung nach Berlin und fingen dort wieder komplett von vorn an.

Wir hatten alles in allem eine großartige Zeit in Stuttgart. Dennoch sollte man im Leben auch erkennen, wann es Zeit ist, sich zu verändern, denn alles hat seine Zeit, seinen Anfang und sein Ende. Und das Ende wirft oft seine Schatten voraus. Die Presse berichtete natürlich ausführlich über unsere finanzielle Notlage unter der Schlagzeile: „Ist er nun ganz arm dran?" Um es kurz zu machen: Die Situation war haarsträubend, da wir durch das Desaster vor einem gigantischen Schuldenberg standen. Aber anstatt den Kopf hängen und mich gehen zu lassen, kleidete ich mich wie ein Prinz, versprühte Optimismus und gute Laune und stellte mir vor, mein Unternehmen agiere weiter weltweit erfolgreich. Allein das tägliche Gespräch mit unzähligen Gläubigern, das ständige Beschwichtigen und Aushandeln von Freiräumen und Zugeständnissen bewahrte mich vor dem Offenbarungseid und die Firma vor dem endgültigen Aus. Damals lernte ich, wie wichtig es auf dem Weg zum Erfolg ist, mit Menschen zu reden, Vertrauen zu schaffen und gemeinsam nach Lösungen zu suchen. Aufgeben war für mich nicht drin. Ein Kämpfer, ein Sieger gibt nicht auf, er beugt sich nicht, er geht seinen Weg aufrecht weiter. Wie meine Großmutter immer zu sagen pflegte: „Egal wie unangenehm etwas im Leben wird, geh immer kerzengerade durch die Vordertüre hinaus, durch die du auch eingetreten bist, denn wer einmal zur Hintertüre hinausgeht, kommt nie wieder über die Vordertüre hinein."

Veränderungen und Neuanfänge beängstigen mich nicht, sie sind mir nicht fremd. Auch heute noch verändere ich nahezu täglich alles um mich herum, stelle alle und alles auf den Prüfstand und passe mich und meine Projekte den Gegebenheiten und der eigenen Entwicklung an. Ich streue eine neue Saat aus. Ein Kardinalsfehler, den viele Unternehmer begehen, besteht darin, dass sie zu lange auf dasselbe Pferd setzen und nicht rechtzeitig erkennen, wo neue Geschäftsfelder zu beackern sind. Wenn ein Projekt auf dem Peak, dem Höhepunkt ist, beginne ich schon wieder, meine Energie in neue Ideen zu investieren, auch wenn ich dabei oftmals das Bestehende und noch gut Funktionierende zerstören muss, weil es nicht mehr zeitgemäß ist oder nicht mehr zur Philosophie passt. In vielen Bereichen war ich durch meine Experimentierfreudigkeit Vorreiter – im Teleshopping ebenso wie in der Zusammenarbeit mit Discountern. Immer wieder begebe ich mich auf neues Terrain und verlasse das Altbekannte.

Und ob ich schon wanderte im finstern Tal, fürchte ich kein Unglück;
denn du bist bei mir, dein Stecken und dein Stab trösten mich.

Psalm 23,4

Sie fragen sich, was dieser biblische Psalm hier zu suchen hat? Das kann ich Ihnen sagen: Es ist ein Beispiel für festen Glauben! Und der Glaube versetzt Berge. Wenn Sie festen Glaubens sind, gelingt Ihnen alles. Wenn Sie an nichts glauben, nicht an eine göttliche Kraft, nicht an sich selbst und nicht an Ihre Fähigkeiten, wie, so frage ich Sie hier und jetzt, wie können Sie hoffen, erwarten, gar verlangen, dass andere Menschen, Partner, Geschäftspartner oder designierte Geschäftspartner an Sie glauben? Wenn Sie sich nichts zutrauen, dann traut Ihnen auch das Leben nichts zu. Denn genau das strahlen Sie aus: Unsicherheit, Schwäche und Unentschlossenheit. Das sind die Feinde des Erfolgs, neben Disziplin- und Herzlosigkeit.

Wenn Sie auf diese Weise existieren – oder sagen wir einmal provokativ „dahinvegetieren" (denn Leben kann man das oft nicht nennen, Leben kommt von Erleben und nicht von Erdulden) –, wenn Sie nur herumsitzen, Ihre Zeit verplempern und sich kleinmachen, anstatt Ihre Fähigkeiten zu entdecken und zu entwickeln, verpassen Sie das Leben in vollen Zügen.

Nehmen Sie das wunderbare Geschenk namens Leben an, diesen „geschenkten Gaul", wie ihn die große Kämpfernatur Hildegard Knef nannte, anstatt ihn verhungern lassen.

Darum sage ich euch: Alles, was ihr bittet in eurem Gebet, glaubet nur, daß ihr's empfangen werdet, so wird's euch werden.

Markus 11,24

Die Natur hat es gut mit Ihnen gemeint und Sie mit allem ausgestattet, was Sie brauchen, um Ihre Bestimmung zu leben. Erinnern Sie sich? Wir sind hochentwickelte geistige Wesen, die auf diesen großartigen Planeten Erde gekommen sind, um eine körperliche Erfahrung zu machen. Wir sind geistige Riesen im Körper eines Zwerges. Da wir uns aber meist ausschließlich für Zwerge halten, trauen wir uns nichts zu, halten uns für klein und unbedeutend.

In diesem Kapitel fordere ich Sie auf, GROSS zu denken. Und Sie werden mir sicher zustimmen: Wenn Sie schon mal dabei sind, ins Blaue hinein zu planen und zu träumen, können Sie das doch auch genauso gut gleich im großen Stil tun, anstatt sich mit Kleinkram abzugeben. Denn kleiner wird es meist ja von selbst. Außerdem macht es doch viel mehr Spaß, in Fülle zu denken und zu planen. Halten Sie es mit dem Dramatiker George Bernhard Shaw: „Geld ist nicht alles, aber viel Geld ist etwas anderes." Zur großen Vision gehören aber auch noch Begeisterung, Faszination und Biss. Denn ohne Begeisterung, Faszination und Durchhaltevermögen, ohne dass Sie lichterloh brennen und felsenfest an sich glauben, wird es niemals etwas werden. Nur wenn Sie bereit sind, alles dafür zu tun und alles aufs Spiel zu setzen, Ihr Leben komplett umzukrempeln und im Notfall alles zu verlieren, erst dann haben Sie die Chance, an Ihr Ziel zu gelangen oder noch darüber hinauszuwachsen. Schon die Frauen der flüchtenden Trojaner verbrannten die Schiffe am Strand Siziliens, um ihren Männern zu zeigen, dass sie für einen Neuanfang innerlich bereit und gerüstet waren.

Menschen, die groß zu denken vermögen, faszinieren und inspirieren uns. Der Sonnenkönig Ludwig XIV. hat eine ganze Epoche geprägt und völlig neue Maßstäbe gesetzt. Sein Lebensstil wurde zum Vorbild für ganz Europa und tausendfach kopiert. Ob in der Mode, in der Architektur oder im Staatswesen – überall griff er ein mit seiner Magie, seiner Kraft, seiner unfassbar großen Vorstellungskraft. Heute denken wir oft etwas naiv, der war ja König, da hatte er es leicht. Keiner hat es leicht, und große Menschen sind nicht groß, weil sie Dinge mit einer „Laisser-faire"-Haltung angehen, sondern durch enorme Leistung überzeugen. Oftmals werden sie dadurch zur Angriffsfläche, werden missverstanden und für verrückt gehalten wie der visionäre bayerische König Ludwig II., der das legendäre Schloss Neuschwanstein bauen ließ und später „zu seinem eigenen Schutz“ auf Schloss Berg am Starnberger See unter Arrest gestellt wurde (wo er unter äußerst mysteriösen, bis dato ungeklärten Umständen ums Leben kam). Und doch lebt er weiter durch seine prächtigen Schlösser, welche jährlich Millionen von Menschen anziehen und faszinieren. Schloss Neuschwanstein übrigens, das mitten in die Berge gebaut wurde und nicht in einer Metropole, dessen Bau Unsummen verschlang (man warf dem König Größenwahn und Prasssucht vor), ist meines Wissens das einzige Schloss Bayerns, vielleicht auch ganz Deutschlands, das so viele Besucher anzieht, dass es nicht nur seine Unkosten trägt, sondern sogar Geld erwirtschaftet. Darum sage ich: Denken Sie GROSS, kleiner machen es die anderen schon! Errichten auch Sie Ihr eigenes Königreich. Geben Sie nichts auf das Gerede anderer. Sie haben das gottgegebene Recht, Ihr Leben nach Ihren eigenen Maßstäben zu gestalten. Und diese können Sie nicht hoch genug ansetzen.

Außergewööhnliche Sentenzen

Wer GROSS denkt, erreicht den Gipfel des Erfolgs! Wenn Sie schon mal dabei sind, ins Blaue hinein zu planen und zu träumen, können Sie das doch auch genauso gut gleich im großen Stil tun, anstatt sich mit Kleinkram abzugeben. Denn kleiner wird es meist ja von selbst.

♔

Wer sich nur für einen Zwerg hält, macht sich klein und unbedeutend. Sie sind ein geistiger Riese. Wachsen Sie zu wahrer Größe heran!

♔

Ein fester Glaube versetzt Berge!

♔

Wer nicht an sich selbst und seine Fähigkeiten glaubt, kann nicht erwarten, dass andere Menschen an ihn glauben.

♔

Ihre Chance liegt darin, den Weg zu gehen, den andere scheuen, weil er ihnen zu steinig ist, zu mühsam und zu schwierig. Exakt diesen Weg sollten Sie einschlagen.

♔

Halten Sie sich bereit, alles für Ihre Vision zu tun, Ihr Leben komplett umzukrempeln, alles aufs Spiel zu setzen, im Notfall alles zu verlieren. Brennen Sie für Ihre Ziele!

♔

Hören Sie auf, bloß zu existieren, und entwerfen Sie Ihr eigenes Königreich. Sie haben das gottgegebene Recht, Ihr Leben nach Ihren Maßstäben zu gestalten. Und die können Sie nicht hoch genug ansetzen.

♔

Geld ist nicht alles, aber viel Geld ist etwas anderes.

Einem schnellen Entschluss sollte nicht
durch unnötige Diskussionen
die Triebkraft genommen werden.
Je länger Sie nachfragen,
desto weniger werden Sie Klarheit erlangen.
Deshalb beschließen Sie eine Sache
und setzen Sie sie ohne Wenn und Aber um.

HARALD GLÖÖCKLER

Disziplin statt Diskussion!

Sie denken, Sie kennen sich. Dass Sie ganz genau wüssten, wer Sie sind. Wenn Sie sich da mal nicht ganz gewaltig täuschen.

Wir Menschen sind komplexe Wesen. Das Ich, das Ego besteht nicht nur aus verschiedenen Facetten, sondern sogar aus mehreren unterschiedlichen „Ichs". Psychologen sprechen von einem Eltern-Ich, einem Kind-Ich und einem Erwachsenen-Ich. Jeder Mensch, egal in welchem Alter, trägt demnach seine Eltern in sich, imitiert automatisch deren Verhalten oder das von Vorbildern. Man fühlt, denkt und handelt in der Art und Weise, wie man dies von den Eltern erlernt und übernommen hat. Im Kontrast dazu bewahrt jeder Mensch aber auch das Kind in sich. Wenn man herumalbert, trotzig ist, naiv, fantasievoll oder auch unsicher, bewegt man sich im Bereich des Kind-Ichs; man fühlt, denkt und verhält sich so, wie man es auch als Kind tat. Der letzte Zustand, das Erwachsenen-Ich, ist die Basis für eine objektive, wohlüberlegte und respektvolle Kommunikation, wie man es von einem reifen Erwachsenen erwarten würde. Bei so vielen Ichs (und wenn man noch dazu bedenkt, dass diese einzelnen Ichs wiederum aus verschiedenen Facetten bestehen), kann man sich lebhaft vorstellen, was für ein Chaos entsteht, wenn diese Ichs nicht miteinander harmonieren, sondern gegeneinander arbeiten.

Haben Sie schon mal eine Gruppe Kinder gesehen, die um etwas kämpfen? Da gibt es nicht enden wollende Diskussionen. Ich persönlich diskutiere grundsätzlich nicht, auch nicht mit mir selbst. Wenn ich etwas beschließe und sage, das wird gemacht, dann wird das auch gemacht. Da kann mir auch kein Eltern-Ich und kein Kind-Ich reinfunken. Ich bin ein absolutistischer Herrscher. Nichts mit Mitspracherecht bei mir. Völlig zwecklos, das habe ich schon vor Langem abgestellt. Bei mir herrscht eine Diktatur, und dabei habe ich alles unter Kontrolle. Gerne werde ich Ihnen ein Beispiel dazu nennen: Nehme ich mir abends vor, am darauffolgenden Tag um 5 Uhr morgens aufzustehen, um Sport zu machen, dann mache ich das auch und höre nicht beim Klingeln des Weckers auf die Stimmen, die mir da vielleicht zuflüstern: „Aber es ist doch noch viel zu früh, du kannst doch noch liegen bleiben, das kannst du doch auch ein anderes Mal erledigen". Oder: „Du hast doch noch nie gerne Sport gemacht, nicht mal als Kind!" Das Schlimmste, was Sie sich antun können, ist, sich selbst gegenüber keine klare Linie zu fahren. Wenn Sie nicht auf sich selbst hören, sondern auf die inneren Stimmen, die Ihnen ständig von allem abraten, dann sind Sie nicht Herr im eigenen Haus, sondern der Sklave Ihrer Emotionen.

Einigen fällt es schwer, sich selbst zu gehorchen. Sie haben keine oder nur eine sehr dürftige Selbstdisziplin. Wenn sie etwas erledigen müssen, das ihnen womöglich schwerfällt, haben sie alle Entschuldigungen parat, die man sich nur vorstellen kann. „Wenn das Wörtchen wenn nicht wär, wär mein Vater Millionär." Man könnte aber genauso gut sagen: „Wenn das Wörtchen aber nicht wär, wär ich selbst schon Millionär." Handeln Sie ohne Wenn und Aber. „Aber" ist nämlich ebenfalls so ein Wort, das Sie aus Ihrem Vokabular streichen sollten. Mit diesem lächerlich destruktiven Wort setzen Sie alles zuvor Gesagte außer Kraft. Wenn Sie etwa sagen: „Ich liebe meine Frau, aber ich bin froh, ab und zu etwas allein unternehmen zu können", erklären Sie den ersten Teil Ihrer Aussage für null und nichtig. Entweder Sie sagen „Ich liebe meine Frau" oder Sie schweigen. Denn wenn Sie ein „aber" dahintersetzen, wird man sich an den ersten Teil des Satzes nicht mehr erinnern.

Immer wieder höre ich Leute sagen: „... aber ich habe keine Möglichkeiten", „... aber ich habe keine Chancen", „... aber ich bin arm", „... aber ich komme aus schwierigen Verhältnissen" oder „... aber niemand hilft mir". Fürchterlich, dieses Lamentieren und dieses Selbstmitleid. Wenn man sich eines niemals antun sollte, dann ist es, in

Selbstmitleid zu versinken. Egal, wie schlimm es kommt, glauben Sie mir, es kann immer noch schlimmer werden. Und wenn Sie lamentieren und sich ständig beschweren, verstärken Sie das Negative, und das dicke Ende kommt nach. Das ist so sicher wie das Amen in der Kirche. Diese schreckliche Angewohnheit, sich über Menschen, Situationen oder Gegebenheiten fortwährend zu beschweren, sollten Sie sich schnellstens abgewöhnen. Sich über das Leben zu beklagen ist Zeit- und Energieverschwendung. Probleme lösen sich nicht auf, indem Sie sich echauffieren. Dadurch ziehen Sie nur weitere an und kommen in eine schlechte Stimmung und Schwingung. Wenn Sie sich beschweren, begeben Sie sich in eine Opferhaltung und sind, wie bereits erwähnt, nicht Herr oder Herrin der Lage.

Wenn Sie beschlossen haben, eine Sache zu machen, dann zögern Sie nicht länger und schieben es nicht auf die lange Bank. Das, was erledigt werden muss, sollte man sofort erledigen. Ich sage immer: In der Zeit, in der ich hin und her überlege, ob ich es machen soll oder nicht, habe ich es schon längst erledigt. Dinge, die Sie vor sich herschieben oder liegen lassen, belasten Sie und blockieren Ihren Energiefluss. Erledigen Sie diese daher gleich, und Sie werden eine Erleichterung verspüren. Ihr Kopf wird frei und hat Platz für neuen Input. Es gibt für jeden von uns immer Dinge im Leben, die erledigt werden müssen, ob man nun will oder nicht. Doch anstatt lange zu zaudern oder zu diskutieren, warum man das nun machen muss oder soll, diszipliniert man sich besser und geht ans Werk. Deshalb: Erledigen Sie, was getan werden muss, jetzt und gleich. Dadurch sparen Sie Zeit und Energie, sehen das Ziel und schonen nicht nur ihre eigenen Nerven, sondern auch die Ihrer Mitmenschen. Und kommen Sie mir nicht mit der beliebten Ausrede: „Das schaffe ich doch nie!“

In der Psychologie spricht man von „self-fulfilling prophecy“, der sich selbst erfüllenden Prophezeiung. Wer nicht daran glaubt, etwas zu schaffen, verhält sich dementsprechend und schafft es tatsächlich nicht. Trauen Sie sich, haben Sie keine Angst davor, sich mal wieder in etwas hineinzustürzen und sich zu verausgaben. Im Gegenteil, wachsen Sie über sich hinaus! Es gibt immer ein erstes Mal, und es ist auch noch kein Meister vom Himmel gefallen. Wir Menschen lernen jeden Tag dazu. Wenn Sie nicht an sich glauben, glaubt niemand an Sie. Wenn Sie sich Dinge nicht zutrauen, dürfen Sie nicht erwarten, dass andere es tun. Hören Sie damit auf, sich kleinzureden und runterzumachen. Meine Großmutter war der Ansicht: „Wer eine große Aufgabe gestellt bekommt, dem gibt der liebe Gott auch die Kraft, diese zu bewältigen. Der Glaube versetzt Berge und dem Mutigen gehört der Sieg." Mit jeder Aufgabe, die wir gestellt bekommen, wachsen wir über uns hinaus und lernen dazu. Es ist im Grunde genommen ein fantastisches Geschenk, vor große Aufgaben gestellt zu werden. Dadurch sind wir gezwungen, unser Gehirn zu trainieren, Lösungen zu suchen und zu finden. Selbst wenn Sie ein Ziel noch nicht gleich erreichen, sind Sie der Lösung allein dadurch, dass Sie es versucht haben, ein großes Stück näher gekommen. Ein Optimist weiß genau, wie traurig die Welt sein kann, während ein Pessimist es allmorgendlich aufs Neue herausfindet.

Auch wenn oft schnelle Entscheidungen und aktives Handeln gefragt sind: Lassen Sie sich niemals unter Druck setzen, nehmen Sie sich so viel Zeit, wie Sie brauchen, um abzuwägen, was für Sie gut und richtig ist. Denn was Sie anderen versprechen, sollten Sie auch unbedingt halten. Ein gegebenes Wort ist wie ein Vertrag. Ich empfehle Ihnen deshalb, es wie die meisten erfolgreichen Menschen zu halten, grundsätzlich immer erst einmal „Nein" zu sagen, bis Sie sich ganz sicher sind, auch wenn es schwerfällt. Wenn Sie Nein gesagt haben, können Sie immer noch Ja sagen, andersherum, wenn Sie jemandem etwas zusagen und dann plötzlich doch absagen, zeugt das von schlechtem Stil. Und es spielt dabei keine Rolle, ob es sich um Kleinigkeiten oder große Dinge handelt. Wir alle kennen diese Personen, die schnell zu allem Ja und Amen sagen, einem das Blaue vom Himmel versprechen und dann, wenn es darauf ankommt, den Schwanz einziehen oder plötzlich nichts mehr davon wissen wollen. Mit solchen Menschen will niemand auf Dauer etwas zu tun haben.

Wir können die Welt nicht von jetzt auf gleich nach unseren Vorstellungen ändern, auch nicht unsere Mitmenschen, wir können und sollten aber sehr wohl unser Verhalten gegenüber Menschen und Situationen anpassen. Wir wachsen mit den Anforderungen und Herausforderungen, die das Leben an uns stellt, wir verändern uns, da haben unsere überholten, von den Emotionen und

Erfahrungen der Vergangenheit geprägten Ansichten keinen Platz mehr. Sie müssen neuen Erkenntnissen weichen. Diese alten Muster sind aber hartnäckig, sie wurden zu einem Teil von uns und sind deshalb zuerst einmal schwer auszumachen. Auch flüstert uns unser Unterbewusstsein gerne ein, wir könnten ohne diese Erfahrungen nicht überleben, schließlich hätten sie uns ja nun bereits seit einer Ewigkeit begleitet, und es sei ja immer gut für uns gewesen.

Um selbst festzustellen, was wichtig und richtig für uns ist, was uns guttut oder eher ausbremst, sollten wir uns immer wieder Zeiten der Ruhe und Einkehr gönnen. Uns quasi der Innenschau statt der üblichen Außenschau widmen. Nehmen Sie sich jeden Tag eine bestimmte Zeit vor, in der Sie nur der Stille lauschen. Kreieren Sie sich zu Hause oder in der Natur Ihren privaten Ort der Ruhe. Einen Ort nur für sich allein. Achten Sie darauf, dass Sie dort völlig ungestört sind und kein Telefon, keine Türglocke, kein Familienmitglied ablenken könnte. Diesen Ort statten Sie mit allem aus, was Ihnen hilft, Ruhe zu finden. Das können ein bequemer Sessel sein, den Sie besonders lieben, eine Hängematte, Meditationskissen, duftende Blumen, was auch immer. Vielleicht brennen Sie auch Räucherstäbchen ab, um die Energie zu reinigen. Setzen oder legen Sie sich hin, atmen Sie ein und aus. Hören Sie in sich hinein, schweigen Sie. Lassen Sie alle Gedanken zu, halten Sie aber an keinem fest. Bleiben Sie unbeteiligt. Bedanken Sie sich bei jedem aufkommenden Gedanken und lassen ihn wieder gehen. Anfangs wird es Ihnen sehr schwerfallen, weil sich Ihr Geist gegen die Ruhe wehrt und Sie von all den Gedanken geradezu überrannt werden. Geben Sie nicht auf! Ihr Geist wird mit der Zeit ruhiger und ruhiger werden.

Außergewööhnliche Sentenzen

Diskutieren Sie nicht mit sich selbst! Vergeuden Sie keine wertvolle Zeit mit „Wenn" und „Aber". Was Sie beschließen und was gemacht werden soll, wird auch gemacht.

Was getan werden muss, erledigen Sie jetzt und gleich.

Sich über das Leben zu beklagen, zu zaudern und Dinge aufzuschieben ist Zeit- und Energieverschwendung.

Denken Sie an die „self-fulfilling prophecy": Wer nicht daran glaubt, etwas zu schaffen, verhält sich dementsprechend und schafft es tatsächlich nicht.

Trauen Sie sich, haben Sie keine Angst davor, sich mal wieder in etwas hineinzustürzen und sich zu verausgaben. Im Gegenteil, wachsen Sie über sich hinaus!

Halten Sie, was Sie versprochen haben. Daher kann es gut sein, erst einmal Nein zu sagen! Spüren Sie nach. Ja sagen können Sie immer noch.

Wachsen Sie mit jeder Aufgabe. Trainieren Sie Ihr Gehirn darin, Lösungen zu suchen und zu finden. Selbst wenn Sie ein Ziel noch nicht gleich erreichen, sind Sie ihm schon ein großes Stück näher gekommen.

Innenschau statt Außenschau: Gönnen Sie sich feste Zeiten der Ruhe und Einkehr, um festzustellen, was wichtig und richtig für Sie ist, was Ihnen guttut oder was Sie eher ausbremst. Kreieren Sie einen ungestörten Ort nur für sich allein. Werden Sie ruhig, lassen Sie Ihren Geist leer werden.

„Kunst muss immer frei sein. Kunst muss kritisch sein. Kunst muss unbequem sein. Sie muss die Mauer in den Köpfen der Menschen einreißen. Kunst ist mein Leben. Mein Leben ist Kunst.“
“Art must always be free. Art must be critical. Art must be uncomfortable. It must tear down the walls inside people's heads. Art is my life. My life is art.“
HARALD GLÖÖCKLER®

Was uns möglich scheint,
wird niemals unmöglich sein,
was uns allerdings unmöglich scheint,
wird niemals möglich werden.
Deshalb sollten Sie grundsätzlich
immer alles für möglich halten.

HARALD GLÖÖCKLER

Krea(k)tiv nach vorn

Sie halten sich vielleicht nicht für sehr kreativ, aber glauben Sie mir, das stimmt nicht. Jeder Mensch ist kreativ, auch Sie sind es!

Als Kinder waren wir alle viel kreativer, als wir es heute sind. Denken Sie nur einmal darüber nach, welche unglaubliche Fantasie Kinder entwickeln, welche Spiele sie erfinden, und wie sie in der Lage sind, Dinge in einem ganz anderen Licht zu sehen. Mit dem Erwachsenwerden vergessen viele diese Gabe. Ich habe sie mir erhalten, habe mir gestattet, meine kindliche Begeisterung und Fantasie zu bewahren. Sehen Sie, so vieles, was es in der Welt gibt und wovon wir umgeben sind, ob Häuser oder Autos oder Flugzeuge, ist ursprünglich einmal einem kreativen Kopf entsprungen.

So war es 1987 auch mit unserem Laden in Stuttgart, von dem ich Ihnen bereits erzählt habe. Da wir nicht genug Geld hatten, um eine teure Ladeneinrichtung zu kaufen, mussten wir uns etwas einfallen lassen. Mit prunkvollen Möbeln aus Tante Gertruds Speicher richteten wir unser Geschäft liebevoll ein. Jedes ihrer kostbaren Stücke fand seinen passenden Platz. Meine Tante freute sich, dass ihre Schätze in guten Händen waren und wieder zur Geltung kamen. Wir kauften günstige Regale aus Naturholz und lackierten sie einfach weiß, den Kronleuchter fanden wir in einem Antiquitätengeschäft. Für das Schaufenster drapierte ich die ungewöhnlichsten Sachen, die wir für die kommende Herbst-/Winter-Saison auf der Messe gefunden hatten. Darunter war auch eine Rüschenbluse, die nicht nur bei den Damen außerordentlich gut ankam – und die mein ganzes Leben umkrempeln sollte. Mehr und mehr Männer sprachen mich täglich auf die Bluse an und fragten, ob es so etwas nicht auch für sie gäbe. Da wir im Vergleich zu anderen Stuttgarter Läden extravagante Mode verkauften, die es nicht überall gab, wunderte es mich nicht, dass auch die Männerwelt auf die Rüschen abfuhr. So rief ich also bei einem Hersteller an und fragte, ob dieser für mich Herrenhemden mit Rüschen produzieren könne. Der Herr am Telefon hakte verdutzt nach („Sie meinen wirklich Herrenhemden mit Rüschen?") und versicherte mir zugleich, dass das kein Trend werden würde. Ich wusste aber, wie groß die Nachfrage meiner Kunden war, und blieb hartnäckig. Dies könne er nicht übernehmen, antwortete er. Er hielt mich wohl für völlig durchgeknallt. Das war das erste, aber nicht das letzte Mal, dass mir so etwas passierte.

Neue, ungewöhnliche Ideen werden nämlich allzu oft als schwachsinnig abgetan. Wenn es aber funktioniert, wenn ein Trend sich durchsetzt, springen genau diese Leute, die einen zuvor noch belächelt und für geschäftsunfähig erklärt haben, auf den fahrenden Erfolgszug auf, um ordentlich abzusahnen.

Für sich selbst mal was Neues auszuprobieren, etwas auf die Beine zu stellen und ein Risiko einzugehen, das wollen und können die meisten dieser Aspiranten nicht. Ich bin der Meinung, dass genau daran unsere Wirtschaft und unsere Gesellschaft kranken. „Ach, ich hielt Sie immer für ein wenig gaga, hatte keine besondere Meinung von Ihnen, aber Sie scheinen ja ein sehr netter und dazu noch intelligenter Mensch zu sein!" Wie oft muss ich mir das anhören und denke mir: Wen interessiert's – kannst du nicht einfach die Klappe halten? Glauben Sie mir, so funktioniert es nicht, sich bei einem erfolgreichen Visionär anzubiedern.

Auch ein weiterer Hersteller konnte oder wollte meinen Auftrag nicht erfüllen, und so blieb mir nichts anderes übrig, als die Herren-Rüschenhemden selbst zu produzieren. Wie gesagt: Geht nicht, gibt's nicht. Ich kaufte Spitze und Bordüren vom Meter, dazu mehrere Rollen dickes Nähgarn, setzte mich am nächsten Tag an die geerbte Nähmaschine meiner Mutter und nähte drauflos. Es waren meine ersten Nähversuche, entsprechend langsam ging es voran. Ich ließ mich nicht unterkriegen, lernte mit jedem Teil dazu und nähte Meter für Meter weiße Rüschen an schlichte weiße Hemden und Blusen – für Damen und Herren gleichermaßen. Und ich behielt recht, die Hemden wurden zu einem richtigen Trend. Ich verkaufte sie bis nach New York, die üppigsten Modelle für über 500 DM pro Stück, circa 500 waren es in einem Jahr, alle in Handarbeit von mir hergestellt. Dabei hätte so manch anderer nach dem ersten Versuch schon die Flinte ins Korn geworfen.

Wissen Sie, wenn Sie kreativ sind, wird das oft von anderen kommentiert und kritisiert. Es gibt zwei Varianten: Entweder bekommen Sie einen scheinbar gut gemeinten Rat von Menschen, die denken, es besser zu wissen als Sie, da sie schon länger im Geschäft sind – denken Sie in diesem Fall zumindest darüber nach und nehmen Sie die Empfehlung gegebenenfalls an. Oder Sie werden von Menschen kritisiert, die sich von Ihnen bedroht fühlen und die Sie mit ihrer Aussage verunsichern möchten – dann lächeln Sie am besten und denken sich Ihren Teil. Wie heißt es so schön? Die Schönheit liegt im Auge des Betrachters.

Krea(k)tivität ist alles. Ein Land ohne kreative Köpfe und Macher hat keine Zukunft. Menschen, die etwas bewegen, die sich für eine Sache derart begeistern können, dass sie weit über ihre Grenzen hinauswachsen und Dinge zustande bringen, die für eine einzelne Person beziehungsweise die meisten von uns unmöglich scheinen, sind extrem wichtig für unsere Gesellschaft. Begeisterung lässt Flügel wachsen, Engelsflügel. Sie fördert das Göttliche in uns zutage und lässt uns wahre Wunder vollbringen. Wir Menschen sind schlafende Götter, die alles schaffen können, wenn wir nur daran glauben. Das beweisen uns immer wieder aufs Neue die Mutigen, Fleißigen und Krea(k)tiven in unserer Mitte.

Das Wort „unmöglich" ist übrigens im Wortschatz dieser Menschen nicht vorhanden. Weder kennen sie es noch brauchen oder benutzen sie es. Die meisten Menschen bestreiten mit dem Begriff „unmöglich" ihr komplettes, armseliges „Dahinvegetieren", das geprägt ist von Enttäuschungen und Entbehrungen, und nennen das ihr Leben. Für andere wiederum ist „unmöglich" eine veritable Entschuldigung, um persönliche Faulheit und Trägheit zu kaschieren. Es ist der Ersatz für Mut und Zusammenhalt, es entbindet auf leichte Weise Ihr Gewissen von Ihrer Pflicht als Erdenbürger – falls so ein Gewissen überhaupt vorhanden ist, denn die meisten ersetzen das, was man so nennt, durch perfekt ausgefeilten, berechnenden Egoismus und eine unerträglich dummdreist gefärbte Selbstgefälligkeit.

Das Wort „unmöglich" verdeckt aber auch Feigheit, Mutlosigkeit und Kraftlosigkeit. Menschen, die sich über lange Zeit der Unmöglichkeit des Daseins widmen, schränken sich derart ein und machen sich so klein, dass sie sich in der Tat irgendwann nichts mehr zutrauen. Sie sind nur noch ein Häufchen Elend. Man hört sie jammern: „Ich kann das nicht, das schaffe ich nicht, dafür bin ich nicht geboren, dem bin ich nicht gewachsen, das kann ich nicht bewältigen." „Wofür bist du denn geboren?", frage ich mich dann, „etwa um zu jammern, dahinzuvegetieren und anderen Menschen zur Last zu fallen, anstatt die Zügel in die Hand zu nehmen, das Gehirn einzuschalten und aus deinem Leben das Beste herauszuholen, was es zu bieten hat?" Verstehen Sie mich nicht falsch, ich verurteile diese Menschen nicht, das steht mir gar nicht zu. Jeder hat das Recht, aus seinem Leben das zu machen, was er möchte. Das ist der Kern des Lebens. Wir sind geistige Wesen, die eine körperliche Erfahrung machen, und so wird eben jeder nach seiner Façon glücklich oder unglücklich – manche suchen ihr Glück eben im Unglück. Die Einstellung widerstrebt mir jedoch mit jeder Faser meines Körpers, daher meide ich Menschen mit einer derartig destruktiven Einstellung.

Das scheinbar Unmögliche von gestern ist die Realität von heute, und das nur und ausschließlich durch die Visionen und die kraftvolle Umsetzung der Menschen, die bereit sind, mehr aus ihrem Leben und mehr für die Gemeinschaft zu machen. Dabei ist es unerheblich, ob beispielsweise ein Wissenschaftler seiner Faszination, seinem Ruf folgt und eine neue Formel, Galaxie oder ein bahnbrechendes Medikament entdeckt. Das Resultat ist dasselbe. Indem ein Mensch Großes vollbringt, dient er der Menschheit, dafür gebührt ihm Lob und Ehre. Streichen Sie daher das Wort „unmöglich" aus Ihrem Wortschatz, es ist nur eine unbewiesene Meinung. Sie können gerne sagen, dass etwas unwahrscheinlich oder schwer vorstellbar ist, das akzeptiere ich. Aber alles ist grundsätzlich möglich, wenn man an die göttliche Kraft glaubt. Wie Jesus einst gesagt haben soll:

> *„Was bei den Menschen unmöglich sind, das ist bei Gott möglich."*
>
> Lukas 18,27

Visionäre sind heutzutage gefragter denn je. Wir brauchen sie, die Wirtschaft braucht sie, die Welt braucht sie, denn wir können schon lange nicht mehr auf unsere Politiker bauen, die scheinbar so Mächtigen dieser Welt. Wenn Menschen erst einmal am Hebel der Macht sitzen und große Herausforderungen bewältigen müssen, unterliegen sie Sachzwängen, internationalen diplomatischen Verwicklungen und Regeln; sie müssen innerhalb dieser Normen regieren und agieren, was zwar auch viel Unternehmungsgeist und Einfallsreichtum verlangt, meist aber nur der Lösung von Problemen dient und nicht auf visionären Eingebungen basiert. Und wo zu viele Probleme und Brandherde schwelen, ist weder Platz noch Zeit für Kreativität. Deshalb ist es so wichtig, dass Sie und ich als Bürger, dass wir alle krea(k)tiv werden. Wir alle sind mächtig, jeder von uns ist es, und alle zusammen sind wir unbesiegbar. Gehen Sie in sich, erforschen Sie, was Ihnen Spaß machen könnte, und beginnen Sie, es zu tun. Der eine kocht gerne, die andere strickt gerne, was immer Sie kreativ umsetzen wollen, machen Sie es – jetzt! Haben Sie keine Sorge, dass es schiefgehen könnte, denn das einzig wirkliche Fiasko, das Sie erleben können, ist, am Ende Ihrer Tage zu bereuen, dass Sie es nicht versucht haben.

Außergewööhnliche Sentenzen

Jeder Mensch ist ein Künstler! Auch Sie sind es! Sie waren als Kind kreativ und fantasievoll und können es jederzeit wieder sein – ganz egal, ob Sie es lieben zu kochen, zu stricken oder schöne Dinge zu verkaufen.

♔

Das scheinbar Unmögliche von gestern ist die Realität von heute.

♔

Geht nicht, gibt's nicht. Streichen Sie das Wort „unmöglich" aus Ihrem Wortschatz. Die meisten Menschen bestreiten mit diesem (Un-)Wörtchen ihr komplettes Leben. Und leben armselig.

♔

Verstecken Sie sich nicht hinter Feigheit, Mutlosigkeit und Kraftlosigkeit. Menschen, die sich über lange Zeit der Unmöglichkeit des Daseins widmen, schränken sich ein und machen sich klein.

♔

Werden Sie zu einem krea(k)tiven Kopf und Macher, und gestalten Sie die Zukunft der Welt. Menschen, die etwas bewegen, die sich für etwas derart begeistern können, wachsen weit über ihre Grenzen hinaus und machen das scheinbar Unmögliche möglich. Die Gesellschaft braucht Sie!

♔

Was immer Sie kreativ umsetzen wollen, beginnen Sie jetzt damit! Sie werden sonst am Ende Ihrer Tage bereuen, dass Sie es nicht versucht haben.

HIDDEN
REFLECTION

Man sagt, Geld mache nicht glücklich,
das mag richtig sein.
Allerdings fehlt der Beweis,
dass es unglücklich macht.
In jedem Fall lässt es sich mit Geld
einfacher leben als ohne, das steht fest.
Man sagt auch, über Geld rede man nicht.
Soweit ich weiß, redet man aber
auch nicht über Krankheit und Tod,
über das Essen beim Essen,
über seine Mitmenschen, über Sex,
ja, wie soll man denn da noch eine
Konversation in Gang bringen?

HARALD GLÖÖCKLER

Reden wir mal über sehr viel Geld …

Schon seit meiner frühesten Kindheit fasziniert mich Reichtum. Ich wollte reich sein, in meinen Gedanken lebte ich längst in Wohlstand und Luxus. Ich sagte mir damals: „Egal, was um mich herum geschieht, ich identifiziere mich nicht damit, das geht mich nichts an, und das ist nicht, was ich will." Und so suchte ich mir neue Bezugspersonen, die einen erfolgreicheren, opulenteren Lebensstil pflegten als meine Eltern. So wie Carmen.

Carmen war die beste Freundin meiner Mutter und stammte aus einer sehr wohlhabenden Familie. Mama nahm mich oft mit, wenn sie sie besuchte. Carmen lebte, wie es sich für eine „Prinzessin" gehörte, in einem großen luxuriösen Palast. Hier gab es Schönheit und Luxus im Überfluss. Überall standen antike Möbel aus der Zeit des Biedermeier und des Rokoko. Die Polster waren aus erlesenem Brokat oder mit Samt bezogen. Kunstvoll geschnitzte, vergoldete Reliefs zierten Armlehnen und Stuhlrücken. Besonders faszinierten mich die Stuhlfüße in Form von Löwentatzen. Vor den Fenstern hingen prächtige Vorhänge. Auf dem edlen Parkett lagen schwere orientalische und chinesische Teppiche, in denen man bei jedem Schritt leicht versank. Während die Erwachsenen sich unterhielten, hatte ich Zeit, mich umzusehen und zu träumen. Dies tat ich ausgiebig. Mich faszinierte der große Kristallkronleuchter im Wohnzimmer genauso wie das verschnörkelte Treppengeländer, das in den ersten Stock führte, wo sich Bäder und Schlafzimmer befanden. Im Bad kam das Wasser aus vergoldeten Hähnen in Schwanenform. Boden und Wände waren mit italienischen

Intarsienarbeiten aus Marmor geschmückt. Überall hingen große, barocke Spiegel. Das Ganze wirkte erstaunlicherweise nicht protzig, sondern ganz natürlich, selbstverständlich, nicht aufgesetzt. Alles bei Carmen war geschmackvoll und mit Bedacht gewählt. Ich genoss die prachtvolle Umgebung. Ich sog alles in mich auf, die Möbel, die Spiegel, die Teppiche. Irgendwann einmal würde ich genauso leben wie Mutters Freundin. Ich beschloss, mir solch einen Luxus zu erarbeiten. Ich war bereit, alles dafür zu tun. Arbeit kannte ich von Kindesbeinen an, da ich schon früh mit anpacken musste. Und wenn ich es einmal geschafft hätte, schwor ich mir, würde ich auch andere daran teilhaben lassen, so wie Carmen es mir ermöglichte. Ich wollte alle Frauen zu Prinzessinnen machen. Alle sollten so prächtig leben können wie Carmen.

Ich begann, mir meine Zukunft visuell sehr genau vorzustellen. Ich malte mir alles bis ins kleinste Detail aus und prägte es mir immer wieder ein. Wo immer ich etwas entdeckte, was mich faszinierte und zu meinem Traum passte, speicherte ich es vor meinem inneren Auge ab. Ich nannte dieses Suchen nach Dingen „shoppen gehen". Noch heute gehe ich gerne auf diese Art und Weise „einkaufen". Das Sehen schöner Dinge, der Luxus anderer, das Visualisieren meiner eigenen Träume – das alles stärkte mein Selbstbewusstsein und bestärkte mich in meinem Vorhaben. Ich orientierte mich an reichen Leuten und versuchte, ihren Lebensstil zu erfassen. Im Grunde genommen war dies ein in jeder Hinsicht völlig untypisches Verhalten für einen Jungen meines Alters. Denn eigentlich versuchen Teenager nicht, Erwachsene nachzuahmen, sondern tun alles dafür, sich den altersgemäßen Trends anzupassen, damit sie zur Peergroup dazugehören, denn nur dann genießen sie auch den Schutz der Gang. Die Anforderungen sind rigide; entweder trägt man eine bestimmte Designermarke, oder man wird nicht in die Clique aufgenommen. Es ist ganz einfach, damals genauso wie heute: Wer dazugehören will, muss sich der Gruppe anpassen, und zwar grundlegend, sowohl im Erscheinungsbild als auch im Habitus. Ansonsten gehört man nicht dazu und bleibt ein Außenseiter.

Das aber nahm ich erstaunlicherweise in Kauf. Und das, obwohl ich bereits an mehreren Fronten zu kämpfen hatte. Zum einen achtete ich darauf, dass in der Schule nichts von dem publik wurde, was in meinem Elternhaus vor sich ging, zum anderen hatte ich damit zu tun, meine Homosexualität, die mir früh klar geworden war, geheim zu halten; ich hatte einerseits keinen Bock auf Konfrontation mit den Manien der

Gesellschaft, noch dazu auf dem Land, und war andererseits im Jahr 1975 noch nicht bereit für ein Outing. Trotz alledem passte ich mich der Gruppe nicht an, da ich einen anderen Plan verfolgte. Ich wollte alles dafür tun, um erfolgreich, berühmt und reich zu werden. Daher verbrachte ich so viel Zeit wie möglich damit, alles über reiche Menschen und deren Angewohnheiten herauszufinden. Ich wollte werden wie sie, und mir war durchaus bewusst, dass meine Selbstwirksamkeit in diesem Fall extrem wichtig war, denn gleich und gleich gesellt sich gern. Willst du unter Wölfen leben, musst du zum Wolf werden. Willst du mit den Großen heulen, musst du ihren Geruch annehmen.

Alles, was fremd ist, macht uns erst einmal Angst. Wir grenzen aus, was im weitesten Sinn nicht zu unserer Familie gehört. Wenn Sie absolut außergewöhnlich sind und es geschafft haben, sich über alles und jeden zu stellen, können Sie sich erlauben, gegebenenfalls alle vor den Kopf zu stoßen. Sind Sie außergewöhnlich, aber nicht bekannt, also ohne den nötigen Status, den Respekt und Achtung nach sich ziehen, sollten Sie sich dringend Verbündete suchen, die Sie in den inneren Kreis einschleusen. Gutes Benehmen und Höflichkeit verfehlen ihre Wirkung nie, deshalb sollten Sie, wie unangenehm oder ärgerlich eine Situation auch sein mag, niemals die Contenance verlieren.

Mir wurde sehr früh klar, dass Reichtum etwas ganz Wunderbares darstellt. Er ermöglicht einem, all die Dinge zu tun, die Armut verwehrt, denn Armut grenzt aus und macht Menschen klein. Seit über 15 Jahren engagiere ich mich für Kinder in Not und sehe dabei immer wieder erschreckende Beispiele, was Armut aus Menschen macht. Allein in Deutschland leben mehr als drei Millionen Kinder unterhalb der Armutsgrenze. In Deutschland gilt man laut Definition als arm mit einem Nettoeinkommen von 40 bis 50 Prozent des durchschnittlichen Verdienstes; wer zum Beispiel als Single weniger als rund 900 Euro netto verdient, gehört dazu. Laut Wikipedia ist der Erwerb aller lebensnotwendigen Ressourcen unterhalb der Armutsgrenze nicht mehr möglich. Jeder vierte Minderjährige ist nach Aussage der Kinder- und Jugendhilfe sozial ausgegrenzt oder von Armut bedroht. „Startchancen in das Leben werden nach wie vor vererbt", sagt die Vorsitzende der Arbeitsgemeinschaft für Kinder- und Jugendhilfe, Prof. Dr. Karin Böllert.

Das ist tragisch. Wenn man mit ansehen muss, wie einem in einem der reichsten Länder der Erde hungrige Kinder das Brot aus den Händen reißen, wie diese Kinder sowohl körperlich als auch geistig und seelisch verwahrlosen, erschreckt das zutiefst. Die Eltern der Kinder sind meist völlig überfordert und selbst körperlich und geistig in einem schrecklich heruntergekommenen Zustand: Das geht von kaputten Zähnen mit Mitte Zwanzig bis hin zu fahler Haut, oftmals verbunden mit Alkoholabhängigkeit und Hoffnungslosigkeit in jeder Hinsicht. Aus diesem Teufelskreis kommen die meisten nicht mehr heraus, denn die Erwachsenen haben weder die Kraft noch den Intellekt, ihren Kindern eine bessere Zukunft zu vermitteln geschweige denn zu ermöglichen.

Man ist arm und hat sich damit abgefunden, auf die „reichen Bonzen" wird geschimpft, denn schließlich sind die schuld daran, dass man arm ist. Weil die Reichen alles haben, sind die Armen arm. Diesen Unsinn vermitteln viele Erwachsene ihren Kindern. Ich sage: Jeder hat die Chance, aus seinem Leben etwas zu machen, aber leider besitzt eben nicht jeder die Stärke dazu. Meine Art war es nie, zu lamentieren oder zu hinterfragen, warum ich in dieses Elternhaus hineingeboren wurde. Es war ein Fakt, der durch ein „Sich-Beschweren" nicht besser wurde, sondern nur dadurch, dass ich etwas unternahm. Für meine Eltern und ihre Situation war ich weder verantwortlich noch konnte ich sie ändern. Nur meine eigene Zukunft, die konnte ich beeinflussen. Auch war es mir fremd, vermögenden Menschen ihren Reichtum zu neiden. Vielmehr versuchte ich herauszufinden, was der Grund für ihren Erfolg war. So begann ich, mich zu informieren und zu bilden, las die unterschiedlichsten Bücher und Magazine, um herauszufinden, was wirklich reiche Menschen wie die Rothschilds, Vanderbilts und Rockefellers dieser Welt über Reichtum dachten und wie sie lebten.

Was ist nun aber Reichtumsbewusstsein? Reichtumsbewusstsein ist eine Grundeinstellung und kein Talent oder Gen, das der eine hat und der andere nicht. Wir alle haben ein Geburtsrecht auf Fülle, aber wie bei jedem Recht und jeder Erbschaft müssen wir einfordern und annehmen, was uns zusteht. Es gibt Menschen, für die Reichtum ein selbstverständlicher Bestandteil ihres Lebens ist. Sie hatten schon immer den Wunsch und das klare Ziel, ein Leben mit viel Geld zu führen. Wenn Sie an großen Luxus denken, an gigantischen Reichtum, stellt das für Sie eine große Faszination dar? Faszination lässt uns träumen, ja sogar fliegen, verursacht bei uns überwältigende Glücksgefühle. Exakt diese emotionalen Kicks brauchen Sie, um zu brennen, um an das gewünschte Ziel zu gelangen. Lassen Sie uns diesen letzten Satz einmal genauer betrachten. Wir haben hier zwei wichtige Erfolgsfaktoren: „für etwas brennen“ und „ein Ziel haben“. Das sind zwei Gründe dafür, warum die einen reich sind und die anderen nicht, und zwar unabhängig von ihren Voraussetzungen und ihrer Herkunft. Wollen Sie reich werden, so richtig reich? Glauben Sie mir, das sind Sie bereits. Alles, was Sie tun müssen, ist, Ihre Blockaden aufzulösen und Ihre Vorurteile gegenüber Reichtum zu beseitigen. Solange Sie Reichtum und Wohlstand wie ungebetene Gäste behandeln, werden diese Sie niemals besuchen. Heißen Sie sie willkommen in Ihrem Leben. Öffnen Sie Ihnen die Türen. Dem Kosmos ist es egal, wie viel Sie sich nehmen, es ist genügend da. Die Welt ist Fülle. Das Meer kratzt es nicht, ob Sie einen Eimer Wasser aus ihm schöpfen oder Tausende von Litern. Es liegt ausschließlich an Ihnen, sich für wenig oder für viel zu entscheiden.

Außergewööhnliche Sentenzen

Sie sind bereits reich! Lösen Sie Ihre Blockaden und beseitigen Sie Ihre Vorurteile gegenüber Reichtum.

♔

Heißen Sie Reichtum und Wohlstand willkommen in Ihrem Leben! Öffnen Sie weit die Tür!

♔

Lassen Sie sich von Reichtum und der Welt der Reichen und Berühmten faszinieren und inspirieren. Leben Sie in Ihren Gedanken bereits in Luxus und Wohlstand.

♔

Reichtumsbewusstsein ist eine Grundeinstellung und kein Talent. Sie haben ein Geburtsrecht auf Fülle, das Sie annehmen und einfordern müssen.

♔

Die Welt ist Fülle. Dem Kosmos ist es egal, wie viel Sie sich davon nehmen. Es liegt an Ihnen, sich für viel oder für wenig zu entscheiden.

♔

„Gleich und gleich gesellt sich gern". Sind Sie außergewöhnlich, aber nicht bekannt, suchen Sie sich Verbündete, die Sie in ihren inneren Kreis aufnehmen.

♔

Wenn Sie unter Wölfen leben wollen, müssen Sie zum Wolf werden. Wollen Sie mit den Großen heulen, müssen Sie ihren Geruch annehmen.

Wahrhaft reich ist,
wer auf alles verzichten kann.
Wahrhaft reich ist,
wer keinen Mangel kennt.
Wahrhaft reich ist,
wer in Liebe lebt.
Wahrhaft reich ist,
wer im Vertrauen lebt.
Wahrhaft reich ist,
wer von innen reich ist.

HARALD GLÖÖCKLER

Entwickeln Sie Reichtumsbewusstsein!

Faktor 1: Erfolgreiche Menschen haben für alles im Leben klar definierte und genau abgesteckte Ziele. So auch für den gewünschten Reichtum. Denn um reich zu werden, reicht es nicht aus, reich sein zu wollen, dafür muss man schon etwas tun. Wer sehr reich werden möchte, muss eben auch sehr viel dafür tun. Und ich spreche hier nicht vom Geldverdienen im herkömmlichen Sinne als Angestellter in einer klassischen Firma, denn so kommen Sie sicher nicht zu exorbitantem Reichtum. Wenn Sie mehr erreichen wollen, müssen Sie mehr leisten, mehr abliefern, mehr wagen, und Sie sollten eine klare Vorstellung davon haben, wie reich Sie werden möchten.

Faktor 2: Um im Leben das eine zu bekommen, muss man oft etwas anderes aufgeben, das heißt, es werden immer Opfer verlangt. Sie sollten sich darüber klar werden, zu welchen Opfern Sie bereit sind, was Sie bereit sind aufzugeben – den festbezahlten Job, freie Wochenenden, Kegeln und Biertrinken mit Freunden und so weiter. Nehmen Sie alles genau unter die Lupe. Umgeben Sie sich mit Menschen, die widerspiegeln, was Sie in Ihrem neuen Leben sein möchten; mit erfolgsorientierten, reichen Menschen. Je früher Sie solche um sich scharen, desto besser. Diese Menschen werden Sie auf Ihrem Weg nach oben mittragen, weil sie dieselben Ziele haben. Ihre alten Bekannten aber, die sich ziel- und planlos durch die Welt treiben lassen, sind Bremsklötze für die Neugestaltung Ihres Lebens.

Die berühmte Modeschöpferin Coco Chanel, die übrigens aus elenden Verhältnissen kam, sagte einmal: „Geld ist der Schlüssel zur

Freiheit!" Ich gehe noch weiter: „Ihre Grundeinstellung zu Reichtum ist der Schlüssel zur Freiheit." Wenn Sie inneren Reichtum ausstrahlen, wird der äußere automatisch sichtbar, denn das entspricht dem Gesetz der Resonanz. Reiche Menschen denken unentwegt an Reichtum und vermehren ihn so, während arme Menschen unentwegt an Armut denken und sich dadurch immer weiter in den Mangel hineinmanövrieren. Wir haben ein göttliches Recht auf Reichtum, die Natur kennt keinen Mangel, alles in der Natur bedeutet Überfluss. Die Bäume wachsen in den Himmel und überlegen nicht, ob sie nicht vielleicht ein paar Äste zu viel haben oder zu viele Äpfel tragen. Auch geraten sie nicht in Panik, wenn sie im Herbst all ihre Blätter verlieren. Im Gegenteil, sie werfen sie einfach ab. Wir Menschen verfallen sofort in Angst und Schrecken, wenn einmal eine Durststrecke kommt. Wenn wir einmal sechs Monate „ohne Blätter" sind, haben wir größte Bedenken, ob sie je wiederkommen werden. Wenn wir ein paar Haare mehr verlieren, bangen wir, ob diese denn auch wieder nachwachsen. Sorgen sind das Gift, das uns lähmt und unsere Motivation bremst. „Sorge dich nicht, lebe!" ist das Motto Dale Carnegies. Auf Regen folgt Sonnenschein.

Oftmals muss uns erst einmal etwas zurückwerfen, damit wir weiterkommen, wachsen und uns stählen, sodass wir den weiteren Aufgaben gewachsen sind. Die meisten wohlhabenden und erfolgreichen Menschen haben Tiefschläge einstecken müssen, aber anstatt aufzugeben, haben sie so lange die verschiedensten Möglichkeiten ausprobiert, bis eine von ihnen geklappt hat. Sie sind im wahrsten Sinne des Wortes über sich hinausgewachsen.

Lesen Sie so viele Biografien erfolgreicher Menschen, wie Sie finden können, erfreuen Sie sich an ihren Erfolgen und ihrem Reichtum. Finden Sie heraus, wie jemand es geschafft hat, so reich zu werden, und lernen Sie daraus. Denn wenn Sie jemand anderem etwas nicht gönnen, gönnen Sie sich auch selbst nichts, da das Unterbewusstsein nicht zwischen Ihnen und anderen unterscheiden kann. Multimillionär und Erfolgstrainer T. Harv Eker sagte dazu: „Reiche Menschen lassen sich von Menschen beraten, die reicher sind als sie selbst. Arme Menschen lassen sich von ihren Freunden beraten, die genauso pleite sind wie sie selbst."

Unser Denken formt unsere finanzielle Situation. Wir sind unseres Glückes oder unseres Unglückes Schmied. Deshalb sollten wir schleunigst damit aufhören, andere für unsere (bleibende) Armut verantwortlich zu machen, denn wir verfangen uns gedanklich darin. Nur wir selbst können uns da herausbugsieren. Es gibt noch einen weiteren guten Grund, reich sein zu wollen: Armut macht krank. Wer arm ist, leidet in vielen Bereichen des Lebens. Sie können sich nicht das beste Essen leisten und auch die besten Ärzte bleiben Ihnen verwehrt, so wie viele andere Annehmlichkeiten des Lebens. Anstatt also zu jammern und mit Menschen aus Ihrem Bekannten- oder Freundeskreis, die selbst erfolglos und pleite sind, über Geld zu sprechen, sollten Sie die Ärmel hochkrempeln und die Sache angehen. Probleme haben auch reiche Menschen, aber wie sagte der amerikanische Verleger Malcolm Stevenson Forbes Jr. so treffend: „Probleme mit Geld sind besser als Probleme ohne Geld."

Auch wenn ich mich nun wiederhole, aber ich kann es einfach nicht oft genug sagen: Wer mit den Worten „unmöglich" und „geht nicht" Freundschaft schließt, wird es zu nichts bringen. Schwache und faule Menschen verschwenden ihre kostbare Lebenszeit mit Entschuldigungen und Ausreden, warum etwas nicht funktionieren wird, anstatt darüber nachzudenken, wie sie eine Situation zum Erfolg führen können. Sie wissen über alle Methoden und Wege, wie etwas nicht geht, bestens Bescheid, nicht aber über die, die zielführend sind. Ich war nie ein solcher Mensch. Ich habe Unmengen von Büchern verschlungen, um mein Allgemein- und vor allem auch mein Fachwissen zu verfeinern. Gerade das Allgemeinwissen ist in meiner Position unabdingbar. Zum einen will kein Mensch etwas mit einer ungebildeten Person zu tun haben, und zum anderen brauchen Sie Bildung für Gespräche jeglicher Art. Fachwissen ist ebenfalls absolut notwendig, um erfolgreich zu werden und zu bleiben. Und ich spreche hier nicht nur von Wissen à là „Wie erledige ich meine Arbeit?", sondern vielmehr von „Wie weiß ich bestens über das Business der Menschen, die für mich arbeiten, Bescheid?". Da ich ein Gesamtkunstwerk bin, ist es mir extrem wichtig, so rüberzukommen, wie ich es mir vorstelle. Daher weiß ich, wie bereits erwähnt, über die Arbeitsweise von Visagistinnen über Friseure bis hin zu Fotografen Bescheid, weiß, wie ich am besten glänze und worauf jeder von ihnen zu achten hat. Denn: Um als erfolgreicher Mensch von anderen geachtet und wertgeschätzt zu werden, sollten Sie immer mindestens genauso gut sein wie diese.

Ich erinnere mich noch gut an meine erste Zusammenarbeit mit einigen Schneidermeistern. Dazu sollte man wissen, dass ich Autodidakt bin und den Designerberuf im klassischen Sinne nicht erlernt habe. So stieß ich oft auf Vorurteile nach dem Motto: „Was will der denn, der hat ja keine Ahnung, hat das Handwerk im Gegensatz zu mir nicht gelernt, will mir aber was erzählen." So ging es mir in vielen Bereichen des Lebens. Doch nach und nach stellten die Menschen, die mit mir und für mich arbeiteten und mir zunächst skeptisch gegenübertraten, fest, dass ich geniale Ideen zur Umsetzung von Projekten beisteuern konnte und so mancher meiner unorthodoxen Wege zu einem guten Ziel führte. Und nicht nur das! Durch meine fantastischen Designs, die ihnen niemals eingefallen wären, wurden sogar geradezu erstaunliche Ergebnisse erzielt. So erarbeitete ich mir mein Leben lang Achtung durch Leistung und Resultate.

Glauben Sie mir, es macht wenig Sinn, Menschen mit aufgesetzter Autorität zu beeindrucken. Man muss sie überzeugen. Niemand ist bereit, einen überheblichen Vorgesetzten zu bewundern und zu achten. Sie müssen vielmehr durch Leistung, Charme, Charisma und Wissen überzeugen. Ich liefere grundsätzlich immer mehr, als erwartet wird. Wenn 30 Entwürfe gewünscht sind, mache ich 60. Sind Kleider gefragt, kreiere ich noch Jacken und gegebenenfalls Schuhe und Taschen dazu. So versuche ich immer, ein zusätzliches Geschäft zu lancieren; wenn nicht bei dem einen Partner, dann eventuell bei einem anderen. Menschen, die lustlos, schlampig und unachtsam arbeiten, werden niemals erfolgreich sein. Es ist mir ein inneres Bedürfnis, ein regelrechtes Verlangen, mehr zu geben, als gefordert wird. Verlangen ist eine große Macht und Triebkraft. Wenn Sie das Verlangen verspüren, etwas zu tun, haben Sie den perfekten Antrieb.

Zudem bin ich sehr großzügig. Seien auch Sie immer großzügig mit Liebe und Bewunderung und auch in finanziellen Dingen. Man sagt, man solle das Geld zum Fenster hinauswerfen, damit es zur Türe wieder hereinkommt. Geld muss im Fluss bleiben, und die Balance sollte gewährt bleiben. Wenn Sie zu wenig geben und zu viel nehmen, schneiden Sie den Zufluss genauso ab, wie wenn Sie zu viel geben und zu wenig nehmen. Ich sage immer zu anderen: „Was du verschenkst, ist wie verkauft. Es wird vom Universum fürstlich belohnt, ob in Form von Geld, Geschäften oder in Form von ideellen Werten. Alles, was du von Herzen gibst, kommt tausendfach zurück."

Außergewööhnliche Sentenzen

Erfolgreiche Menschen haben für alles im Leben klar definierte und genau abgesteckte Ziele, so auch für den gewünschten Reichtum. Entwickeln Sie eine klare Vorstellung davon, wie reich Sie werden möchten.

Reiche Menschen denken unentwegt an Reichtum und vermehren ihn so, während arme Menschen unentwegt an Armut denken und noch ärmer werden.

Reiche Menschen lassen sich von Menschen beraten, die reicher sind als sie selbst. Arme Menschen lassen sich von ihren Freunden beraten, die genauso pleite sind wie sie selbst.

Probleme mit Geld sind besser als Probleme ohne Geld.

Um im Leben das eine zu bekommen, müssen Sie etwas anderes aufgeben, das heißt, ein Opfer bringen. Trennen Sie sich von allem, was Sie bremst.

Überzeugen Sie Menschen durch Leistung, Charme, Charisma und Wissen. Um als erfolgreicher Mensch Achtung von anderen zu bekommen, sollten Sie immer mindestens genauso gut sein wie sie.

Geben Sie immer mehr, als gefordert wird, und nutzen Sie so jede Gelegenheit, um sich zusätzliche Geschäftsfelder zu erschließen.

Seien Sie großzügig mit Liebe und Bewunderung sowie in finanziellen Dingen. Werfen Sie das Geld zum Fenster hinaus, damit es zur Türe wieder hereinkommt.

♔

Geld muss im Fluss bleiben, die Balance sollte gewährt bleiben. Wenn Sie zu wenig geben und zu viel nehmen, schneiden Sie den Zufluss genauso ab, wie wenn Sie zu viel geben und zu wenig nehmen.

♔

Ihr Reichtumsbewusstsein ist der Schlüssel zur Freiheit.

Sie kreieren Ihre sogenannten Probleme selbst
– durch Ihre Gedanken und
Ihre Handlungen!
Wenn Sie die Richtung
Ihres Denkens ändern,
verschwinden auch die Probleme
und werden zu Chancen.
So einfach ist das.
Ein Problem steht immer nur für eine Sache,
die Ihnen zur Lösung vorgelegt wurde.

HARALD GLÖÖCKLER

No problem!

„*Mir geht es gerade nicht so gut!* Ich habe nur Probleme, Probleme, Probleme." Wie oft hören Sie diesen Satz in Ihrer unmittelbaren Umgebung?

Es wird immer Menschen geben, denen es besser oder auch schlechter geht als einem selbst. Sie sollten dankbar sein für das, was Sie haben, denn das ist die beste Möglichkeit, mit dem Leben klarzukommen. Falls Sie unter einer schweren Erkrankung leiden, gibt es nur eine Möglichkeit, dieser zu begegnen, nämlich mit Zuversicht, Kraft und dem Glauben an Besserung.

Wenn Sie ein Problem haben, überlegen Sie, ob Sie es lösen können. Und wenn ja – wo ist denn dann das Problem? Dann gibt es kein Problem. Falls Sie es nicht lösen können, ist das auch kein Grund, sich aufzuregen, denn dann können Sie es sowieso nicht ändern, also wo ist denn dann das Problem? Besser, Sie finden sich damit ab, bleiben ruhig, blicken nach vorn und lenken Ihre Energie in bessere Bahnen. Dann ist es eben wieder an der Zeit, Ihr Drehbuch anzupassen, zu überarbeiten und Neues zu kreieren. Wenn Sie an Ihren sogenannten Problemen haften bleiben, verstärken Sie diese und sie werden nicht aus Ihrem Leben weichen. Wenn Sie sich aber auf die Idealsituation fokussieren, wird das „Problem" durch Ihre Wunschvorstellung ausgetauscht. Das ist ein unverrückbares, kosmisches Gesetz.

Folgende kluge Sätze, die einmal ein Inder zu mir sagte und die mich bis heute begleiten, bringen es auf den Punkt:

Hast du ein Problem im Leben? Nein? Wieso regst du dich dann auf?
Hast du ein Problem im Leben? Ja? Und kannst du etwas dagegen tun? Ja? Wieso regst du dich dann auf?
Hast du ein Problem im Leben? Ja? Und kannst du etwas dagegen tun? Nein? Wieso regst du dich dann auf?

Das trifft es meiner Meinung nach perfekt. Aufregung bringt Sie niemals weiter. Es gibt immer wieder schlechte Phasen im Leben, die sich auch auf die Arbeit auswirken können. Das Leben ist wie eine Achterbahnfahrt, einmal geht es nach oben, ein anderes Mal nach unten, Sie müssen nur Spaß daran haben, in beide Richtungen mitzufahren. Manches Mal geht es einem eben auch schlecht, aber auch das geht wieder vorbei. Halten Sie sich nicht daran fest, jammern Sie nicht, vor allen Dingen nicht im Büro, denn hier gehört das private Befinden überhaupt nicht hin. Dieses Lamentieren, dieses Sich-selbst-Bemitleiden ist für Ihre Mitmenschen auf Dauer nicht zumutbar. Damit machen Sie sich früher oder später bei so ziemlich allen unbeliebt und isolieren sich. Es kann taktlos sein, den anderen mit seinem Elend zu überfallen, seien Sie daher auch hier diszipliniert.

Man sollte im Leben die Fähigkeit besitzen, in jeder Situation die Form zu wahren, eine größtmögliche Brillanz und Größe im Auftreten zu entfalten und sich jeder seiner Gesten bewusst zu sein, um sich auf das Effektivste und Wirkungsvollste darzustellen. Jeder erfolgreich agierende Mensch beziehungsweise einer, der ein solcher werden möchte, sollte sich auch durch Haltung und nicht nur durch Handlung ausdrücken. Dabei zeigen sich Ihre Qualitäten meines Erachtens eher in dem, was Sie unterlassen, als in dem, was Sie tun.

Oft hört man jemanden sagen: „So etwas passiert immer nur mir!“ Erstaunlicherweise haben einige Leute anscheinend keine Probleme damit, sich im negativen, destruktiven Denken in einer Sonderstellung zu sehen. Sich aber für ein Geschöpf Gottes zu halten, an sich zu glauben und daran, dass sie Dinge erreichen können, die kein anderer schafft – da weisen sie erhebliche Defizite auf. Also, wenn Sie mir so kämen, würde ich als Erstes erwidern: „So, jetzt kommen Sie bitte erst mal von Ihrem hohen Ross mit Namen Selbstmitleid herunter. Sie glauben doch nicht allen Ernstes, dass Sie bei geschätzten 7,44 Milliarden Menschen, die auf der Erde leben, das alleinige Recht auf

Ungemach gepachtet haben! Man sagt zwar, Einbildung sei auch eine Bildung, aber, mit Verlaub, diese Selbstüberschätzung ist nicht zumutbar."

Wer dauernd daran glaubt, dass alles Schlechte auf der Welt nur ihm widerfahre, hat nicht nur auf lange Sicht ein Motivationsproblem, sondern zimmert sich damit auch eine komplett verdrehte Welt zusammen. Das Unangenehme an der Sache ist, dass diese „self-fulfilling prophecy" eines Tages auch eintrifft, wenn man sich nur lange genug in dieser scheinbaren Gewissheit einrichtet. Es wird unweigerlich das angezogen, was man in die Welt hineinprojiziert, in diesem Fall eben das Negative. Pech und Glück sind Geschwister – wer von beiden sich am wohlsten bei Ihnen fühlt, hängt sehr stark von der Schwingung ab, die Sie aussenden. Optimisten registrieren eine unangenehme Situation, zucken mit der Schulter und machen weiter, anstatt sich in ihrem Unglück zu suhlen. Sie haben das Gesetz von Ursache und Wirkung verstanden und verinnerlicht und wissen, dass es sinnvoller ist, den Fokus auf das Wesentliche zu richten und im Fluss zu bleiben. Sie gehen konsequent und ohne weitere Umwege auf ihr Ziel zu.

Wenn Sie an jeder Kreuzung in Ihrem Leben zögern und nicht damit aufhören können, sich zu beklagen und sich selbst zu bemitleiden, bleiben Sie besser erst einmal stehen und überlegen Sie, wohin die Reise eigentlich gehen soll. Im Leben passiert nichts einfach nur von selbst, alles folgt einer Ursache, und wenn Sie immer wieder negative Situationen und Menschen in Ihr Leben ziehen, dann sind Sie die Ursache, der Auslöser dafür und nicht das Leben. Es sind eben nicht immer die anderen. Kehren Sie erst einmal vor Ihrer eigenen Tür. Am besten machen Sie eine Liste der Dinge, die Ihnen vermeintlich zu Unrecht ständig widerfahren, und schreiben daneben den gewünschten Idealzustand. Beginnen Sie damit, nach vorn zu blicken und nach Lösungen zu suchen, anstatt in trüben Gewässern zu fischen und Ihre Stimmung und Ausstrahlung mit problematischem Gedankenmüll zu belasten.

Für einige hat das Wort „Problem" etwas Beängstigendes, Bedrohliches, Unangenehmes und Lästiges. Nicht aber für mich, denn schauen Sie einmal: Wie kann ein Wort, das mit „Pro" beginnt, negativ sein? Das ist doch gar nicht möglich. In diesem Pro steckt ja schon die Ankündigung einer Lösung. Das Lösen einer Situation, einer Angelegenheit, einer Herausforderung. So stammt denn auch das Wort „Problem" aus dem Griechischen und bedeutet „das, was [zur Lösung] vorgelegt wurde“. Mir ist bewusst, dass jeder Mensch im Leben mit Hürden zu kämpfen hat, mit Widerständen und Mauern. Was aber die erfolgreichen, tatkräftig anpackenden Menschen von den zaghaften, verschreckten Personen unterscheidet, ist, dass Erstere das Lösen von Problemen sportlich nehmen und als Teil ihres täglichen Business sehen. Wir wachsen an dem Lösen von Problemen. Was Hanteln fürs Muskeltraining sind, bedeuten Probleme fürs Gehirncoaching. Ich bin Bodybuilder seit mehr als 30 Jahren, nicht, weil es mir sonderlich viel Spaß macht, sondern weil ich das Resultat sehe, einen gestählten Körper. Deshalb gehe ich diese Herausforderung mit Disziplin und Tatkraft immer wieder aufs Neue an.

Wenn ich mich vor Problemen und deren Lösungen drücke, sind sie nicht etwa weg, es kommen eher immer wieder neue dazu und der Berg wird größer und größer. So entstehen Gefühle des Versagens, der Unzufriedenheit und Angst, dicht gefolgt von Minderwertigkeitskomplexen. So wie uns die euphorischen Momente des Erfolges und die damit einhergehende Bewunderung unserer Mitmenschen auf die höchsten Gipfel des Glücks katapultieren, so ziehen uns Angst und Unzufriedenheit in einen tiefen Sumpf. Unsere Ausstrahlung verändert sich, wir wirken blass und kraftlos und unsere Mitmenschen nehmen diese Veränderung mittel- und unmittelbar wahr. Was dann passiert, ist unvermeidlich. Wir geraten plötzlich ausschließlich an Menschen mit der gleichen negativen Schwingung, während sich die anderen, die positiv Gestimmten, aus unserem Leben entfernen. Am Ende schaden wir uns also nur selbst, wenn wir es allein mit unzufriedenen, emotional instabilen Menschen zu tun haben.

Wer im Privaten das Lösen von Problemen verabscheut, wird dies früher oder später auch im Beruf unterlassen. So gerät man in eine Art Teufelskreis, verliert seine Arbeit und im schlimmsten Fall alles, was einem lieb und teuer ist. Es muss aber nicht so weit kommen, wenn Sie früh genug einen anderen Kurs einschlagen, nämlich einen lösungsorientierten. Wenn die Erkenntnis früh genug eintritt, können Sie Ihre (Denk-)Strategie unverzüglich ändern.

CHAPTER 2

...L is for love

Our lives cannot always **be full of** JOY but they can always be full of love. *Because* LOVE IS THE MOST *powerful force in the world,* a gift from **HEAVEN** *and a fabric woven* BY NATURE. **The love I give,** *I receive back: All my* paintings are created with love, the most powerful ***feeling of all.*** LOVE GUIDES my hand **over the canvas,** *mixes colors* ***and*** **BRINGS MY CREATIONS** *to life! My* LOVE ***for*** art ***is my biggest*** inspiration.

Außergewööhnliche Sentenzen

Denken Sie immer daran:
Hast du ein Problem im Leben? Nein?
Wieso regst du dich dann auf?

Hast du ein Problem im Leben? Ja?
Und kannst du etwas dagegen tun? Ja?
Wieso regst du dich dann auf?

Hast du ein Problem im Leben? Ja?
Und kannst du etwas dagegen tun? Nein?
Wieso regst du dich dann auf?

Handeln Sie stets lösungsorientiert. Das Wort „Problem" bedeutet im ursprünglichen Sinn „das, was [zur Lösung] vorgelegt wurde". Erfolgreiche Menschen nehmen das Lösen von Problemen sportlich und sehen es als Teil ihres täglichen Business.

Wenn Sie an jeder Kreuzung in Ihrem Leben zögern und nicht damit aufhören können, sich zu beklagen und sich selbst zu bemitleiden, bleiben Sie besser erst einmal stehen und überlegen Sie, wohin die Reise eigentlich gehen soll.

Blicken Sie nach vorn und suchen Sie nach Lösungen, anstatt in trüben Gewässern zu fischen und Ihre Stimmung und Ausstrahlung mit problematischem Gedankenmüll zu belasten.

Wer dauernd daran glaubt, dass alles Schlechte auf der Welt nur ihm widerfährt, ist nicht nur auf dem Holzweg, sondern hat auf lange Sicht ein Motivationsproblem.

Glück und Pech sind Geschwister – wer sich bei Ihnen am wohlsten fühlt,
hängt stark von Ihrer Schwingung ab.

Wer im Privaten das Lösen von Problemen verabscheut,
wird dies früher oder später auch im Beruf tun.

Vergessen Sie das Gesetz der Resonanz nicht!
Wenn Sie immer wieder negative Situationen und Menschen
in Ihr Leben ziehen, sind Sie selbst die Ursache dafür,
nicht das Leben und nicht Ihre Mitmenschen.

Es ist kein Drama, einmal zu fallen,
es ist nur gefährlich, verkehrt zu fallen.
Die Kunst besteht darin,
mit Stil und Klasse zu Boden zu gehen –
und mit Grazie und Würde
wieder aufzuerstehen
wie Phönix aus der Asche.

HARALD GLÖÖCKLER

Hinfallen, aufstehen, Krone richten und weitergehen …

Erinnern Sie sich noch an den Ausspruch des Philosophen Heraklit, dass wir nicht zweimal in denselben Fluss steigen können? Er stellte sich die Welt in unablässiger Bewegung und Veränderung vor.

Alles befindet sich im Wandel, keine Situation, keine Herausforderung, kein Problem ist jemals gleich, auch wenn es nach einer Wiederholung aussieht; denn was geschieht, geschieht unter anderen Umständen, zu einem anderen Zeitpunkt und unter anderen Gegebenheiten. So dürfen wir jedes Mal neue Schlüsse daraus ziehen, eine neue Herangehensweise erfahren und neu davon lernen.

Lieben Sie auch die Sagen der griechischen Mythologie? Dort finden wir die größten Heldengeschichten. Die Menschheit wird vor unlösbare Probleme gestellt, so groß, dass selbst tausend Männer sie nicht bewältigen können, doch dann erscheint ein Held, oft mit besonderen Fähigkeiten ausgestattet, und überwindet die Schwierigkeiten, sodass sich die Probleme in Luft auflösen. Und gerade deshalb verehren wir echte Helden so, weil sie Dinge schaffen, weil sie Probleme meistern auf eine Art, die für den durchschnittlichen Menschen unvorstellbar ist.

Woran liegt das? Warum trauen sich so viele von uns nicht, ihre eigenen Probleme heldenhaft zu bewältigen? Ich bin zur Überzeugung gelangt, dass alles im Universum nach Wachstum und Entwicklung strebt. Auch in der Natur ist alles im Wandel, es gibt nie einen Stillstand. Unser komplettes Leben besteht aus Erfahrung, Veränderung und Wachstum und ist in ständiger Bewegung. Alle Lebewesen haben dieses naturgegebene Bedürfnis, sich immer weiterzuentwickeln, sich zu verändern und zu wachsen. Menschen, die dieser Aufgabe nicht nachkommen, leben entgegen ihrer Natur und negieren ihre göttlichsten Grundbedürfnisse. Sie vergeuden damit ihre kostbare Lebenszeit und rufen schlechte Eigenschaften wie Trägheit hervor. Mangelndes Selbstvertrauen und Faulheit ziehen weitere negative Attribute und Angewohnheiten nach sich. Alles unterliegt dem kosmischen Gesetz von Ursache und Wirkung.

Unsere Umwelt ist ein Spiegelbild, eine Projektion unserer bereits gedachten Gedanken. Was wünschen Sie sich für Ihre Zukunft? Sie können jeden Tag Ihr Leben umkrempeln, ihm eine andere Richtung geben, es anpassen, verbessern und neu koordinieren. Jeder Tag ist eine Chance für einen Neuanfang, wenn wir unsere Gedanken als Werkzeug richtig einsetzen. Deshalb ist eine Gedankenhygiene unerlässlich für ein erfolgreiches und friedvolles Leben. Wir werden zu dem, was wir denken. Ein Leben in Liebe und Reichtum ist das, was uns Gott geschenkt hat. Sie haben die Macht zu entscheiden, wie Sie Ihr Leben gestalten wollen, ob Sie das Geschenk annehmen oder es einfach unausgepackt in der Ecke liegen lassen. Sie haben die Wahl. Denn auch wenn Sie sich dafür entscheiden, sich nicht zu entscheiden, entscheiden Sie sich zumindest dafür, das Geschenk, die Herausforderung Leben, nicht aktiv anzunehmen. Und dann erleben Sie unter Umständen Armut anstelle von Reichtum, Streit statt Frieden und Leid anstatt Glück. Dafür sind Sie ganz allein verantwortlich – nicht die Gesellschaft, nicht Ihre Eltern und erst recht nicht die Politik. Sie allein sind der Schöpfer Ihres Lebens und Ihrer Lebenssituation.

Ja, wir hatten nicht alle die gleichen Voraussetzungen und sind nicht mit denselben Möglichkeiten groß geworden. Die eine blickt auf eine leichte Kindheit zurück, der andere auf eine schwere, einer kommt aus einem reichen Elternhaus, der andere aus einem armen, die eine hatte fürsorgliche Eltern, der andere lieblose. Wir alle aber haben die Chance, etwas daraus zu machen. Während ich diese Zeilen schreibe, bin ich froh, dass ich zu den Menschen gehöre, die einen wahrhaft

„beschissenen" Start hatten, denn so kann ich Ihnen hier und heute mit gutem Gewissen sagen: Wenn ich es geschafft habe, schaffen Sie es auch. Vorausgesetzt natürlich, Sie wollen es. Mein Selbstvertrauen wuchs mit jeder Herausforderung, die ich gemeistert habe, das kann ich Ihnen versichern. Ich kann Marcus Tullius Cicero, dem römischen Philosophen und Redner, nur beipflichten: „Je größer die Schwierigkeiten, die man überwand, desto größer der Sieg." Glauben Sie mir, die wenigsten Menschen finden ideale Bedingungen für ihren Lebensweg oder beruflichen Werdegang vor. Während der eine körperliche Vorzüge besitzt, ist der andere finanziell besser aufgestellt oder verfügt über eine bessere (Aus-)Bildung. Der eine beklagt sich über zu wenig Unterstützung durch seine Familie, der andere meint, er könne einen bestimmten Beruf nicht ausüben wegen der Familie oder weil es nicht in das gesellschaftliche Bild passe. Letztendlich sind das aber alles nur Entschuldigungen dafür, nicht aktiv zu werden und etwas zu verändern. In der Zeit, in der Sie jammern, hätten Sie Ihr Leben schon in die Hand nehmen können.

Wir leben in einer dualen Welt. Wo viel Licht ist, ist viel Schatten, und wo ein vermeintlicher Tiefschlag uns ausgeknockt hat, wächst auch Hoffnung. Oft muss man erst tief unten im Tal ankommen, um den Berggipfel erneut in Angriff nehmen zu können. Was ich damit sagen möchte: Probleme sind Prüfungen und Chancen. Das Universum testet uns noch einmal, ob wir stark genug sind für die neuen Aufgaben, die uns erwarten. Wenn wir unser Leben rückblickend betrachten, können wir alle wohl Beispiele dafür finden, dass gerade der Verlust von etwas uns dazu gezwungen hat, aus unserer Komfortzone herauszutreten, um einen neuen Weg einzuschlagen, der am Ende um so vieles besser war. Der chinesische Philosoph Konfuzius meinte einst:

> *„Ruhm liegt nicht darin, niemals zu fallen, sondern jedes Mal wieder aufzustehen, wenn wir gescheitert sind."*

Der Unterschied liegt eben darin, ob man ein Vorhaben gleich aufgibt, nur weil man einen Tiefschlag erlitten hat, oder ob man sich zusammenreißt und sich der Herausforderung mutig und tatkräftig stellt. Natürlich ist es für uns alle schöner zu siegen, aber das Leben ist nun mal kein Wunschkonzert. Ich hatte in meinem Leben mit vielen Problemen zu kämpfen, und wenn ich dachte, ich hätte es endlich geschafft, kam wieder ein neuer Tiefschlag; manch einer erfolgt mit einer solchen Wucht, dass man meint, man werde es nicht überleben. Man überlebt es aber, glauben Sie mir, und danach ist man umso stärker.

So geschah es auch im März 1998, an einem frostigen Morgen. Herr Schroth und ich waren gerade auf dem Weg zu unserem Showroom in Stuttgart. Frierend saßen wir im Auto, da unsere Heizung nicht funktionierte, als wir einen Streifenwagen, einen schwarzen Porsche und mehrere andere Autos vor dem Gebäude stehen sahen. Alles an diesem Bild schien falsch. Schnellen Schrittes liefen wir die Treppen nach oben und beobachteten, wie ein Polizist gerade ein Vorhängeschloss an unserer Tür anbrachte. Der atypisch stille Teilhaber sowie ein weiterer Polizist, ein Mann mit Aktenkoffer und ein paar schmierige Typen standen ringsherum. Als ich fragte, was hier los sei, stellte sich der Aktenkoffer-Mann als Gerichtsvollzieher vor und hielt mir eine Unterlassungsklage vors Gesicht. Dabei deutete er auf unseren Teilhaber, der jedem meiner Blicke auswich. Weiter wurde uns mitgeteilt, wir seien zu einer gerichtlichen Vorladung im Oktober, die wir per Einwurfeinschreiben bekommen haben sollten, nicht erschienen. Welche Vorladung?, fragte ich mich. Ich überlegte fieberhaft, wo wir im Oktober gewesen waren und warum ich diese Vorladung nicht bekommen hatte. Da fiel es mir wie Schuppen von den Augen: Herr Schroth und ich waren geschäftlich in Hongkong unterwegs gewesen. Bei unserer Rückkehr hatten wir den Briefkasten aufgebrochen vorgefunden. Keine Post, keine Vorladung. Zufall? So standen wir also zitternd vor unserem zugesperrten Showroom in der Kälte und erfuhren vom Gerichtsvollzieher, besagter Teilhaber hätte behauptet, es gebe eine mündliche Vereinbarung mit uns (per Handschlag besiegelt), wonach wir Miete für den Showroom zu zahlen hätten (dieser stand uns jedoch gratis zur Verfügung). Da es keinen Mietvertrag gab, sicherte er seine Aussage mit einer eidesstattlichen Erklärung ab. In dem oben genannten Schreiben, das wir nie zu Gesicht bekommen hatten, waren wir wohl aufgefordert worden, dazu Stellung zu nehmen. Da standen wir nun und konnten nichts tun als wieder abzuziehen. Wir konnten weder arbeiten, da sich alles im Showroom befand, noch Beweise gegen den atypisch stillen Teilhaber zusammensuchen. Selbst unser Anwalt war ratlos.

Ich schaffte es nicht, einfach nichts tun, und fing an, in unserem Freundeskreis nach einem Top-Anwalt herumzufragen. So landete ich schließlich bei einem Juristen, der sich unserer Sache annahm. Seine erste Amtshandlung: Wir holten all unsere Papiere aus dem Showroom. Als Nächstes wollte der Teilhaber sein ganzes Geld zurück, alles, was er bereits in unsere Firma investiert hatte. Wie schon erwähnt, schrieb selbst die Zeitung kurze Zeit später darüber. Wir waren verzweifelt. Doch ich ließ mich nicht unterkriegen und stellte mich dem Kampf. Nach einem sich endlos anfühlenden Jahr voller Streitigkeiten kam es dann doch zu einem für mich annehmbaren Resultat. Damit bewahrheitete sich wieder einmal ein Lieblingsspruch meiner Großmutter: „Es wird nichts so heiß gegessen, wie es gekocht wird." Und auch das Oscar Wilde zugeschriebene Zitat kann ich bestätigen: „Am Ende wird alles gut. Und wenn es nicht gut ist, ist es noch nicht das Ende."

Dies ist nur ein Beispiel von vielen schwierigen Situationen, mit denen ich mich in den 30 Jahren meines Business auseinandersetzen musste. Ob ich etwas daraus gelernt habe? Eine Menge. Ob es mir geschadet hat? Keinesfalls. Es gehört zu meinem Leben wie ein zweiter Schuh. Alles, was uns geschieht, haben wir in unser Leben gezogen, um eine Erfahrung zu machen, um uns weiterzuentwickeln. Nichts, was uns ereilt, ist etwa einer Laune der Natur geschuldet, sondern zeigt sich als Resultat unserer eigenen Projektion. Nichts, was geschieht, ist gut oder schlecht an sich, das wird es erst durch unsere Bewertung. Wollen Sie also Ihre momentane Situation verändern, dann ändern Sie Ihre Projektion. Wenn Sie einmal böse gestürzt sind und im wahrsten Sinne des Wortes nackt im Dreck in der Gosse liegen, dann stellen Sie sich gedanklich auf ein Podest, anstatt sich zu bedauern. Sehen Sie sich vor Ihrem inneren Auge in kostbarsten Roben, mit edelsten Juwelen geschmückt und mit prall gefüllten Taschen voller Geld auf dem Balkon eines Schlosses stehen, wo Tausende von Menschen Ihnen zujubeln. Sie meinen, das sei nicht leicht? Niemand sagt, dass es am Anfang leicht sei. Ist Fahrradfahren leicht, wenn Sie es zum ersten Mal versuchen? Beim Kontrollieren der Gedanken und dem Imaginieren der gewünschten Zukunft ist es wie bei allem anderen auch: Übung macht den Meister. Also üben Sie! Üben, üben, üben Sie!

Außergewööhnliche Sentenzen

Es ist noch kein Meister vom Himmel gefallen … ohne wieder aufzustehen!

♚

Ruhm liegt nicht darin, niemals zu fallen, sondern jedes Mal wieder aufzustehen, wenn Sie gescheitert sind.

♚

Wenn Sie gefallen sind und in der Gosse liegen, beamen Sie sich gedanklich auf ein Podest und lassen Sie sich feiern wie ein König.

♚

Je größer die Schwierigkeiten sind, die Sie überwinden, desto größer ist Ihr Sieg.

♚

Sie haben jede Chance, etwas aus Ihren Voraussetzungen zu machen, so wenig vielversprechend sie auch aussehen, so armselig der Start ins Leben auch gewesen sein mag.

♚

Nehmen Sie das Geschenk des Lebens aktiv an. Sie allein sind verantwortlich – nicht die Gesellschaft, nicht Ihre Eltern und erst recht nicht die Politik.

♚

Alles, was Sie ereilt, ist das Resultat Ihrer eigenen Projektion. Nichts, was geschieht, ist gut oder schlecht an sich, das wird es erst durch Ihre Bewertung. Wollen Sie also Ihre momentane Situation verändern, dann ändern Sie Ihre Projektion.

♚

Übung macht den Meister. Also üben Sie. Üben, üben, üben Sie.

WHERE THE LIFE BEGINS

Die Art, wie Sie sich selbst
der Welt verkaufen, bestimmt den Wert,
welchen sie Ihnen beimisst.
Es nützt Ihnen gar nichts, ein Genie zu sein,
wenn keiner außer Ihnen davon weiß.
Die Außenwirkung ist Ihre Visitenkarte.
Vermarkten und präsentieren Sie sich so
großartig und so professionell wie möglich.
Nur wer überzeugend auftritt,
wird siegen.

HARALD GLÖÖCKLER

Aufmerksamkeit und Überzeugung – ein perfektes Duo!

Im Leben muss man ständig etwas verkaufen, an die Frau, an den Mann bringen, sei es eine Idee, die eigene Meinung oder Waren. Um dabei Erfolg im Privat- wie auch im Berufsleben zu haben, gilt es, andere Menschen für sich zu gewinnen, sie zu überzeugen, zu begeistern und zu faszinieren.

Begeisterung kann mitreißen und das Großartigste im Menschen hervorbringen. Um Ihr Gegenüber dazu zu bewegen, sich mit oder bei Ihnen zu engagieren, müssen Sie ihn unbedingt zuerst einmal zum Brennen bringen, ihn auf Ihre Seite ziehen und für die gemeinsame Sache gewinnen. Dazu ist es in erster Linie einmal wichtig, so viel wie möglich über ihn herauszufinden: wie er tickt, welche Präferenzen er im Leben hat, was ihm wichtig ist und welche Träume und Interessen er verfolgt. Schaffen Sie so viele Gemeinsamkeiten wie nur möglich und damit eine Vertrauensbasis.

Wenn Sie nun also herausfinden, dass Ihr Gegenüber ein leidenschaftlicher Golfspieler ist, nehmen Sie genau das zum Anlass, ein Gespräch anzustoßen, um in Kontakt zu kommen. Dazu ist es übrigens überhaupt nicht notwendig, selbst ein Golfer zu sein. Echtes Interesse an den Hobbys oder Interessen eines anderen zu zeigen ist ein perfekter Einstieg in eine Konversation. Wenn Sie Interesse allerdings nur heucheln und gar nicht wirklich zuhören, merkt Ihr Gegenüber das instinktiv und wird ablehnend reagieren. Hier ein Beispiel, wie Sie solch ein Gespräch starten könnte:

> *„Wie man mir erzählt hat/Wie ich gelesen habe,*
> *sind Sie ein sensationeller Golfspieler."*
> (Zeigt das Interesse an seiner Person
> über den üblichen Radius hinaus.)
>
> *„Mein Kompliment, dass Sie bei Ihrem enormen*
> *beruflichen Engagement auch dafür noch Zeit finden."*
> (Gleich zu Beginn ein unverhofftes Kompliment,
> das eine gute und angenehme Atmosphäre schafft.
> Er fühlt sich geschmeichelt.)
>
> *„Soll ich Ihnen etwas verraten? Ich habe noch nie Golf gespielt."*
> (Zeugt von Offenheit und Ehrlichkeit,
> hat etwas Vertrauliches.)
>
> *„Aber ich würde es gern einmal probieren,*
> *das muss ja ein wunderbarer, faszinierender Sport sein.*
> *Was begeistert Sie am meisten daran?"*
> (Damit eröffnen Sie ein Gespräch über seine Passion
> und geben ihm die Möglichkeit zu glänzen.)
>
> Irgendwann lenken Sie dann das Gespräch auf Ihr
> eigentliches Anliegen und sagen zum Beispiel:
> *„Wissen Sie, ich sehe da eine starke Parallele zwischen Ihrer*
> *Faszination für das Golfspiel und meiner eigenen Begeisterung*
> *für eine neue Geschäftsidee, und zwar ..."*
> (So können Sie perfekt zum Business überleiten.)

Nun erzählen Sie ihm mit der gleichen Begeisterung und Faszination, mit der er über Golf gesprochen hat, von Ihrem geplanten Geschäftsvorhaben und überzeugen ihn davon, dass Sie ihm etwas ganz Großartiges anzubieten haben. Sie verkaufen ihm nichts, bieten Sie ihm lediglich an, sich daran zu beteiligen. Damit führen Sie und begeben sich nicht in eine Abhängigkeit. Denn wenn Sie etwas verkaufen möchten, wollen Sie ja etwas von Ihrem Gegenüber, und zwar, dass er Ihnen etwas abkauft; wenn Sie ihm jedoch etwas anbieten und ihn dazu bringen, dass er Sie förmlich bittet, es ihm zu geben, sind Sie in der besseren Position.

Grundsätzlich ist es von Vorteil, mehr zuzuhören als selbst zu sprechen. Lassen Sie Ihr Gegenüber reden, denn so bekommen Sie ganz genau mit, was es sich vorstellt, was es an der Sache mag, wo mögliche Schwachstellen liegen und Sie eventuell nacharbeiten müssen. Verkäufer, die zu viel reden, wirken schnell unseriös und unsicher. Man bekommt dann eher den Eindruck, sie quatschen einen voll, um einem etwas anzudrehen. Wenn Sie sich jedoch auf einen echten Dialog einlassen und Ihrem Gegenüber zuhören, erwecken Sie den Eindruck, dass Sie an ihm und seinen Worten interessiert sind. Sie wirken seriös, integer und stark. Sehr erfolgreich und eindrucksvoll ist es auch, wenn Sie das Gehörte nochmals in eigenen Worten wiedergeben, um sicherzugehen, dass Sie alles richtig verstanden haben.

Tatsächlich besteht eines der großen Mankos unserer Zeit darin, dass keiner mehr dem anderen zuhört. Man spürt regelrecht die latente Ungeduld des Gegenübers, wenn man ihm etwas erzählt, man hört förmlich das Scharren der Hufe – oft ist es nur eine Frage der Zeit, bis der andere einem ins Wort fällt. So kann kein ideales, konstruktives und vertrauensvolles Gespräch geführt werden, denn der Erzählende spürt natürlich diese Ungeduld und nimmt sie schlimmstenfalls als Desinteresse an seinen Worten und unter Umständen sogar an seiner Person wahr. Selbst Ärzte hören einem nicht mehr zu, da sie offenbar nicht mehr genügend Zeit dafür haben. Was ist bloß mit uns los? Nicht selten fühlt man sich wie ein Störenfried, den andere so schnell wie möglich loswerden wollen.

Sich auszutauschen und sich gegenseitig etwas mitzuteilen ist doch so ein wunderbares Geschenk, Kommunikation ist ein so wichtiger Aspekt des Lebens. Wir haben wirklich größtenteils verlernt, zuzuhören, denn wir leben in einer egoistischen Gesellschaft, in der die Ellbogenkonversation vorherrscht. Jeder versucht sich durchzuboxen, ohne Rücksicht auf Verluste, ohne Verständnis, von Fair Play ganz zu schweigen. Aber so funktioniert das nicht, denn wir sind im wahrsten Sinne des Wortes aufeinander angewiesen. Und das meine ich nicht nur seelisch, sondern auch ökonomisch. Nehmen Sie nur mal ein T-Shirt: Wie viele Menschen waren daran mit ihrer Arbeitskraft beteiligt, bis das T-Shirt von der Idee über das Anpflanzen, Ernten und Verarbeiten der Baumwolle bis hin zur Produktion und zum fertig genähten Produkt endlich in Ihrem Kleiderschrank landete? Sollten wir da nicht etwas dankbarer sein, dass so viele Menschen sich bemüht haben, etwas Schönes für uns herzustellen? Zum einen sollte man die Arbeitskraft natürlich angemessen bezahlen, daneben gibt es jedoch immer auch einen zwischenmenschlichen Aspekt, der mit Geld nicht aufzuwiegen ist.

Wir sollten dringend wieder lernen, etwas freundlicher miteinander umzugehen und einander zuzuhören. Da viele unter uns das Zuhören aber größtenteils verlernt haben, ist es nötig, sich diese Tugend wieder zu eigen zu machen. Wie Sie das anstellen? Beginnen Sie damit, Ihrem Gegenüber Beachtung zu schenken und ihm mit Aufmerksamkeit und Akzeptanz entgegenzutreten. Ihr Gegenüber kann sehr gut zwischen Hören, Hinhören und Zuhören unterscheiden, unterschätzen Sie es also nicht. Lediglich zu hören, was der andere gesagt hat, ist wohl die einfachste, oberflächlichste Variante; während das Ohr noch hört, ist der Geist bereits mit einer anderen Sache beschäftigt. Intensives Hin- und Zuhören braucht ein anderes Engagement, fordert den ganzen Menschen, die volle Aufmerksamkeit. Wer wirklich zuhört, schafft Vertrauen zwischen Erzähler und Zuhörer und erhält wichtige Informationen. Je intensiver Sie also zuhören, desto mehr erfahren Sie und desto besser werden Sie sich mit anderen verstehen. Und je besser Sie Ihr Gegenüber und seine Beweggründe verstehen, desto leichter können Sie eigene Gedanken und Argumente ergänzen oder auch dagegenhalten. So bauen Sie eine gemeinsame Basis auf, auf der auch Sie Gehör finden.

Dabei geht es nicht darum, stets einer Meinung zu sein, sondern um strukturiertes und respektvolles Argumentieren. Respektieren ist nicht gleichzusetzen mit akzeptieren. Sie können jemandem aktiv zuhören und seine Meinung respektieren, müssen diese aber nicht übernehmen. Bleiben Sie immer sachlich und reagieren Sie nicht überheblich – bleiben Sie auf Augenhöhe mit Ihrem Gegenüber. Je respektvoller Sie ein Gespräch führen, desto angenehmer ist die Atmosphäre und desto leichter lassen sich Missverständnisse aus dem Weg räumen. Wenn Sie Unstimmigkeiten oder Unzufriedenheit bemerken, fragen Sie während des Gesprächs ruhig einmal nach: „Wie fühlt sich das an für Sie, ist das noch okay für Sie?" Wenn er verneint, gehen Sie, ähnlich wie ein Psychologe, auf das Gefühl ein. Lassen Sie sich genau beschreiben, was dem anderen nicht gefällt. So erhalten Sie weitere Hinweise, die es Ihnen ermöglichen, die Sache zu klären. Geschieht das nicht während des Gesprächs, verschenken Sie eine große Chance, und im dümmsten Fall platzt das Geschäft und Sie bekommen eine Absage.

Als Unternehmer müssen Sie auch Ihren Angestellten manchmal im weitesten Sinne „etwas verkaufen", sei es eine neue Geschäftsphilosophie, längere Arbeitszeiten, weniger Gehalt oder was auch immer. Auch hier geht es um dasselbe Prinzip. Wenn offen ausgesprochen wird, dass etwas (noch) nicht okay ist, kann man darüber verhandeln, es als Chance sehen, gemeinsam eine für beide Seiten akzeptable Lösung zu finden. Zögert Ihr Gegenüber und antwortet mit einem vagen „vielleicht", verfügen Sie über viel weniger konkreten Handlungsspielraum. Wenn Sie nachhaken und der andere einfach nicht weiß, was er will, wirken Sie schnell unangenehm und lästig.

Nehmen Sie es als Herausforderung, ein Nein in ein Ja zu verwandeln. Finden Sie heraus, warum das Gegenüber nicht anbeißen will. Irgendetwas müssen Sie übersehen haben beziehungsweise ist Ihnen entgangen. Eruieren Sie den Knackpunkt, lösen Sie ihn im Gespräch auf und fegen Sie die Bedenken vom Tisch. Gehen Sie gemeinsam essen oder vereinbaren Sie tags darauf einen Termin in seinem Golfclub. Was auch immer – stellen Sie sicher, dass Sie neu anknüpfen können. Manches Mal ist es besser, das Gespräch zu vertagen, da beide des Redens müde geworden sind. Have a break! Agieren Sie niemals verbissen, sondern nehmen Sie das Ganze leicht und spielerisch. Ihr Gegenüber merkt, ob Sie das Geschäft mit Gewalt eintüten wollen oder die Sache mit einer gewissen Überlegenheit und „Laisser-faire"-Haltung angehen.

Wenn Sie gut zuhören können, spüren Sie auch, dass es verschiedene Arten von Nein im Leben gibt. Aus Erfahrung kann ich Ihnen berichten: Fast immer sagen alle zuerst einmal Nein. Es ist ein Nein der Vorsicht, kein Nein der Ablehnung. So ein Nein gibt Raum zum

Nachdenken man kann es immer noch mit Leichtigkeit in ein Ja verwandeln. Viele Menschen wollen nicht sofort etwas versprechen, denn ein Ja ist ein Wort, das man halten sollte.

Dann gibt es das Nein, das im Grunde nur einen bestimmten Aspekt des Angebots betrifft, der missfällt, aber nicht die Sache an sich. Oft handelt es sich dabei nur um eine Kleinigkeit, die es herauszufinden gilt. Und auch dieses Nein kann in ein Ja verwandelt werden.

Dann ist da noch das Nein aus Trotz, weil der andere das Gefühl hat, dass Sie ihm in einer Kontroverse nicht weit genug entgegengekommen sind und er sich von Ihnen schlecht behandelt fühlt. Gehen Sie auf den Menschen zu. Für mich hat das nichts mit Herablassung zu tun. Es zeugt eher von Größe, wenn Sie den ersten Schritt machen. Sie werden sich wundern, was für eine großartige Wirkung das auf andere hat.

Viele Menschen leiden unter Komplexen. Sie kämpfen schwer darum, ihr mühsam aufgebautes Image zu erhalten, und alles, was dieses ins Wanken bringen könnte, negieren sie oder weisen es von sich. Ein starker Charakter, der zu 100 Prozent weiß, wer er ist und was er kann, dem seine Stärken genauso geläufig sind wie seine Schwächen, ist ein sehr entspannter Kontrahent. Wir können uns aber unsere Partner und Kunden nicht immer aussuchen. Wir müssen sie so nehmen und akzeptieren, wie sie sind. Und viele sind eben sehr stark mit ihrem schwachen Ego beschäftigt. Um denen die Sorge zu nehmen, dass sie unter Umständen als Verlierer dastehen könnten, sollten Sie ihnen vom ersten Moment an das Gefühl vermitteln, Gewinner zu sein. Geben Sie ihnen, was sie brauchen. Machen Sie im richtigen Moment Komplimente, fragen Sie zwischendurch nach ihrer Meinung, geben Sie ihnen das Gefühl, wichtig zu sein, und finden Sie heraus, was ihnen wichtig ist. Wenn Sie diese Aufgabe richtig gut erledigen, werden sie etwas von Ihnen wollen, und so werden Sie vom Verkäufer zum Gebenden. So verwandeln Sie Misstrauen in Vertrauen und schaffen die Basis für eine lange, erfolgreiche Zusammenarbeit.

Als wir im November 1987 in Stuttgart unseren Laden in der Eberhardstraße eröffneten, füllte sich dieser immer wieder mit Menschen aus der Kreativszene. Ob Romy Haag, Mathias Richling oder Margot Werner – unser Geschäft war voll von schillernden und bezaubernden Persönlichkeiten, die gern auf ein eisgekühltes Glas Champagner bei uns reinschneiten und sich sichtlich wohlfühlten. Wir setzten dabei von Anfang an auf einen angenehmen, von Herzen kommenden zwischenmenschlichen Umgang. Wir führten unser Geschäft mehr oder weniger im Stil eines Salons. Jeder war zu jeder Zeit herzlich willkommen. Wir servierten Kaffee und Drinks und nahmen uns immer genug Zeit für ein Gespräch. Niemals vermittelten wir jemandem das Gefühl, dass er etwas kaufen muss. Dadurch wurde unser Geschäft zu einem richtigen Hotspot und am Ende lief der Verkauf wie von selbst. Nachdem die Kunden eine Weile an unserem einladenden Tisch mitten im Laden zugebracht hatten, entdeckten sie natürlich das eine oder andere neu hereingekommene Kleidungsstück. Dann ging es meist ganz schnell, denn in dieser entspannten, luxuriösen Atmosphäre fühlten sich die Kunden in wahrer Kauflaune. Zur Krönung des Tages fehlte ihnen also nur noch, dass sie sich mit einem neu erworbenen Luxusartikel selbst beschenkten. In dieser Hochstimmung ging der Kauf nicht nur zügig vonstatten, sondern es wurde meist auch bedeutend mehr gekauft als üblich. So habe ich sehr früh gelernt, dass es sich stets lohnt zuzuhören, sich Zeit für seine Mitmenschen zu nehmen und ihnen das Gefühl zu geben, wichtig zu sein; auf Menschen einzugehen, sich für sie zu interessieren, sie zu umarmen und ihnen ein gutes Gefühl zu vermitteln. Beginnen Sie also damit, einen Tag lang jedem, dem Sie begegnen, das Gefühl zu geben, sehr, sehr wichtig zu sein.

Noch eine weitere Empfehlung von mir:

Lernen Sie, sich und Ihre Meinungen und Interessen wirkungsvoll gegen alle Widerstände zu behaupten. Als perfekte Plattform bieten sich Facebook und Twitter an. Glauben Sie mir, ich spreche aus Erfahrung, nirgends treffen Sie auf mehr widersprüchliche Reaktionen als im Social-Media-Bereich. Nirgends sonst schlagen Ihnen mehr unverhohlener Neid, Missgunst und Ablehnung entgegen. Nutzen Sie das, um zu üben. Wachsen Sie daran, statt sich zu ärgern.

Außergewööhnliche Sentenzen

Lernen Sie die Kunst des Zuhörens und der Kommunikation! Wer wirklich zuhört, schafft eine Vertrauensbasis und bekommt wichtige Informationen.

♔

Um einen potenziellen Geschäftspartner dazu zu bewegen, sich mit oder bei Ihnen zu engagieren, müssen Sie ihn zuerst einmal zum Brennen bringen, ihn für sich und die gemeinsame Sache gewinnen.

♔

Finden Sie so viel wie möglich über Ihren Gesprächspartner heraus und gehen Sie auf seine Interessen ein!

♔

Gehen Sie Verhandlungen mit einer „Laisser-faire"-Haltung an. Ihr Gegenüber merkt, wenn Sie etwas um jeden Preis eintüten wollen, und fühlt sich dadurch bedrängt.

♔

Nehmen Sie es als sportliche Herausforderung, ein Nein in ein Ja zu verwandeln.

♔

Have a break! Manches Mal ist es besser, das Gespräch bei Unstimmigkeiten zu vertagen, wenn beide Partner des Redens müde geworden sind.

♔

Finden Sie heraus, warum Ihr Gegenüber nicht anbeißt. Was haben Sie übersehen? Fragen Sie es nach seinen Befindlichkeiten. Machen Sie den ersten Schritt auf es zu, damit es sich als Gewinner fühlt.

♔

Geben Sie jedem, dem Sie begegnen, das Gefühl,
sehr, sehr wichtig zu sein.

Vertreten Sie Ihre Meinungen und Interessen wirkungsvoll
auf Facebook und Twitter, um sich auf krasse,
widersprüchliche Reaktionen vorzubereiten.

Seien Sie außergewöhnlich beachtenswert!
Seien Sie außergewöhnlich liebevoll!
Seien Sie außergewöhnlich charmant!
Seien Sie außergewöhnlich verständnisvoll!
Seien Sie außergewöhnlich imposant!
Seien Sie außergewöhnlich imponierend!
Seien Sie außergewöhnlich interessant!

HARALD GLÖÖCKLER

Seien Sie alles, außer gewöhnlich – seien Sie außergewöhnlich!

Seien Sie niemals zu einfach, zu simpel, zu durchschaubar, zu berechenbar, und bleiben Sie immer Sie selbst. Versuchen Sie nicht, jemand anders zu sein. Sie sind einmalig, außergewöhnlich, ein Unikat, ein Original. Also wieso wollen Sie jemand anders sein? Was hätten Sie denn zum Beispiel davon, wenn Sie so wären wie ich? Sie wären eine Kopie – nicht mehr und nicht weniger. Der Drang, Stars zu kopieren, zu sein wie das Vorbild, wird sich mir nie erschließen. Ich werde nie verstehen, wie man den Wunsch haben kann, eine Kopie zu sein, wenn man bereits ein wunderbares Original ist.

Jeder Mensch verfügt über eine eigene Persönlichkeit, und das ist auch gut so. Wenn Gott gewollt hätte, dass wir uns nicht unterscheiden – und glauben Sie mir, Gott macht keine Fehler – hätte er uns alle gleich geschaffen. Er hätte es doch viel einfacher gehabt, wenn er Kopien von nur einem Prototyp geklont hätte. Doch Gott will keine Kopien. Er hat uns reich beschenkt, indem er jedem von uns eine unvergleichliche Persönlichkeit verliehen hat. Ich sage Ihnen: Gott sei Dank sind wir verschieden! Schon deshalb können und werden Sie nicht so sein wie jemand anders. Sie sind einmalig, ja, das sind Sie! Ihre Persönlichkeit ist vielseitiger, als Sie denken. Gehen Sie in sich und damit auf eine wunderbare, aufregende Reise in Ihr Innerstes.

Was ist Ihre Corporate Identity? Stellen Sie fest, welche besonderen, prägnanten Erkennungsmerkmale Ihnen zu eigen sind. Was zeichnet Sie aus, was gibt Ihrer Persönlichkeit Format und Profil? Was macht Sie besonders und hebt Sie von Ihren Mitmenschen ab? Nur wer sich konsequent von der Masse abhebt und klar zu erkennen ist, hat die Chance, nach ganz oben zu gelangen. Dabei geht es nicht darum, jedem zu gefallen, weder optisch noch menschlich. Es gibt durchaus Beispiele von großen Persönlichkeiten, die uns das Gegenteil beweisen. So galt Klaus Kinski beispielsweise weder als klassisch schöner Mann noch sagte man ihm nach, besonders höflich und charmant gewesen zu sein. Und dennoch ist sein Name in der ganzen Welt bekannt. Er hatte eine Nische besetzt, die Nische des explosiven, unkontrollierbaren und unberechenbaren Künstlers, und sie perfekt ausgefüllt. Langweilig ist fade und auf die Dauer unerträglich. Wir Menschen wollen immer wieder aufs Neue fasziniert, sogar schockiert werden, denn Faszinieren und Schockieren gehen nicht selten Hand in Hand. Im Schockierenden liegt eine gewisse Faszination. Um Sie selbst sein zu können, müssen Sie aber unbedingt erst einmal herausfinden, wer Sie sind. Und ich meine damit nicht das, wozu man Sie erzogen, hingebogen oder geformt hat, sondern die Person, die Sie gern wären und die Ihrem Naturell entspricht. Wer sagt denn, dass man immer höflich und nett im Leben sein und sich anpassen müsse? Müssen tut man gar nichts. Man kann es auch sein lassen, solange man bereit ist, die Konsequenzen zu tragen.

Ja, ich habe ein Kapitel über die Notwendigkeit und die Vorteile des Ausübens von Höflichkeit geschrieben. Wenn Sie aber partout der unhöfliche, ungehobelte und unberechenbare Kerl oder das aus dem Rahmen fallende Enfant terrible sein möchten, weil das Ihrem Naturell entspricht, dann sollten Sie das umsetzen. Lieber ungehobelt, unhöflich und unangepasst, aber authentisch als angepasst und höflich, aber dafür unglaubhaft und sich selbst verleugnend. Es ist Ihr Leben und niemand kann Ihnen vorschreiben, wie Sie es zu leben haben, es sei denn, Sie gestatten es dieser Person. Wer immer nett ist, ist ohnehin langweilig. Niemand, wirklich niemand ist unentwegt nett, so wie auch niemand es schaffen wird, permanent unhöflich zu sein. Die netten Jasager gehen einem oft schneller auf die Nerven als ein ungehobelter Rüpel, der einen ständig mit irgendeiner neuen Aktion überrascht. Was ich damit sagen möchte: Finden Sie völlig vorbehaltlos heraus, wer Sie sind und wie Sie sein möchten. Beginnen Sie, einen echten Typ aus sich zu machen – und wenn Sie wissen, wie der „aussehen“ soll, fangen Sie damit an, ihn auch optisch in Szene zu setzen. Welche Frisur, welche Kleidung, welches Make-up? Wie wollen Sie sich artikulieren, reden Sie schnell und hektisch oder ruhig mit Timbre? Gestikulieren Sie beim Sprechen, und wenn ja, welche Gesten geben Ihnen Kontur? Bedenken Sie alles bis ins kleinste Detail.

Wenn jemand außergewöhnlich ist, dann nicht, weil er es vorgibt zu sein – entweder man ist es oder man ist es nicht. In Wirklichkeit sind wir alle außergewöhnlich, jeder auf seine, jede auf ihre Art. Allerdings trauen sich einige nicht zu, dies auch zu leben, aus Angst, aufzufallen, da man ihnen seit frühester Jugend beigebracht hat, bloß kein Aufsehen zu erregen, schon gar kein negatives. Damit ist nun aber Schluss. Wenn Sie erfolgreich werden wollen, dann bestimmt nicht, indem Sie sich anpassen, zurücknehmen, sich ducken und kleinmachen. Stellen Sie sich kerzengerade hin und rufen Sie in die Welt: „Schaut her, das bin ich, so bin ich – take me or leave me. Punkt.“ Das macht Eindruck, das bleibt hängen.

Es werden zwar nicht mehr viele Menschen aus Ihrem jetzigen Umfeld übrig bleiben, aber die brauchen Sie eh nicht mehr. Ganz im Gegenteil, die würden Sie ohnehin nur bremsen, da sie es vermutlich nicht akzeptieren werden, dass Sie sich verändert haben. Sie passen nicht mehr zu ihnen, klar, schließlich füllen Sie ja auch nicht mehr die gewohnte, von Ihrem Umfeld zugewiesene und anerkannte Rolle aus: „Du bist aber komisch in letzter Zeit, auf dich konnte man sich doch immer verlassen, was ist denn nur los mit dir?“ Diese Menschen werden Sie früher oder später ohnehin verlassen, denn die Resonanz ist zwischen Ihnen nicht mehr gegeben. Es werden aber neue Menschen in Ihr Leben treten, und zwar diejenigen, die wiederum in Resonanz zu Ihrem veränderten Persönlichkeitsprofil, Ihrem neuen Lebensstil stehen.

Menschen haben sich von jeher von außergewöhnlichen Zeitgenossen, von sogenannten „shocking people" faszinieren lassen: Das geht von ehrlicher Begeisterung über Entsetzen bis hin zum Shitstorm, weil man etwas, das man sich selbst nicht zutraut oder nicht besitzen kann, auch anderen nicht zugesteht. All diese Verhaltensformen entspringen der Tatsache, dass Sie außergewöhnlich sind, sich von der Masse abheben und sich den Menschen deutlich einprägen. Das ist bares Geld, Ihr Kapital, Ihr Reichtum, Ihre Bekanntheit, die es zu vermarkten gilt. Denn jemand, den keiner kennt, der ist für den Markt nicht existent.

Und schon folgt die nächste Herausforderung. Auch darüber könnte ich Bücher schreiben. Sie werden als starke Persönlichkeit mit hohem Anspruch kaum oder nur mit Mühe einen Profi finden, der in der Lage ist, Sie zu managen, zu promoten und aufzubauen. Managen heißt bewegen, doch leider bewegen die meisten Managements zuerst einmal das von Ihnen mühsam erwirtschaftete Geld, das sie Ihnen abverlangen und von Ihrem Konto auf das eigene transferieren. In den 30 Jahren meines Berufslebens konnte (oder sagen wir eher, musste) ich da so einige Erfahrungen sammeln und auch Lehrgeld bezahlen. Fakt ist, dass in Deutschland kaum ein Management existiert, das in der Lage ist, exzentrische, außergewöhnliche Künstler und starke Persönlichkeiten aufzubauen und groß zu machen; schon gar nicht wie in meinem Fall einen homosexuellen, exzentrischen Modemacher. Da ist das Ende der Fahnenstange längst erreicht.

Eigentlich sollte man meinen, dass man die Sexualität jeglicher Couleur außen vor lassen könnte, was auch mir bedeutend angenehmer wäre, doch leider wird sie regelmäßig ins Spiel gebracht – allerdings nicht direkt, sondern eher unterschwellig, „durch die Blume" sozusagen: „Der ist anders, und zwar pervers anders." Selbstverständlich werden Ihnen diese Sorte Management-Agenturen nicht sagen, dass sie sich außerstande sehen, Sie nach vorn zu bringen, denn sie wollen ja nur „das Beste": nämlich Ihr Geld. Dann gibt es noch gewisse Agenten, die sich vorzugsweise nur um ihren Trieb, nämlich um junge, blonde, vollbusige Damen kümmern – nicht zu verwechseln mit dem professionellen, intelligenten Ansatz, eine Künstlerin groß zu machen. Ich meine den primitiven, instinktiven männlichen Sexual- und Besitztrieb, sich junge, attraktive Frauen als Trophäe einzuverleiben. Die hauptsächliche Marketingstrategie liegt dann darin, dass sich diese junge Dame eine Matratze auf den Rücken bindet und sich bei jeder sich bietenden Gelegenheit nackt auszieht, um in die Presse zu kommen. Dieses Ritual führen einige „Damen" selbst nach gewisser, konstanter Bekanntheit beharrlich fort, einem Jour fixe gleichend, wobei nicht einmal eine Ehe das Ritual zu stören vermag.

Daher hilft hier meiner Meinung nach nur eines: sich konsequent selbst zu vermarkten. Das ist zwar mühsam, aber – wie man in meinem Fall sieht – extrem erfolgreich, was ja schließlich auch kein Wunder ist, denn niemand kennt Sie so gut wie Sie sich selbst. Keiner weiß besser, wie Sie ticken, wer Sie sind und wie Sie wahrgenommen werden wollen. Wenn Sie sich also dennoch an solch eine Agentur oder ein Management binden wollen, dann machen Sie das bitte nur auf Erfolgsbasis. Bringt die Agentur etwas, verdient sie, bringt sie nichts, kostet sie auch nichts. Auch rate ich eher zu kleineren, unbekannten Agenturen. Diese promoten meist nur wenige Künstler und Künstlerinnen und bemühen sich daher ausgiebiger um Sie. Sonst könnte es Ihnen zum Beispiel auch passieren, dass Sie für eine Kampagne angefragt werden, die Agentur aber stattdessen die momentane Favoritin des Agenturchefs anbietet und Sie leer ausgehen. Auch würde ich empfehlen, dass Sie mit der Agentur eine Art Probezeit festlegen – beispielsweise sechs Monate, in denen beidseitig geprüft wird, ob eine Zusammenarbeit erfolgreich funktioniert. Stellen Sie nach der vereinbarten Zeit fest, dass keine Erfolge zu verzeichnen sind, wäre es für beide Seiten das Vernünftigste, die Zusammenarbeit aufzulösen und sich in Frieden zu trennen.

In jedem Fall müssen Sie die Marschrichtung vorgeben und immer wieder beleuchten, ob der mit der Agentur beschrittene Weg Ihrer Zukunftsvision entspricht. Sorgen Sie sich nicht, wenn Sie in Ihrem Karriereverlauf merken, dass Sie sich von Menschen trennen müssen. Da Sie außergewöhnlich sind, sich jedoch auch mit Mainstreammentalität arrangieren müssen, werden Sie immer wieder auf Unverständnis stoßen. Konflikte und Trennungen sind also eher absehbar. Was auch immer kommt – zweifeln Sie niemals an sich, bleiben Sie außergewöhnlich. Am besten umgeben Sie sich mit anderen ebenso außergewöhnlichen Menschen. Der Austausch mit anderen „bunten Vögeln" wird Sie in Ihrer Vision bestärken, bestätigen und auf Ihrem Weg beflügeln.

Außergewööhnliche Sentenzen

Seien Sie niemals zu einfach, zu simpel, zu durchschaubar, zu berechenbar. Bleiben Sie immer Sie selbst, versuchen Sie nicht, jemand anders zu sein. Sie sind einmalig, außergewöhnlich, ein Unikat, ein Original.

Ihre Originalität ist bares Geld, Ihr Kapital, Ihr Reichtum, Ihre Bekanntheit, die es zu vermarkten gilt. Denn jemand, den keiner kennt, ist am Markt nicht existent.

Was ist Ihre Corporate Identity? Was zeichnet Sie aus, was macht Ihre Persönlichkeit aus, was verleiht Ihnen Format und Profil?

Jeder Mensch verfügt über eine eigene, gottgewollte Persönlichkeit und das ist auch gut so.

Mit Anpassung ist ab heute Schluss. Wenn Sie erfolgreich werden wollen, dann bestimmt nicht, indem Sie sich zurücknehmen, sich ducken und kleinmachen. Stehen Sie auf und rufen Sie in die Welt: „Schaut her, das bin ich, so bin ich – take me or leave me. Punkt."

Menschen haben sich von jeher von außergewöhnlichen Zeitgenossen, von sogenannten „shocking people" faszinieren lassen: Das geht von ehrlicher Begeisterung über Entsetzen bis hin zum Shitstorm, weil man etwas, das man sich selbst nicht zutraut oder nicht besitzen kann, auch anderen nicht zugesteht.

Seien Sie lieber ein exzentrischer Rüpel (und bekannt) als ein netter Langweiler (und unbekannt), wenn es Ihrem Naturell entspricht.

Gute Managements und Agenturen für exzentrische, außergewöhnliche Künstler und starke Persönlichkeiten sind rar. Promoten Sie sich selbst, denn Sie selbst kennen sich und Ihre Vision am besten.

Das sollten Sie gegebenenfalls bei einer Agenturwahl beachten:

Vereinbarung einer Probezeit. Sind keine Erfolge zu verzeichnen, kann man die Zusammenarbeit auflösen und sich in Frieden trennen.

Zusammenarbeit auf Erfolgsbasis. Bringt die Agentur etwas, verdient sie, bringt sie nichts, kostet sie auch nichts.

Kleinere Agenturen wählen. Diese bemühen sich mehr um Sie.

*Unsere Kindheit beschäftigt uns
unser Leben lang.
Sie entscheidet nicht unerheblich
über den Verlauf unseres Lebens.
Sie legt die Basis für Erfolg und Misserfolg.
Sie bedeutet Freude und Leid,
Wohlgefühl und Schmerz.
Geben Sie Ihrem inneren Kind die Chance,
glücklich zu sein.*

HARALD GLÖÖCKLER

Bewältigen Sie Ihre Kindheit – sonst überwältigt sie Sie …

Die Kindheit eines Menschen sollte harmonisch sein, geprägt von Liebe und Geborgenheit. Wenn man aber eine kalte, erschreckende, unbehütete Kindheit erlebt hat, ist dies ein wahrlich schlechter Anfang. Es erfordert ungemeine Kraft, Lebenswillen und Disziplin, sich von dieser Erfahrung nicht fertigmachen zu lassen und wie ein leckes Boot unterzugehen, sondern den Kopf in einem ständigen Überlebenskampf über Wasser zu halten, während das Leben wie ein wilder Strom unter einem tobt.

Wenn ich mal wieder merkte, dass mich die zwar verdrängte, aber keineswegs verarbeitete Vergangenheit einholte, begann ich, etwas zu unternehmen. Ich schreibe bewusst „etwas zu unternehmen“ und nicht „etwas dagegen zu unternehmen“. Das ist ein großer Unterschied. Hätte ich gegen meine Depression oder Bedrücktheit angekämpft, wären sie nur noch verstärkt worden.

In unserer Kindheit liegt alles verborgen, dort werden die Weichen gestellt. Die Kindheit beschäftigt einen zeitlebens bewusst und unbewusst, im Positiven wie im Negativen. Mit ihr ist man mehr oder weniger sein ganzes Leben lang konfrontiert und beschäftigt, sie ist prägend für die weitere Laufbahn. Hier entscheidet sich oft, ob man ein erfülltes, glückliches Leben oder ein Dasein in Sorge und Not verbringen wird. Hirnforscher fanden zum Beispiel heraus, dass sich das Gehirn eines Kleinkindes mithilfe der Außenwelt selbst formt. Je mehr Reizbeeinflussungen ein Kind erfährt, desto mehr Fähigkeiten kann es aufbauen beziehungsweise erlernen. Auch wenn Gene die Grundlage der Gehirnstruktur bilden, sorgt doch die Außenwelt für die nötige Unterstützung. Durch über die Sinne aufgenommene Reize entstehen besonders in den ersten Lebensjahren Synapsen zwischen den Gehirnzellen. Wenn man sich beispielsweise um ein Baby oder Kleinkind nicht ausreichend kümmert und es somit keine geistige Stimulation erhält, können die Vernetzungen zwischen den Gehirnzellen nicht aufgebaut werden beziehungsweise verkümmern wieder. Wenn man sich aber um ein Kind sorgt und sich ausreichend mit ihm beschäftigt, baut es in den ersten drei Jahren eine enorm komplexe Gehirnstruktur auf. Diese sorgt dann wiederum dafür, dass das Kind zu sprechen, zu spielen und zu lieben lernt, Erkundungen macht und eine eigene, einzigartige Persönlichkeit entwickelt.

Äußere Einflüsse sind also enorm wichtig, damit das Gehirn gestärkt und gefüllt wird. Ein Kind, welches liebevoll behandelt und gefördert wird, stellt bis zu seinem vierten Lebensjahr circa 700.000 positive Verknüpfungen in seinem Gehirn her, während eines, das nur sich selbst überlassen bleibt, nur an die 150.000 produziert. Das ist wirklich erstaunlich. Wozu das Gehirn also alles fähig ist, hängt von der Betreuung beziehungsweise der Förderung ab, und das besonders in den ersten drei Lebensjahren. Leider erfahren auch heute noch viel zu viele Kinder und Jugendliche keine ideale, sondern eher eine katastrophale Kindheit mit traumatischen Erlebnissen, unfassbaren Entbehrungen und nicht zumutbaren Zuständen.

Wenn man sich das einmal zu Gemüte führt und sich dann noch in Erinnerung ruft, was ich zuvor schrieb, dass mehr als drei Millionen Kinder in Deutschland unter der Armutsgrenze leben, zum Teil unter fürchterlichsten Bedingungen, fragt man sich wirklich, wie das sein kann. Deutschland ist eines der reichsten Länder der Welt, und die Politik versagt (nicht nur) in dieser Angelegenheit aufs

Sträflichste. Es ist für alles Geld da, für die Rettung von Banken, für militärische Aufrüstung, aber nicht für die Zukunft der Kinder. Dabei sind die Kinder unsere Zukunft. Welches Erbe hinterlassen wir ihnen, frage ich mich, sowohl materiell als auch geistig? Es ist erbärmlich und beschämend. Kinder können sich nicht selbst helfen. Sie sind auf unsere Hilfe angewiesen, und sie sind überaus dankbar, wenn sich jemand um sie kümmert. Seit vielen Jahren engagiere ich mich für Kinder in Not, sammle Spenden, gehe in Heime und führe Gespräche mit Kindern und Jugendlichen. Ich erzähle von den Schatten meiner Kindheit und wie ich es aus eigener Kraft geschafft habe, auf die Sonnenseite des Lebens zu gelangen. „Man sieht nur die im Lichte, die im Schatten sieht man nicht", singt Mackie Messer in der Dreigroschenoper und genauso ist es. Die im Schatten Stehenden will man gar nicht sehen, vor allem wollen das die Politiker nicht, denn damit erntet man keine Lorbeeren und sammelt keine Stimmen.

Kinder, die in schwierigen bis desolaten Verhältnissen aufwachsen, schämen sich meist für die Zustände und fühlen sich schuldig. Sie empfinden sich als minderwertig und viele von ihnen sehen keine Chance für einen Ausweg aus der Situation.

Auch ich hatte eine sehr unschöne Kindheit ... Meine Eltern führten einen Gasthof. Für Kinder blieb da wenig Zeit. Die Ehe meiner Eltern war zerrüttet, solange ich denken kann, und mein Vater? Der war ein gewalttätiger Mensch. Dadurch erlebte ich als Junge leider viel Angst und Schrecken. Täglich gab es Streit, und gefühlt täglich prügelte mein Vater meine Mutter. Es war der absolute Horror. Von Geborgenheit konnte keine Rede sein. Es gab keine Wärme, keine Gemütlichkeit und auch keine Privatsphäre. Immer waren Leute zugegen, entweder Angestellte oder Gäste. Allein war man nie. Andererseits war ich auch froh, wenn das Haus voll war, da wurde mein Vater zumindest etwas abgelenkt. Ein harmonisches Familienleben, wie andere das kennen, gab es bei uns fast nie, alles war öffentlich.

Im Mittelpunkt zu stehen ist seit meiner Kindheit daher grundsätzlich nichts Neues für mich. Ich stand schon als Kind unter ständiger Beobachtung. Egal wohin ich kam, jeder im Ort kannte mich. Auch wurde ich von jeher dazu angehalten, immer schön brav jedem guten Tag zu sagen und artig die Hand zu geben und gegebenenfalls ein Liedchen vorzutragen. Das war mir ab und an ganz schön unangenehm, aber ich war ein sehr fügsames und ruhiges Kind, also machte ich, was man mir sagte. Zudem stellte mir die Erziehung meiner Eltern keineswegs frei, mich diesbezüglich kritisch zu äußern, geschweige denn den Sinn der Übung zu hinterfragen. Wenngleich es mir vielleicht mitunter auch etwas lästig war, schadete es mir im Nachhinein nichts. Ganz im Gegenteil. Es gibt ja das schöne Sprichwort: „Was Hänschen nicht lernt, lernt Hans nimmermehr." Genauso ist es.

Doch heutzutage fehlt es oft genau daran: an Erziehung, am Lernen von Höflichkeitsformen und Anstand. Die Sitten verrohen immer mehr und mit dem Niveau geht es ebenfalls den Bach runter. Doch anstatt sich darüber aufzuregen, nehmen es erfolgreiche, kluge Menschen als Chance, denn wenn Höflichkeit Mangelware ist, gibt es dafür einen Markt. Man kann damit wunderbar eine Nische besetzen und Geld verdienen. Ja, Sie haben richtig gelesen. Man kann mit Höflichkeit Geld verdienen, und zwar in jedem Berufszweig, egal, ob Sie Straßenkehrer, Bauer oder Chefarzt sind.

Abgesehen von einem Leben quasi in der Öffentlichkeit stellte ich bereits sehr früh fest, dass ich eine außergewöhnliche „Aura" besaß. Als Kind war mir zwar dieses Wort nicht geläufig, aber ich merkte, dass ich etwas besaß, das Menschen faszinierte, sogar geradezu magisch anzog. Vielen Kindern ist es eher unangenehm, anders zu sein und im Mittelpunkt zu stehen, außer es dient ihnen als Überlebensstrategie, als kleine Clowns, Rabauken oder Streber Aufmerksamkeit zu ergattern. Ich aber hatte das alles nicht nötig. Ohne dass ich etwas dazu beitragen musste, wurden Menschen durch meine Ausstrahlung auf mich aufmerksam.

Ich war immer wachsam und achtsam und verfügte über eine schnelle Auffassungsgabe, vermutlich auch mitbedingt durch die bedrohlichen Zustände in meinem Elternhaus. Noch heute kann ich mich in Sekundenschnelle auf neue Gegebenheiten einstellen, weil mein Gehirn blitzschnell arbeitet. So bin ich auch um eine passende Antwort nie verlegen.

Und ich hatte schon sehr früh eine Vision, denn meiner Meinung nach lief einiges in meiner Kindheit schief, und das wollte ich ändern. Ich wollte die Realität umwandeln in eine bessere Welt, in meine Welt. In eine Welt des Reichtums, des Überflusses und des herzlichen, liebevollen Umgangs miteinander. Es tat mir weh, dass meine Mutter leiden und Entbehrungen hinnehmen musste und oft traurig war, daher beschloss ich, dass in meiner Welt alle Frauen gut behandelt werden würden, wie Prinzessinnen. Sie fragen sich vielleicht: „Okay, aber wie kann ein kleiner Junge schon eine Vision haben und die Welt verändern wollen?“ Er kann. Kinder gehen unbedarfter an Dinge heran. Und sie verfügen über eine grenzenlose Fantasie, lassen sich nicht so leicht einschränken von Wenns und Abers. Und Fantasie ist gerade dann ein Rettungsanker, wenn die reale Welt voller Angst und Leiden ist.

Wir Menschen sind unterschiedlich konditioniert und veranlagt. Ja, es gibt Leute, die mit diesem ewigen Strahlen im Gesicht geboren werden und auch damit sterben. Ich gehöre nicht dazu. Diese Leichtigkeit ging an mir vorüber. Seit meiner Kindheit umkreisen mich Schatten von Melancholie wie Hyänen eine Gazelle. Aber anstatt mich zu beklagen oder mit einem miesepetrigen Gesicht und einer schrecklichen Laune durchs Land zu ziehen und mir und meinen Mitmenschen das Leben und das Herz schwer zu machen, habe ich mir angewöhnt, stets höflich, nett und gut gelaunt zu erscheinen. Meiner Meinung nach ist es wichtig zu lernen, sich selbst und seine positive Ausstrahlung nachhaltig aufzubauen, um sich und andere für einen Moment von trüben Gedanken abzulenken. Und genau das ist eine Kunst, die nur wenige beherrschen; eine Kunst aber, die Türen öffnet und Sie geradewegs zum Ziel bringt, denn um einen Menschen, der eine derart gute Energie und Leichtigkeit ausstrahlt, reißen sich alle.

Viele Menschen neigen leider oft dazu, das Negative zuerst wahrzunehmen. Das wurde mir schon sehr früh klar. Statt das Gute in anderen zu sehen und unsere Mitmenschen zu loben, kritisieren wir sie. Ich meide alles Negative oder wandle es direkt in etwas Positives um, denn wenn man nur will, kann man in allem noch so vermeintlich Schlechten etwas Gutes erkennen. Ich schreibe deshalb „vermeintlich“, denn für mich gibt es schlecht oder gut nicht. Diese Färbung bekommt erst durch unsere emotionale Wahrnehmung zustande. Was der eine schlecht findet, ist für den anderen durchaus akzeptabel. Wie sagt man so schön? Des einen Freud, des anderen Leid. Negative Erinnerungen verbanne ich. Wenn man sich unentwegt auf schlimme Dinge fokussiert, erhält man sie künstlich am Leben und füttert sie mit immer neuer Energie.

Mir wurde das bewusst, als ich in Interviews ständig nach meiner Kindheit gefragt wurde. Auf einen Schlag waren all die schrecklichen Erinnerungen wieder da, all die Narben und Verletzungen meiner Seele brachen wieder auf, und ich musste das Szenario wieder und wieder durchleben. Ich bin überaus dankbar, dass ich mich an manches nicht erinnern kann und muss, denn ich glaube an das Hier und Jetzt. Es gibt nur diesen Moment, in dem wir leben und existieren. Daraus wird am Ende die Zukunft. Nur in diesem Moment, im Jetzt, können wir unsere Träume verwirklichen und unser Leben verändern, die Vergangenheit ist vorbei. Ich glaube stark an die Liebe und ich glaube an mich und das, was ich kann. Da, wo Liebe ist, ist immer Licht, niemals Dunkelheit. Deshalb konzentriere ich mich immer darauf, meine Energie in gute Dinge fließen zu lassen. Ich denke, dies ist eine große Aufgabe, wenn nicht sogar die Aufgabe meines Lebens, Negatives in Positives zu verwandeln.

Es macht keinen Sinn, ewig in der Vergangenheit herumzuwühlen, deshalb bemühe ich mich auch, mit meiner Kindheit, insbesondere mit meinen Eltern, weitestgehend meinen Frieden zu machen. Nichts geschieht zufällig, alles hat seinen Ursprung und Sinn, dessen bin ich mir sicher. Nichtsdestotrotz verspüre ich immer wieder eine latente Wut auf diese Saubande, die ich meine Eltern nenne. Sie wundern sich nun über diesen Ausbruch! Das kann ich verstehen, aber ich kann ihn auch gerne erklären. Der Ärger muss raus, das ist ein ganz wichtiger Punkt in der Heilung von Erlebnissen aller Art. Es gibt Erfahrungen, die uns so immens getroffen haben, dass wir sie nicht vergeben können. Vielleicht jetzt noch nicht, vielleicht aber auch nie.

Die schlechteste Wahl ist es, Gefühle zu unterdrücken – sie müssen raus. Als Kind konnte ich meinen Unmut nicht zeigen und meinen Eltern und meiner Umwelt die große Verzweiflung nicht um die Ohren hauen. So fraß ich alles in mich hinein, was zu einer großen Traurigkeit oder auch latenten Depression führte und sich auch heute noch dann und wann als Melancholie zeigt. Und das nehme ich meinen Eltern extrem übel. Sie haben mir gefühlt meine ganze Kindheit versaut, mir jede Leichtigkeit entrissen und mir das Herz schwer gemacht. Ich kann es nicht mehr ändern, aber es ist auch noch nicht ganz erledigt, dazu braucht es wohl noch einige Zeit, da ich in dieser Angelegenheit erst am Anfang meines Verarbeitungsprozesses stehe. Indem ich meine Gefühle zulasse, ermögliche ich den Heilungsprozess. Je mehr ich mich darauf einlasse, desto mehr kann ich auch hoffentlich meinen Eltern endgültig verzeihen.

Ich habe die dunklen Seiten meiner Kindheit gründlich beleuchtet. Es ist sehr wichtig, sich mit den Schattenseiten, den Wunden und Narben, die heftige Erfahrungen auf der Kinderseele hinterlassen haben, zu befassen. Geben Sie Ihrem inneren Kind eine Chance, nehmen Sie es wahr, hören Sie ihm zu und helfen Sie ihm, sich auch an die schönen Momente zurückzuerinnern und damit die hässlichen Erinnerungen schwächer und schwächer werden zu lassen. Das ist eine Chance, die Sie nutzen sollten. Vielleicht haben Sie schon einmal von dem Begriff „Resilienz" gehört? Als resilient bezeichnet man zum Beispiel Kinder, die in einem sozialen Umfeld aufwachsen, das von Armut, Drogen oder Gewalt gekennzeichnet ist, und die als Erwachsene dennoch fähig sind, ihr Leben erfolgreich zu meistern. Sie haben gelernt, dass sie selbst es sind, die über ihr eigenes Schicksal bestimmen. Stärken Sie also die Resilienz Ihres inneren Kindes, indem Sie negative Erfahrungen in positive Kraft umwandeln.

Wenn Sie das nicht tun, wird sich Ihre unverarbeitete Kindheit immer wieder in Ihr Leben drängen. Es genügt eine ähnliche Situation, und prompt fallen Sie wieder in Ihr altes Schema zurück. Hinzu kommt noch, dass Sie immer wieder Menschen anziehen, die Sie gegebenenfalls wieder und wieder das gleiche Trauma erleben lassen. Ich beobachte immer wieder, dass Frauen, die als Kind einen gewalttätigen Vater hatten, später an gewalttätige Männer geraten und von solchen Männern auch nicht loskommen. Nicht, weil sie nicht können, sondern weil sie es nicht wollen, denn sie suchen immer wieder diese Erfahrung. So hart es auch klingt – sie haben sich in der Opferrolle eingerichtet. Ihre Partner nehmen die Täterrolle so lange ein, bis die Frauen das Muster erkennen und sich davon befreien wollen. Solange diese Erfahrung gemacht werden muss, wird immer wieder ein solcher Mann in das Leben einer solchen Frau treten. Deshalb ist es so wichtig, sich in die Kindheit zu begeben, um unverarbeitete Erlebnisse aufzulösen, Verletzungen und Vernarbungen zu heilen und neue, bessere Erinnerungen zu schaffen.

Außergewööhnliche Sentenzen

Ihre Kindheit stellt die Weichen für den zukünftigen Lebensverlauf.

Wenn man sich um ein Kind sorgt, sich ausreichend mit ihm beschäftigt, baut es in den ersten drei Jahren eine enorm komplexe Gehirnstruktur auf. Diese sorgt wiederum dafür, dass das Kind zu sprechen, zu spielen und zu lieben lernt, Erkundungen macht und eine eigene, einzigartige Persönlichkeit entwickelt.

Geben Sie dem Kind in sich eine Chance, nehmen Sie es wahr und helfen Sie ihm, sich auch an die schönen Momente zurückzuerinnern und damit die hässlichen Erinnerungen schwächer und schwächer werden zu lassen. Stärken Sie die Resilienz Ihres inneren Kindes.

Aktivieren Sie Kraft, Lebenswillen und Disziplin, um sich von schweren Kindheitserfahrungen nicht fertigmachen zu lassen. Halten Sie den Kopf über Wasser, während das Leben wie ein wilder Strom unter Ihnen tobt.

Wenn Sie immer wieder die gleichen negativen Erfahrungen aus der Kindheit wiederholen, ob mit dem Partner oder mit Ihrer Umwelt, prüfen Sie, ob Sie sich noch immer in einer Opferrolle befinden.

Auch wenn es einmal schwerfällt und die Laune auf dem Nullpunkt ist: Erscheinen Sie höflich und gut gelaunt. Das ist eine Kunst, die Türen öffnet und Sie geradewegs zum Ziel bringt. Mit einem Menschen, der eine derart gute Energie und Leichtigkeit ausstrahlt, möchte jeder gern zu tun haben.

Es gibt nur diesen Moment, in dem Sie Ihre Träume verwirklichen und Ihr Leben verändern können.

Ich bin dankbar,
wenn die Sonne scheint.
Ich bin dankbar,
wenn es regnet, stürmt oder schneit.
Ich bin dankbar,
wenn man freundlich zu mir ist.
Ich bin dankbar,
wenn man unfreundlich zu mir ist.
Seien Sie für alles im Leben dankbar,
unabhängig von äußeren Gegebenheiten.
Wahre Dankbarkeit ist nicht korrumpierbar,
sie ist autark.

HARALD GLÖÖCKLER

Praktizieren Sie Dankbarkeit und Eigenliebe

Dankbar für etwas zu sein ist eines der schönsten Gefühle überhaupt. Es vermittelt Ihnen Zufriedenheit und eine angenehme Wärme, es umstrahlt Ihren Körper und beflügelt Ihren Geist. Wenn Sie es schaffen, die vielen kleinen und großen Momente, für die Sie im Leben dankbar sein können, nicht nur wahrzunehmen, sondern auch abzuspeichern, um sie immer und immer wieder hervorrufen zu können, erreichen Sie ein Höchstgefühl an Glück und Wohlergehen und ziehen automatisch Reichtum und weitere Freude in Ihr Leben.

Da wir in Resonanz zu allem stehen, was wir aussenden, kann man nichts Besseres für sich und seine Umwelt tun, als dankbar zu sein. Würde die ganze Welt Dankbarkeit praktizieren, gäbe es weder Missgunst noch Kriege oder Gewalt. Dankbarkeit ist eine so starke, göttliche und intensive Empfindung, dass zur selben Zeit kein weiteres Gefühl Platz findet. Dankbarkeit ist der Schlüssel zu Friede, Liebe und Reichtum. In christlichen, buddhistischen, muslimischen, jüdischen und hinduistischen Traditionen wird die Dankbarkeit als wertvolle menschliche Neigung gesehen; das bloße Ausüben von Dankbarkeit habe eine signifikant positive Auswirkung auf ein erfülltes, ausgeglichenes und gesundes Leben.

Sie haben immer die Wahl, dankbar zu sein oder sich zu ärgern und sich zu beschweren. Worauf Sie sich fokussieren, strahlen Sie nach außen aus und rufen mehr davon in Ihr Leben. Wenn Sie sich also über etwas ärgern, ziehen Sie noch mehr Ärger an, und beschweren Sie sich, ziehen Sie weitere Situationen und Dinge an, über die Sie sich beklagen können. Man sagt: „Wer Schmutz sucht, findet auch Schmutz." Ich gebe durchaus zu, dass es mitunter Situationen im Leben gibt, die es uns nicht einfach machen. Aber egal, wie schlecht es steht und wie schlimm es kommt, wir können immer einen Grund finden, danke zu sagen. „Lieber Gott, ich danke dir, dass die Sonne scheint, die Vögel zwitschern, ich jeden Tag zu essen habe." Wenn wir danken, verstärken wir das positiv Vorhandene und bringen uns in einen Zustand von Zufriedenheit und Wohlstand. Wo Dankbarkeit herrscht, können neidvolle, missgünstige, ärgerliche Gedanken nicht gleichzeitig existieren.

Dankbar zu sein bedeutet, über Dinge zu staunen und sie gleichzeitig zu segnen. Wir feiern das, was zu uns kommt. Dadurch entwickeln wir ein Gefühl der Ausgeglichenheit, der Zufriedenheit und des Wohlstands. Ich praktiziere Dankbarkeit in den unterschiedlichsten Lebenssituationen.

Schon als Kind wurde ich dazu angehalten, danke zu sagen, wenn ich etwas bekam. Das ist mir so in Fleisch und Blut übergegangen, dass ich mich seitdem für alles im Leben bedanke. Wenn ich meinen Angestellten eine Aufgabe erteile, danke ich im Vorfeld für die Ausführung. Das hat einen Effekt, den wir näher betrachten sollten: Wenn Sie sich für etwas, das Sie noch nicht erhalten haben, bereits zuvor bedanken, und zwar dafür, dass diese Aufgabe zu Ihrer Zufriedenheit erledigt wird – egal, ob Sie sie einer Person aufgetragen oder dem Kosmos übergeben haben, das spielt keine Rolle –, dann wird sie mit der größten Wahrscheinlichkeit auch zu Ihrer Zufriedenheit erledigt werden. Dies hat zum einen mit dem Resonanzgesetz zu tun, denn alles, woran wir fest glauben, wird wahr; zum anderen motivieren und bestärken Sie Ihren Auftragnehmer oder Angestellten damit ungemein. Wir nehmen gegenseitig unsere Schwingungen wahr. Intuitiv spüren wir, ob uns jemand vertraut, uns etwas zutraut oder uns eben misstraut. Spüren wir Misstrauen, werden wir unter Umständen unsicher und fühlen uns plötzlich der Aufgabe nur noch unzureichend oder gar nicht mehr gewachsen.

Was ist Liebe? Wie definieren wir sie heutzutage? Wird diese Definition ihr gerecht? Liebe ist die Schwester der Dankbarkeit. Wo Liebe herrscht, haben destruktive Gedanken keine Chance. „Ich liebe dich", sagen wir oft so leicht dahin. Dabei wird Liebe gern einmal mit reiner Anziehung verwechselt. „Ich liebe Schokolade", „Ich liebe Schuhe", „Ich liebe Katzen". Meiner Meinung nach ist das nicht möglich. Schuhe kann man gut finden, nicht aber lieben. Man mag sie, sie faszinieren einen, doch um etwas zu lieben, bedarf es einer sehr innigen Beziehung. Eine solche kann man sehr wohl auch zu einem Paar Lieblingsschuhe haben, das man zu diversen schönen Events getragen hat, aber was man letztendlich liebt, ist doch die schöne Erinnerung an das Erlebte. Die Schuhe übertragen dabei nur das Gefühl. Was also ist Liebe?

Es gibt verschiedene Arten von Liebe, sie ist so vielseitig wie das Leben, ja, wie der Mensch selbst. Da wäre zum Beispiel die Eigenliebe, die ja gern einmal als narzisstisch und egoistisch verschrien ist. Im Mittelalter wurde sie von den Christen sogar für eine Todsünde gehalten. Dabei ist Eigenliebe immens wichtig, denn nur wer sich selbst wertschätzt und liebt, kann das auch von anderen erwarten und annehmen. Glücklicherweise wird diese Form der Liebe nicht mehr verurteilt wie damals. Vielmehr hat sie in den letzten Jahren mehr und mehr an Bedeutung gewonnen, auch bedingt durch neue psychologische Erkenntnisse. Wer sich selbst etwas wert ist, wer keine Minderwertigkeitskomplexe hat und sich selbst liebt, kann auch andere lieben. Dabei habe ich durchaus den Eindruck, dass das eine mitunter weitaus problematischer und schwerer ist als das andere.

Ganz besonders schwer mit der Eigenliebe tun sich meiner Meinung nach gerade die Menschen, die in der Kindheit keine Liebe, keine Zuneigung beziehungsweise nur mangelnde Zuwendung erfahren haben. Geprägt durch das Gefühl, nicht liebenswert zu sein, ist es ihnen oftmals gar nicht oder nur begrenzt möglich, sich ganz und gar anzunehmen, zu akzeptieren und zu lieben. Erschwerend kommt hinzu, dass diese Menschen oftmals extrem hohe Ansprüche und Anforderungen an sich selbst stellen, da sie denken, sie müssten mehr leisten als andere, um wenigstens zu genügen.

Um menschliches Glück erfahren zu können, bedarf es einer gesunden Portion Eigenliebe. Das weiß ich aus eigener Erfahrung. Angetrieben von der in der Kindheit geprägten Angst, nicht zu genügen, strebe ich ständig nach Perfektion – sowohl im Privaten als auch im Beruflichen. Auch mein eigenes Erscheinungsbild ist davon nicht ausgenommen. Zufrieden war ich mit meinem Aussehen noch nie. Ich wollte mich abheben von meinen Eltern, nicht aussehen wie diese, vor allem nicht wie mein Vater. Eine Freundin sagte eines Tages zu mir: „Heute Morgen sah ich in den Spiegel und hab mich total erschreckt, denn da schaute mir meine Mutter entgegen! Ich sah genauso aus wie sie." Ich dachte mir: „Wenn mir eines Morgens mein Vater aus dem Spiegel entgegenblickt, zertrümmere ich den Spiegel." Bisher habe ich das verhindern können.

Auch den Verfall des Körpers kann und will ich nicht einfach hinnehmen. Sehen Sie, jeder geht damit anders um, und jeder hat auch das Recht dazu, das zu tun. Ich für meinen Teil möchte und werde dem Altern meines Körpers jedenfalls nicht tatenlos zusehen. Trotzdem stellten sich eines Tages die ersten Anzeichen ein. Es war ein schleichender, langsamer Prozess, den ich lange kaschierte und vor der Öffentlichkeit geheim hielt. Aber eines Tages ging es nicht mehr. Nicht nur, dass mir trotz meiner Shapewear-Unterwäsche nur noch drei von hundert Jacketts passten, auch konnte ich keine engen Shirts mehr tragen. Ich stand eines Tages vor dem Spiegel und meine Seele sagte: „Stopp! Das ist nicht mehr der Körper, in dem ich leben möchte." Ich bin jemand, der Dinge nicht einfach so hinnimmt. Das wissen Sie nun bereits. Ich bin ein Kämpfer. Und ich war bereit, Opfer zu bringen.

Dass sich der Körper mit den Jahren verändert … keine Frage. Aber deshalb muss man sich dieser Tatsache trotzdem nicht beugen. Ich war wieder einmal bereit für eine Erneuerung. Körper und Seele sollten eins sein, waren es aber nicht mehr. In solchen Situationen des Lebens gibt es immer verschiedene Möglichkeiten: entweder zu akzeptieren, zu resignieren oder etwas zu unternehmen. Da ich niemals aufgebe, beschloss ich, zum Angriff überzugehen. Ich konsultierte einen Arzt meines Vertrauens, eine Koryphäe in Sachen Liposuktion. Er bestätigte mir, was ich schon wusste. Ab vierzig verlangsamt sich der Stoffwechsel. Männer produzieren oft weniger Testosteron, dafür nehmen die Östrogene zu. Saugt man dadurch gebildete Fettzellen ab, sind sie für alle Zeit beseitigt und bilden sich an dieser Stelle nicht mehr neu. Für mich war es wie ein neues Leben. Direkt nach der Operation fühlte ich mich schon wie ein völlig neuer Mensch. Ich optimierte, was zu optimierten ging, und feilte an meinem Äußeren wie an einer Skulptur. Danach folgten weitere Eingriffe und Korrekturen. Dass das nicht bei allen Mitmenschen auf Verständnis, geschweige denn auf Zuspruch stößt, ist mir im selben Maße klar wie wurscht. Es ist mein Leben und das zelebriere ich nach meinen Regeln.

Warum ich Ihnen das jetzt hier erzähle? Weil ich Ihnen damit klarmachen will, wie wichtig und heilsam es ist, erst einmal sich selbst zu lieben, um mit sich im Einklang zu sein. Denn nur so ist man zu Menschenliebe fähig. Menschenliebe bedeutet, andere Menschen mit all ihren Schwächen und Stärken, Unzulänglichkeiten und Macken zu mögen, eben mit allen Facetten ihres Seins. Menschenliebe strebt nicht nach Vollkommenheit, sie ist die Zuwendung zu einem Menschen um seiner selbst willen, ähnlich der Liebe Gottes zu uns. Diese Nächstenliebe ist in ihrer Wirkung vergleichbar mit einem göttlichen Akt. Sie ist wie ein Gebet, wie ein Gottesdienst. Sie fördert den Frieden, das Glück und Wohl der Menschheit. Es ist eine ehrliche, selbstlose Liebe.

In Beziehungen verwechseln viele das Lustempfinden, den durch sexuelle Stimulation und Erregung geprägten fieberhaften Reiz, und das Sehnen nach dem anderen mit echter Liebe. Diese körperliche Liebe, mit der man einen anderen Menschen und seinen Körper begehrt, ist fordernd, eifersüchtig, verlangend, berechnend, oberflächlich und aufregend. Die wahre Liebe dagegen ist eine tief empfundene, seelische Liebe, die alle Höhen und Tiefen des Lebens überdauert. Es ist eine Liebe, die der Liebe entspringt, eine Liebe um ihrer selbst willen. Sie ist selbstlos, dauerhaft und beständig. Echte Liebe ist nicht korrumpierbar durch Dritte und weit entfernt von Eifersucht, jedoch erfüllt von Respekt und Hochachtung gegenüber dem anderen. Sie akzeptiert Entscheidungen und den Willen des anderen selbstlos, greift nur ein und hilft, wenn es gewünscht ist, denn alles andere wäre keine Liebe, sondern ein Diktat. Ein wahrhaft liebender Mensch akzeptiert das eigenständige Wesen des Partners und würde niemals dessen Autonomie unterminieren. Wahre Liebe ist die Kunst, alles miteinander zu teilen, sich alles anzuvertrauen, ohne Berechnung, aber auch ohne Angst, auf Unverständnis oder Verurteilung zu stoßen.

Wenn Sie Dankbarkeit praktizieren, spüren Sie Gottes allumfassende Liebe. Dankbarkeit zu üben ist eine Art der Meditation, es ist ein göttlicher Akt mit immenser Wirkung. Sie treten in einen Zustand intensiver Ruhe ein und heben automatisch Ihr Energielevel an.

Außergewööhnliche Sentenzen

Seien Sie immer dankbar! Wenn Sie es schaffen, die vielen kleinen und großen Momente, für die Sie im Leben dankbar sein können, nicht nur wahrzunehmen, sondern auch abzuspeichern, um sie immer und immer wieder abrufen zu können, erreichen Sie ein Höchstgefühl an Glück und Wohlergehen und ziehen automatisch Reichtum und weitere Freude in Ihr Leben.

♔

Dankbar zu sein bedeutet, über Dinge zu staunen und sie gleichzeitig zu segnen. Feiern Sie das, was zu Ihnen kommt. Dadurch entwickeln Sie ein Gefühl der Ausgeglichenheit, der Zufriedenheit und des Wohlstands.

♔

Wenn Sie Dankbarkeit praktizieren, spüren Sie Gottes Liebe. Praktizieren Sie Dankbarkeit als eine Art Meditation, als göttlichen Akt, der Sie in die Ruhe führt und automatisch Ihr Energielevel anhebt.

♔

Seien Sie schon im Voraus dankbar dafür, dass eine Aufgabe perfekt erledigt wird, auch wenn Sie gerade erst den Auftrag erteilt haben. Geben Sie anderen einen Vertrauensvorschuss und stärken Sie sie damit. Ihr Misstrauen führt zu Unsicherheit beim anderen.

♔

Liebe ist die Schwester der Dankbarkeit. Wo Liebe herrscht, haben destruktive Gedanken keine Chance.

♔

Lernen Sie, sich selbst zu lieben! Nur wer sich selbst wertschätzt und liebt, kann das auch von anderen erwarten und annehmen. Es ist wichtig und heilsam, erst einmal sich selbst zu lieben, um sich selbst und anderen verzeihen zu können. Denn nur so ist man zu wahrer Menschenliebe fähig.

♔

Sie sind einzigartig! Sie sind es wert, geliebt zu werden, ohne, dass Sie dafür besondere Leistungen erbringen müssen.

Echte Liebe ist nicht korrumpierbar. Sie ist weit entfernt von Eifersucht, dagegen erfüllt von Respekt und Hochachtung gegenüber dem anderen. Ein wahrhaft liebender Mensch akzeptiert das eigenständige Wesen des Partners und würde niemals dessen Autonomie untergraben.

Eine Marke zu sein bedeutet,
einmalig zu sein.
Eine Marke zu sein bedeutet,
signifikant im Auftreten zu sein.
Eine Marke zu sein bedeutet,
stark zu sein.
Eine Marke zu sein bedeutet,
unverwechselbar zu sein.
Eine Marke zu sein bedeutet,
authentisch zu sein.

HARALD GLÖÖCKLER

Machen Sie sich einen (Marken-)Namen

Eine Marke zu kreieren ist eine Kunst, die nur wenige beherrschen. Zur Marke zu werden ist die absolute Königsklasse. Marken sind gefragter denn je, und gute Marken sind rar. Wir werden uns am Beispiel von POMPÖÖS einmal anschauen, was eine erfolgreiche Marke ausmacht.
Wie baut mal also eine erfolgreiche Marke auf? Zuerst einmal entsteht die Marke im Kopf ihres Gründers, ihres Erfinders. Es gibt Marken, die auf ein spezielles Produkt abzielen, wie zum Beispiel Zigaretten oder Taschentücher. Am Beispiel von Tempo sehen Sie, wie eine Marke eine ganze Produktgruppe dominieren kann, indem man Papiertaschentücher plötzlich Tempos nennt.
Mit POMPÖÖS habe ich die perfekte Marke geschaffen. POMPÖÖS steht immer in Verbindung mit der POMPÖÖS-Krone. Durch Wort und Bild schuf ich eine perfekte Verstärkung, quasi eine immerwährende automatische Bestätigung der Aussage des Markenkerns. Das Wort POMPÖÖS mit zwei ÖÖ gibt es eigentlich nicht, dadurch ist es einmalig. Durch das zweite Ö verstärkten wir die bereits ohnehin stark exzentrische, eigenwillige Aussage der Marke. POMPÖÖS bedeutet übersetzt „prächtig" oder „prunkvoll". Mit dem zweiten Ö wird es noch prunkvoller. Man kann es auch als ein Augenzwinkern sehen, so, als ob es sich selbst auf die Schippe nimmt, was wiederum charmant ist und die für manche Menschen leicht überzogene Kernaussage dämpft. Dann ist da die Krone, die die Aussagen der Marke, für „Prächtiges"

und „Prunkvolles“ zu stehen, im wahrsten Sinne des Wortes formvollendet ins Bild setzt. Inzwischen ist die Marke so eingeschlagen, dass vieles, was an außergewöhnlicher und exzentrischer Mode auf den Markt kommt, in irgendeiner Form mit POMPÖÖS in Verbindung gebracht wird. Und Fans meinen sogar, dass selbst Kronen auf den Wappen von Adelshäusern, die auf eine sehr, sehr lange Tradition zurückblicken können, etwas mit mir zu tun haben: „Schauen Sie mal, die haben Ihre Krone geklaut und kopiert.“
Dazu muss natürlich gesagt werden, dass meine prächtigen und prunkvollen Produkte die Markenaussage konsequent seit 30 Jahren widerspiegeln. Ohne Unterbrechung und ohne Kompromisse. Dazu prägte ich den Slogan „Jede Frau ist eine Prinzessin“. Selbstredend wünscht sich jede Prinzessin eine eigene Krone, sei es auf dem T-Shirt oder auf der Hose, auf dem Lippenstift oder auf der Tapete, ja am besten doch gleich überall als komplett durchdachter Lifestyle. Und genau dies bieten wir an, einen komplett pompöösen Lifestyle. Dazu gibt es noch ein weiteres Markenzeichen, besser gesagt eine lebende Marke, ein Gesamtkunstwerk, das alles, was die Marke verspricht, mit geballter Ladung in sich vereint; das sie in überzogener, geradezu unübersehbarer Form widerspiegelt und wahrmacht. HARALD GLÖÖCKLER selbst. HARALD GLÖÖCKLER ist POMPÖÖSER als POMPÖÖS. Er verkörpert alles, was eine Marke braucht. Er ist klar erkennbar, einmalig, sein Bekanntheitsgrad ist enorm und er polarisiert, bringt die Menschen allein schon durch seine pure Existenz dazu, sich überaus emotional mit ihm auseinanderzusetzen. Diese Auseinandersetzung reicht von größter Begeisterung bis hin zu Hassattacken. Man liebt die Marke oder man hasst sie. Doch das Allerwichtigste: Sie ist andauernd im Gespräch und man kennt sie.

Eine eingeführte Marke steht in den Augen der meisten Menschen für Qualität und Zuverlässigkeit. Sie ist authentisch und verkörpert ein bestimmtes Image, an dem sich der Kunde orientiert. Eine Marke hat Ecken und Kanten. Eine gute Marke kann auch polarisieren. Dabei ist sie unverwechselbar in ihrem Image, ihrem Auftritt und ihrer Botschaft. Eine etablierte, funktionierende Marke folgt keinen Trends, sondern setzt sie, bleibt sich treu, erfindet sich jedoch in Grenzen auch immer wieder neu. Eine starke Marke verändert nie ihre

Grundlagen, passt allenfalls ihr Image an. Dabei ist es fast wichtiger zu beachten, was eine Marke auf keinen Fall tun darf, als das, was sie bewirken will. Wenn eine Marke für etwas steht, muss sie auch dafür einstehen und den Kunden gegenüber ihr Versprechen halten.

In meinem Fall haben wir es mit geballter Markendichte zu tun. Ich besitze alles, was eine Marke braucht – das kann ich mit Fug und Recht von mir behaupten. Durch meine Auftritte in mehr als 30 Jahren – die nicht selten sehr exzentrisch waren, das gebe ich zu – und durch immer wieder neue Inszenierungen, die einige vielleicht schockierten, aber auch faszinierten und überraschten, habe ich mich als Marke in die Köpfe der Menschen eingebrannt, vergleichbar etwa mit einer Madonna oder Grace Jones. Ich halte immer, was ich verspreche. Nichts von dem, was ich präsentiere und repräsentiere, ist aufgesetzt oder künstlich. Alles entspringt meinem tiefsten Innern und ist zu 100 Prozent GLÖÖCKLER. Wo Glööckler draufsteht, ist auch Glööckler drin. Mit POMPÖÖS trete ich stets pompöös auf, ich identifiziere mich völlig, ich verschmelze regelrecht mit der Marke. Ich bin außergewöhnlich, aber dabei authentisch. Dabei polarisiere ich und spalte Meinungen, das ist mir bewusst, dadurch bleibe ich jedoch stets im Gedächtnis. Eine Marke, die nicht für Aufregung und Gesprächsstoff sorgt, ist wie ein toter Fisch, der auf der Wasseroberfläche dahintreibt. Viele Modemacher haben es ebenfalls versucht, neben ihrem Namen eine zweite, unabhängige Marke aufzubauen, aber nur wenigen ist es erfolgreich gelungen. POMPÖÖS ist mir an Bekanntheitsgrad und Authentizität ebenbürtig.

Nicht nur in meinem Erscheinungsbild, sondern auch in meinen Kreationen präsentiere ich mich sehr vielseitig und erfolgreich. Jetzt könnte man meinen, dass ich alles entwerfe, was mir in den Sinn kommt. Das stimmt natürlich nicht. Ich lasse mich nur auf Projekte ein, die mich faszinieren und begeistern. Man sollte nichts des Geldes wegen machen und dem Geld hinterherrennen, denn dann läuft es von einem weg. Dazu muss ich sagen, dass mir niemand erklärt hat, wie man eine Marke aufbaut. Ich folgte auch hier meiner Intuition, und das ist unter anderem mein Erfolgsgeheimnis. Alles, was ich kreiere, ist authentisch. Nichts davon ist aufgesetzt. Ich ließ mich nie verbiegen und nie kommerzialisieren. Ich folgte meinen Wünschen und Visionen, baute diese systematisch auf, lebte und lebe meinen Traum und begeistere viele Millionen Fans und Kunden. Während heutzutage Marken versuchen, ihre Kunden zu Fans zu machen, mache ich meine Fans zu Kunden. Die

Fangemeinde des Harald Glööckler ist riesig und erstreckt sich über alle Gesellschaftsschichten und Altersklassen. Ich biete den Kunden mehr als Mode und einen opulenten Lifestyle. Ich biete ihnen ein besseres Leben. Ein Stück vom Kuchen, Reichtum und Luxus zu bezahlbaren Preisen. Es ist die Eintrittskarte in die Welt der Schönen und Reichen. Keine andere Marke hat sich so klar darüber definiert, bezahlbaren Luxus an jede Frau und jeden Mann zu bringen. Im Gegensatz zu vielen anderen Luxusmarken, deren Produkte nur für einige Auserwählte erschwinglich sind, ist POMPÖÖS der „Robin Hood“ der Mode. Ja, genau, ich meine diesen Mann aus Nottingham Forrest, der den Reichen etwas nahm, um es dem Armen zurückzugeben. Und dabei hat es die Marke immer wieder geschafft, ihren luxuriösen Kern noch zu verstärken.

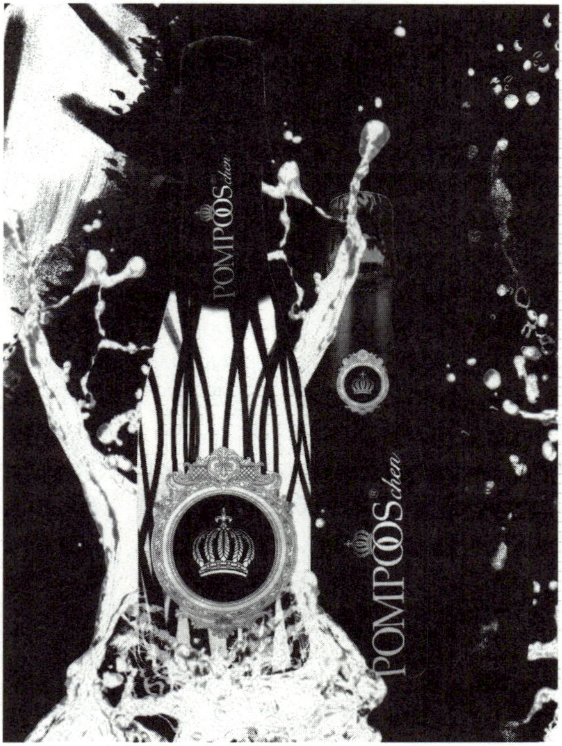
POMPOOSchen
POMPOOSchen

Außergewööhnliche Sentenzen

Gute Marken sind gefragter denn je, denn gute Marken sind rar.

♔

Es gibt Marken, die auf ein spezielles Produkt abzielen wie Tempo oder Nivea, und es gibt personifizierte Marken, wo ein Mensch mit der Marke identifiziert wird, das heißt, die Marke selbst auf ganzer Linie repräsentiert.

♔

Ein perfekter Markenauftritt besteht aus dem Markennamen (POMPÖÖS), einem entsprechenden Bild, das den Markennamen deutlich „vor Augen“ führt, ihn repräsentiert (die Krone), einem Slogan (Jede Frau ist eine Prinzessin) und idealerweise auch noch aus einer Person (Harald Glööckler), die mit der Marke verschmilzt und mit ihr identifiziert wird (nicht zuletzt durch das Doppel-ÖÖ). Die personifizierte Marke „Harald Glööckler“ ist außergewöhnlich, hat einen extrem hohen Wiedererkennungswert und ist authentisch.

♔

Eine erfolgreiche Marke inszeniert eine komplette Welt voller Emotionen.

♔

Eine etablierte, funktionierende Marke folgt keinen Trends, sondern setzt sie. Sie bleibt sich treu, erfindet sich immer wieder neu, ohne aber ihre Grundlagen zu verändern; im höchsten Fall modifiziert sie ihr Image.

♔

Eine eingeführte Marke steht in den Augen der meisten Menschen für Qualität und Zuverlässigkeit. Sie ist authentisch und verkörpert ein bestimmtes Image, an dem sich der Kunde orientiert. Sie ist andauernd im Gespräch, jedermann kennt sie.

♔

In der heutigen Zeit ist eine Marke, die nicht polarisiert oder anderweitig im Gespräch ist, wie ein toter Fisch, der auf der Wasseroberfläche dahintreibt.

Es ist fast wichtiger zu beachten, was eine Marke auf keinen Fall tun darf, als das, was sie bewirken soll. Wenn eine Marke für etwas steht, muss sie auch dafür einstehen und dem Kunden gegenüber ihr Versprechen halten.

Wer seine Fans zu Kunden macht, muss seine Kunden nicht zu Fans machen.

Es ist im Leben wichtig,
eine gesunde Balance zu finden
zwischen Ruhe und Bewegung,
Freude und Leid, Arbeit und Erholung.
In einer dualen Welt
geht das eine nicht ohne das andere;
überwiegt jedoch eine Seite,
werden Sie früher oder später
darunter leiden.
Sind Sie im Gleichgewicht,
wirft Sie so schnell nichts um.

HARALD GLÖÖCKLER

Sorgen Sie sich nicht, sonnen Sie sich!

Die Sonne ist zwar nur ein durchschnittlicher großer Stern unter vielen anderen im äußeren Drittel der Milchstraße, stellt aber für uns den bei Weitem wichtigsten Himmelskörper dar! Sie bildet das Zentrum unseres Sonnensystems und ist zudem ein riesiger Kernreaktor, durch ihre Gravitationskraft hält sie alles fest und zusammen. Je näher ein Planet der Sonne ist, desto stärker wirkt ihre Gravitation auf ihn. Die Entfernung zur Erde beträgt 149.600.000 km.

Das sind einige der wissenschaftlichen Fakten. Doch was bedeutet die Sonne darüber hinaus für uns Menschen?

Schon von jeher waren Menschen von der Sonne fasziniert. Wie wichtig sie für uns ist, erkannte man schon vor Tausenden von Jahren. Etliche Kulturen verehrten die Sonne sogar als Gottheit, so Pharaonen wie Echnaton, der Vater Tutanchamuns. Zu seiner Regierungszeit schaffte er die alten Götter ab und erhob den Gott Aton, welcher in Gestalt einer Sonnenscheibe dargestellt wurde, zum alleinigen Gott. Er baute und weihte ihm seine neue Hauptstadt mit dem Namen Achet-Aton. Der Inka-König Pachacútec, der von 1438 bis 1471 als neunter Herrscher über das Inkareich regierte, bezeichnete sich selbst als Sohn der Sonne. Auch Ludwig XIV. verehrte die Sonne. Nicht nur, dass diese als Symbol in seinem Königreich allgegenwärtig war, er hielt sich selbst für die Sonne und sein Hofstaat kreiste um ihn wie die Planeten. Dies brachte er mit verschiedensten Mitteln zum Ausdruck. Der Sonnenkönig, wie man ihn nannte, ließ beispielsweise Ballette aufführen, in denen er selbst für den Hof tanzte. Dabei repräsentierte er die Sonne und die Tänzer umkreisten ihn wie die Planeten.

Auch wenn wir sie heute nicht mehr in diesem Maße verehren, ist doch eines klar: Ohne die Sonne könnten wir auf der Erde nicht leben, gäbe es überhaupt nichts Lebendiges. Für uns Menschen sind Sonnenstrahlen wie ein Elixier, das wir brauchen, um Glückshormone auszuschütten, Vitamin D zu bilden und uns lebendig zu fühlen.

Meinen ersten Urlaub in der Sonne machte ich mit 18 Jahren. Damals fuhr ich mit dem Bus von Mühlacker ins spanische Lloret de Mar. Eine zwölfstündige Busreise ist etwas, das ich mir heute sicherlich nicht mehr antun würde, trotzdem habe ich diese erste Reise in ganz besonderer Erinnerung behalten. Es war ein wundervoller Tapetenwechsel, ein großartiges Abenteuer. Wenn ich als Junge in den Urlaub fuhr, war das gerade mal 15 Kilometer weiter zu meiner Tante oder meiner Großmutter. In beiden Fällen befand ich mich zwar an einem anderen Ort, blieb aber doch im vertrauten und bekannten Umfeld. Bereits auf der Reise lernte ich nette Leute kennen, mit denen ich dann am Urlaubsort auch abends mal um die Häuser zog. In Lloret de Mar angekommen, bezog ich schnell mein Zimmer im Zwei-Sterne-Hotel La Rosa, um dann so schnell wie möglich ans Meer zu laufen. Dort bestellte ich mir Sangria, legte mich unter die Palmen und genoss das südliche Flair. Dieser Moment war schier unbeschreiblich. Die Sonne, das Meer und diese fantastische Leichtigkeit des Seins! Einfach daliegen, alles aufsaugen, was die Sinne geboten bekamen, und genießen, genießen, genießen. Ich ließ einfach alles von mir abfallen. Die lange Busreise war der perfekte Abstand von zu Hause.

Mittlerweile habe ich die luxuriösesten Urlaube mit First-Class-Flügen und Fünf-Sterne-Hotels erlebt, aber dieser Urlaub damals war mit Abstand der schönste. Wir sollten viel öfter ausspannen. Die Seele baumeln lassen. Alle Fünfe gerade sein lassen. Je erfolgreicher man wird, desto weniger Zeit nimmt man sich für seine eigenen Bedürfnisse und Belange, um Körper und Seele etwas Gutes zu tun. Einfach mal den Alltag und die Sorgen hinter sich werfen, das Business in einen Koffer packen und im Büro stehen lassen, um es sich dann so richtig gut gehen zu lassen. Gerade Arbeit und Erholung sollten in einem ausgewogenen Verhältnis zueinander stehen, in der sogenannten Work-Life-Balance, um der eigenen Kraft nicht zu schaden. Körper und Geist benötigen ein ausgewogenes Maß an Erholung.

Swimming with the tide
had never been my „Thing"
HARALD GLÖÖCKLER

Die Welt ist Reichtum. Das Meer juckt es nicht, ob Sie einen Eimer Wasser aus ihm schöpfen oder tausende von Litern.

Die schöpferische Macht und Kraft, alles herbeizuziehen, was wir uns wünschen und uns vorstellen können, liegt jetzt in diesem Augenblick verborgen.

Wer Wind sät, wird Sturm ernten, und wer unhöflich gegenüber seiner Umwelt agiert, wird ebenso behandelt werden.

Fürchten Sie Veränderungen nicht. Beginnen Sie damit, diese in Ihren Alltag zu integrieren und zu lieben.

In unserer Kindheit liegt alles verborgen, ja, dort werden die Weichen gestellt.

Wir unterliegen dem Trugschluss, die Welt sei so, wie wir sie sähen, und alle anderen würden diese exakt genauso wahrnehmen.

Erleben Sie Ihre Kindheit neu, holen Sie die schönen Dinge wieder zurück und wandeln Sie die negativen Erfahrungen in positive um.

Gutes Benehmen und Höflichkeit verfehlen ihre Wirkung nie, deshalb sollten wir – wie unangenehm oder ärgerlich eine Situation auch ist – niemals die Contenance verlieren.

Seien Sie niemals zu einfach, zu simpel, zu durchschaubar, zu berechenbar. Seien Sie immer Sie selbst.

Viele von Ihnen halten sich vielleicht für nicht sehr kreativ, aber glauben Sie mir, das stimmt nicht. Als Kinder waren wir alle kreativer, als wir es heute sind.

*Dankbar für etwas zu sein, ist eines der schönsten Gefühle überhaupt.
Es vermittelt Ihnen Zufriedenheit und eine angenehme Wärme,
es umstrahlt Ihren Körper und beflügelt Ihren Geist.*

*Um festzustellen, was wichtig und was richtig für uns ist,
was uns guttut oder eher ausbremst,
sollten wir uns immer wieder Zeiten der Ruhe und Einkehr gönnen.*

Wir sollten dringend wieder lernen, etwas freundlicher miteinander umzugehen und einander zuzuhören.

Was Sie sehen, ist Ihr Leben – ein Spiegelbild der Gedanken und Gefühle, welche Sie aussenden.

Gehen Sie niemals den einfachsten Weg.

Unsere Emotionen sind maßgeblich entscheidend für unsere Sicht der Dinge.

Wir sind geistige Wesen, hochentwickelte geistige Wesen, die auf diesem großartigen Planeten Erde angekommen sind, um eine körperliche Erfahrung zu machen.

Tauchen Sie ein in die Magie, in das Wunder der Veränderung.

Tun Sie öfters etwas, das Sie nicht lassen können.

Beginnen Sie jetzt und gestalten Sie Ihre Zukunft nach Ihren Wünschen.

Wenn jemand außergewöhnlich ist, dann nicht, weil er es vorgibt zu sein – entweder man ist es oder man ist es nicht.

Schon seit meiner frühesten Kindheit faszinierte mich Reichtum.

Jeder Mensch hat seine eigene Persönlichkeit und das ist auch gut so.

Konzentrieren Sie sich auf positive, aufbauende Dinge, anstatt sich mit negativem, destruktivem Müll zu belasten.

Ich hoffe, unsere gemeinsame Reise in das eigene Unterbewusstsein und unsere Ichs haben Ihnen genauso viel Spaß gemacht wie mir.

Das Ich, das Ego, besteht nicht nur aus verschiedenen Facetten, sondern aus vielen unterschiedlichen Ichs.

Sie haben das Recht, Ihr Leben so zu leben, wie Sie es wünschen.

Man darf nicht stehen bleiben, denn der Erfolg von heute hat bereits morgen unter Umständen keinen Bestand mehr.

Ansonsten wird das früher oder später Spuren hinterlassen, im schlechtesten Fall reagiert der Körper auf die Überlastung mit Blockaden in Form von Krankheit oder einem frühen Tod. Zudem fördert es das Denkvermögen und die Kreativität, wenn man einmal so richtig ausspannt.

Wenn Sie mich nun fragen, wie oft oder wie lange ich im Jahr Urlaub mache, muss ich gestehen: viel zu wenig. Jedoch habe ich mir andere Freiräume geschaffen. So verbringe ich morgens und abends eine Stunde damit, zu meditieren, zu reflektieren oder einfach vor mich hin zu sinnieren. Auch sage ich Freunden und Bekannten ganz direkt, wenn ich keine Zeit, keine Lust habe oder etwas einfach nicht machen möchte. Ganz abgesehen vom Urlaub sollten wir unbedingt lernen, uns zu erholen.

Die meisten von uns müssen den Relaxmodus aber erst einmal wieder lernen. In einer Zeit, wo Social Media wie Twitter, Facebook, Instagram und WhatsApp allgegenwärtig sind, wo Handy, Laptop und iPad den Alltag vieler bestimmen, sieht man kaum noch einen Menschen einfach nur dasitzen, nichts tuend, in die Gegend schauend. Ständig klingelt etwas, knarrt etwas, schrillt etwas, in der Bahn wie im Café oder im Restaurant – anstatt miteinander zu reden, kommunizieren Menschen nur noch über Smartphones. Wir sind gar nicht mehr fähig, abzuschalten, sondern wurden zu Sklaven unserer Geräte. Befreien Sie sich aus der Sklaverei und konzentrieren Sie sich zu 100 Prozent auf das, was Sie gerade tun. Beginnen Sie damit, sich wieder auf sich selbst zu konzentrieren. Hören Sie Ihren Mitmenschen zu. Nehmen Sie Ihre Umwelt mit allen Sinnen auf. Riechen Sie, fühlen Sie, schmecken Sie das Leben, anstatt sich auf dieses leblose Computerteil zu konzentrieren und sich ihm zu beugen. Ich halte die Entwicklung, dass sich die Menschheit immer mehr voneinander entfernt, sich Ehepaare inzwischen über Facebook oder Twitter zum Essen verabreden, Kinder sich stundenlang mit ihrem Smartphone beschäftigen, anstatt zu spielen, zu lesen oder mal zu relaxen, für äußerst bedenklich, um nicht zu sagen, für gesundheitsschädlich.

Auszuspannen ist wichtig, Geist und Körper einfach einmal Ruhe zu gönnen. Obwohl ich ein Verfechter von schnellen Entscheidungen bin, ist es manches Mal von Vorteil, über eine

Angelegenheit eine Nacht zu schlafen, anstatt sich den Kopf zu zermartern. Vieles löst sich im Schlaf von ganz allein. „In der Ruhe liegt die Kraft", lautet ein Sprichwort. Ich würde dem nicht komplett zustimmen, aber sicherlich ist da etwas Wahres dran. Einfach mal alles liegen zu lassen und raus in die Natur zu gehen, an die frische Luft, sich von der Sonne verwöhnen zu lassen, bringt einen auf andere Gedanken, ist gesund und beruhigt ungemein. Suchen Sie also Entspannung, wann immer es möglich ist. „Von der Sonne geküsst werden", „ein sonniges Gemüt haben", das sind Bilder, die mehr als tausend Worte sagen. Darum rate ich frei nach Dale Carnegie: Sorge dich nicht, sonne dich! Unsere Sorgen sind morgen auch noch da, die laufen nicht weg – die Sonne tut das unter Umständen schon. Und mit Sonne im Herzen und auf der Haut vertreibt man so manchen Schatten auf dem Gemüt.

Außergewööhnliche Sentenzen

Hab Sonne im Herzen …

♔

Nehmen Sie sich Zeit für Ihre eigenen Bedürfnisse und Belange, entspannen Sie sich, tun Sie Körper, Geist und Seele etwas Gutes.

♔

Lassen Sie einfach mal alles hinter sich! Packen Sie das Business in einen Koffer und lassen den im Büro stehen, um es sich dann so richtig gutgehen zu lassen.

♔

„Sorgen Sie sich nicht, sonnen Sie sich!“ Lassen Sie die Seele baumeln, gehen Sie raus in die Natur, lassen Sie sich von der Sonne „küssen“. Holen Sie sich ein „sonniges Gemüt“. Unsere Sorgen sind morgen auch noch da. Sonne im Herzen vertreibt so manchen Schatten auf dem Gemüt.

♔

Achten Sie auf die Work-Life-Balance: Sie sollten nicht erst ernsthaft krank werden müssen, bis Sie einzusehen, dass Sie hin und wieder abschalten müssen.

♔

Nichtstun fördert Denkvermögen und Kreativität, schafft Raum für neue Ideen.

♔

Schluss mit der Geräte-Sklaverei! Nehmen Sie sich Zeit füreinander, reden Sie miteinander. Verordnen Sie Twitter, Facebook, WhatsApp, Instagram, dem Handy, Laptop und iPad eine Auszeit! Einfach nur dasitzen, schauen, nichts tun, den Geist leer werden lassen.

♔

Konzentrieren Sie sich zu 100 Prozent auf das, was Sie gerade tun.
Nehmen Sie Ihre Umwelt mit allen Sinnen wahr.
Riechen Sie, fühlen Sie, schmecken Sie das Leben.

Sie haben nicht die geringste
Vorstellung davon,
wie großartig Sie in Ihrer Ganzheit sind.
Wäre Ihnen das in vollem Umfang bewusst,
würde es Sie unter Umständen
zu Tode erschrecken.
Sie können alles erreichen
und in Ihr Leben zaubern,
was Sie sich wünschen und woran Sie glauben.
Sie sind ein geistiger Riese
im Körper eines Zwerges.

HARALD GLÖÖCKLER

Segnen Sie alles, auch das, was Ihnen in die Quere kommt

Etwas zu segnen ist eine wunderbare Angelegenheit. Meiner Meinung nach setzt das Segnen eine sofortige göttliche Kraft in Bewegung. Etwas zu segnen ist noch stärker, als für etwas zu danken. Nicht, dass das eine besser wäre als das andere, man kann beides nicht miteinander vergleichen. Wenn man etwas segnet, geschieht das ohne jegliche Manipulation unsererseits. Schon indem Sie aussprechen oder denken „ich segne", setzt sich etwas in Gang und sofort ist diese starke Energie, dieser immense göttliche Energiefluss spürbar.

Durch das Segnen heilen Sie sich selbst, Ihre Mitmenschen und die Welt, es löst Konflikte. Etwas zu segnen ist auch eine unproblematische Art und Weise, ohne Anstrengung mit jemandem oder mit etwas seinen Frieden zu machen. Etwas loslassen zu können, ohne auf die eigenen inneren Widerstände zu stoßen. Sie kennen das bestimmt: Jemand hat sie verletzt, beleidigt oder verärgert. Nun haben Sie zum einen die Möglichkeit, sich ewig damit zu beschäftigen, sich unentwegt zu ärgern, sich aufzureiben und selbst fertigzumachen, indem Sie dieser Person grollen. Oder Sie sinnen auf Rache und schlagen zurück. Damit verstärken Sie jedoch das Problem. Es ist, als würden Sie ständig Öl ins Feuer gießen. Am Ende werden Sie dadurch noch seelisch und körperlich krank, und der Streit findet kein Ende.

Wie ich bereits erörtert habe, sind es immer die Emotionen, welche uns Probleme bereiten – seien es die eigenen oder die der anderen. Wenn man sich vergegenwärtigt, dass unser Gegenüber eigentlich auch ein Opfer seiner Emotionen ist, sieht man plötzlich alles in einem anderen Licht. Oft fällt es einem leichter, Klarheit über eine Situation zu bekommen, wenn man etwas Abstand hat. Ich stelle mir dann vor, ich sei ein Adler, der hoch oben in den Lüften majestätisch seine Kreise zieht. Warum ein Adler? Na ja, weil ich eben denke, dass das zu mir passt. Ich möchte mich in solch einem Moment groß, stark und frei fühlen, und das fällt mir als Adler leichter als als Spatz. „Denken Sie GROSS, kleiner wird es von alleine!" Sie erinnern sich. Wenn Sie sich aber als Taube wohler fühlen, dann werden Sie eben zur Taube. Jedenfalls sieht das von da oben plötzlich alles ganz anders aus, viel kleiner, und da beginnt man sich zu überlegen, ob man nicht wieder mal aus einer Mücke einen Elefanten gemacht hat.

Mit dieser Erkenntnis steht man nun vor der Aufgabe, das mit dem Gegenüber wieder zurechtzubiegen, zumal, wenn man selber kräftig ausgeteilt hat, aber bitte ohne den Gang nach Canossa antreten zu müssen, also das Gesicht zu verlieren. Kennen Sie die Geschichte vom „Gang nach Canossa"? So bezeichnet man den Italienzug König Heinrichs IV. von Dezember 1076 bis Januar 1077. Seit Langem schwelte ein Streit zwischen Papst Gregor VII. und dem Kaiser darüber, wer das eigentliche Oberhaupt der Christenheit sei. Der Papst griff zum äußersten Mittel und exkommunizierte Heinrich IV. Der Bannspruch war zu jener Zeit etwas Einmaliges, völlig Undenkbares. Der Papst entband den Kaiser von seiner Herrschaft über das Reich, demzufolge verweigerten die Fürsten Heinrich die Gefolgschaft. Diesem blieb keine andere Wahl: Als Papst Georg VII. sich im Winter 1077 als Gast der Markgräfin Mathilde auf der Burg Canossa in der Toskana befand, zog er über die verschneiten Alpen dorthin und bat den Papst weinend und im Büßerhemd um Absolution. Gregor musste Heinrichs Reue anerkennen und ihn vom Bann freisprechen.

Wie so oft ging es auch bei diesem Disput um Macht und Geld, ganz wie in der heutigen Zeit. Um solch einen Bußgang aber eben nicht antreten zu müssen, sondern das Ganze elegant und schnell zu lösen, übergebe ich derartige Angelegenheiten an den Kosmos, segne die betreffende Person, sende ihr Liebe und lasse sie los. Dabei stelle ich mir oft vor, wie diese, mir von einer Schiffsreling freundlich zuwinkend, in der Ferne in einem Sonnenuntergang verschwindet. Probieren Sie es aus, Sie werden sich wundern, welche Kraft das Segnen hat. Auch im täglichen Leben empfehle ich Ihnen, innezuhalten anstatt sich zu ärgern, wenn Ihnen jemand unhöflich, unfreundlich oder ungezogen gegenübertritt. Holen Sie tief Luft, lächeln Sie denjenigen an und segnen Sie ihn. Das wirkt Wunder, Sie werden sehen. So habe ich schon unzählige Situationen und Konflikte mit Gottes Hilfe geklärt.

Segnen Sie aber auch Ihre Geschäfte, Ideen und Visionen. Klare, eindeutige Ziele und Visionen, wie Sie Ihr Leben gestalten wollen, sind das Allerwichtigste. Sehen Sie, Visionen sind etwas ganz Wunderbares und Unerlässliches, schließlich sind sie der Motor der Wirtschaft und des Lebens und der Bauplan Ihres Lebens! Visionen bilden die Voraussetzung, das Fundament, auf dem das Haus Ihres Erfolgs gebaut wird. Visionen sind die Erde, in die die Samen der von Ihnen ausgewählten Früchte gepflanzt werden können. Fast allem, was wir mit unseren Augen sehen, ging eine Vision voraus. Schon Leonardo da Vinci hatte die Vision vom Fliegen, wenngleich diese erst sehr viel später realisiert wurde. Jede Vision braucht den richtigen Zeitpunkt! Es ist wie bei einem Garten: Es gibt Zeiten, in denen man idealerweise pflanzt oder sät; doch wenn man den richtigen Zeitpunkt verpasst oder die Zeit noch nicht reif ist, muss man damit leben, dass man sich die Mühe vielleicht umsonst gemacht hat und das Produkt nicht gedeiht.

Um zu säen, müssen Sie aber zuerst einmal wissen, was Sie ernten wollen: Wenn Sie Pfirsiche ernten möchte, sollten Sie keinen Pflaumenbaum pflanzen. Wenn man im Leben nicht ganz genau in sich hineinhört und in Erfahrung bringt, was einem wichtig ist, setzt man unter Umständen aufs falsche Pferd. Sie müssen also eine Idee, eine Vision davon entwickeln, was Ihnen wichtig ist und was Sie von Ihrem Leben erwarten. Die Vision zeigt Ihnen, wo Sie in der Zukunft mit Ihrem Leben, Ihrem Unternehmen stehen wollen.

Visionen können nur der erste, vorläufige Bauplan sein. Eine Vision ist nichts Statisches. Eine Vision muss immer wieder auf den neuesten Stand gebracht werden. Um Visionen umzusetzen, braucht man meist andere Menschen, die sie mittragen und mitrealisieren. Dazu bedarf es einiges an Geschick und Feinfühligkeit sowie einer Taktik, um gegebenenfalls gerade so viel zu verändern, dass das Gegenüber zufrieden ist, aber die eigenen Belange und die Ursprungsvision keinen Schaden nehmen. Diese Anpassung gleicht oftmals einem Spagat, denn Sie müssen zum einen das Interesse Ihres Partners an Ihnen oder Ihrem Produkt, an Ihrem Können und Ihrer Leistung wecken. Zum anderen sollten Sie darüber nachdenken, welchen Mehrwert Ihr Gegenüber davon hat. Denn nur so schaffen Sie es, andere mit ins Boot zu holen. Für Ihre Geschäftspartner geht es nicht um Ihre Wünsche, auch nicht darum, was Sie sich vorstellen, sondern erst einmal um eigene Belange. Wir Menschen sind alle Egoisten und das ist auch gut so, solange es sich in einem gesunden Rahmen bewegt.

Wir fühlen uns gut, wenn wir geachtet werden und das Gefühl vermittelt bekommen, etwas Besonderes zu sein. Das liegt in der Natur der Sache, denn genau das sind wir: großartige und einmalige Wesen. Wir sind göttliche Wesen, Gottes Kinder, ausgestattet mit allem, was wir brauchen und können müssen, damit wir schaffen und erreichen, was wir uns erträumen.

„Wovon träumen Sie?", frage ich Sie hier noch einmal. Haben Sie darüber überhaupt schon einmal ernsthaft nachgedacht? Wie viel Ihrer Zeit – am Tag, in der Woche, in Ihrem Leben – nutzen Sie, um zu reflektieren, was Ihnen wichtig ist? Verbringen Sie Ihre Stunden hauptsächlich mit Fernsehen, mit belanglosen Gesprächen, mit Klatsch und Tratsch und suhlen sich in Neid und Missgunst? Wäre es nicht besser, sich um Ihren Lebensplan zu kümmern, um Ihre Wünsche und Träume, anstatt Ihre Zeit mit solchem Unfug zu verbringen? Absolut! Es ist weitaus sinnvoller, sich um die Erstellung eines Fahrplans für die Reise Ihres Lebens zu kümmern und jede Minute dafür zu nutzen, sich weiterzubilden in Sprachen, in Kultur, in Benehmen, in Herzensbildung und Mitmenschlichkeit.

Welcher Mensch ist Ihnen wohl angenehmer – einer, der auf alles, was Sie erreicht haben oder besitzen, mit Missachtung und Missgunst reagiert, oder einer, der Sie dafür bewundert und zu wahrer (Mit-)Freude fähig ist? Wir Menschen sind durch unsichtbare Fäden miteinander verbunden. Alles, was Sie einem anderen antun, tun sie letztendlich auch sich selbst an – im Guten wie im Schlechten. Das sollten Sie sich immer vor Augen führen. „Was du nicht willst, das man dir tu, das füg auch keinem andern zu", war ein Lieblingsspruch meiner Großmutter. Und an dieser Binsenweisheit ist sehr viel Wahres dran.

Wir Menschen sind auf der Erde, um Erfahrungen in der Dualität zu machen. Dabei geschehen Dinge und verursachen wir Dinge, die nach unseren Empfindungen schreckliche Folgen nach sich ziehen. Aber dafür können wir Gott nicht verantwortlich machen, er könnte nicht eingreifen. In dem Moment, wo er das tun würde, wäre das Konzept Leben null und nichtig, unsinnig, erledigt. Er würde uns das Geburtsrecht der freien Wahl nehmen. Wir wären jeder Chance beraubt zu erfahren, wie sich das eine oder das andere anfühlt.

Gott und die aufgestiegenen Meister, Jesus, die Engel und die Mutter Gottes, leben in der Non-Dualität, in der sogenannten Erleuchtung. Allerdings sind Dualität und Non-Dualität nicht getrennt, „Himmel" und Erde gehören zusammen. Die Dualität ist ein Teil der allumfassenden Non-Dualität. Wer erleuchtet ist, soll sich in einem unendlichen Raum ohne Anfang und Ende bewegen, in dem es kein Gut oder Schlecht, also keinerlei Bewertung gibt.

„Und richtet nicht, so werdet ihr auch nicht gerichtet.
Verdammt nicht, so werdet ihr nicht verdammt." Lukas 6,37

Es gibt keine Begrenzung. Wer an etwas glaubt, wird es auch bekommen.

„Darum sage ich euch: Alles, was ihr bittet in eurem Gebet,
glaubet nur, daß ihr's empfangt, so wird's euch werden." Markus 11,24

Alles, was wir auf der Erde erleben, ist eine Projektion. Nichts ist so, wie es scheint. Wir projizieren Bilder, die für uns wahr werden. Man könnte das mit einem Film im Kino vergleichen. Sie haben das Gefühl, die Szenen, die Sie sehen, seien Realität, aber am Ende ist es eine Täuschung. Wir erleben diese Art von Projektion auf der Erde, um uns zu erfahren. Nicht mehr und nicht weniger. Jetzt könnte man sagen: Wenn man nun etwas projiziert, kann man ja auch nur etwas Produktives projizieren, etwas Gutes. Ja, das ist richtig, wenn aber der andere in diesem Moment eine andere Erfahrung machen möchte – und sei es eine gemeine, brutale Erfahrung –, ist das für ihn in diesem Moment eine gute, wichtige Erfahrung. Würden wir alles in göttlicher Harmonie regeln, wären wir keine Menschen, sondern Heilige.

Wir Menschen sind wie Schiffe, die sich auf dem Meer begegnen. Man weiß nie, wessen Wege sich kreuzen. Die Menschen, auf die Sie treffen, müssen Sie erst mal so nehmen, wie sie sind. Alle haben das

Recht, ihr Leben so zu leben, wie sie es sich wünschen. Wie Ihnen andere begegnen, können Sie weder verändern noch beeinflussen. Sie können aber Ihren eigenen Kurs, Ihr Denken ändern, denn die Menschen, denen Sie jetzt begegnen, haben Sie durch Ihr Verhalten in der Vergangenheit und die daraus resultierende Resonanz angezogen. Ändern Sie Ihr Verhalten, dann wechselt die Resonanz. Dadurch wird alles, was nicht mehr in Ihr Leben passt, verschwinden und Neues, Passenderes wird an seine Stelle treten. Lassen Sie also alles los, was Sie nicht mehr brauchen ... lassen Sie es los in Liebe und segnen Sie es.

Außergewööhnliche Sentenzen

Durch das Segnen heilen Sie sich selbst, Ihre Mitmenschen und die Welt; es löst Konflikte.

Zu segnen ist eine Möglichkeit, ohne Anstrengung seinen Frieden mit jemandem oder etwas zu machen – etwas loszulassen, ohne auf die eigenen inneren Widerstände zu stoßen.

Lassen Sie alles los, was Sie nicht mehr brauchen … lassen Sie es los in Gottes Liebe und segnen Sie es.

Schon indem Sie denken oder aussprechen „ich segne“, setzt sich etwas in Gang, und sofort ist diese starke Energie, dieser immense göttliche Energiefluss spürbar.

Segnen Sie Ihre Geschäfte, Ideen und Visionen.

Vermeiden Sie den „Gang nach Canossa“: Anstatt sich zu ärgern, halten Sie inne, wenn Ihnen jemand unhöflich, unfreundlich oder ungezogen gegenübertritt. Holen Sie tief Luft, lächeln Sie ihn an und segnen Sie ihn. Das wirkt Wunder.

Wenn Ihnen Emotionen Probleme bereiten – seien es die eigenen oder die der anderen –, gewinnen Sie Klarheit über eine Situation, indem Sie auf Abstand gehen. Stellen Sie sich vor, ein Vogel zu sein, und schauen Sie von oben auf die Dinge. Wie sieht es jetzt aus?

♔

Wir Menschen sind wie Schiffe, die sich auf dem Meer begegnen. Man weiß nie, wessen Wege sich kreuzen. Nehmen Sie die Menschen, auf die Sie treffen, erst mal so, wie sie sind. Segnen Sie auch die, die Ihnen in die Quere kommen. Sie haben sie durch Ihr Verhalten in der Vergangenheit und die daraus resultierende Resonanz angezogen. Wenn Sie Ihren (Denk-)Kurs ändern, werden Ihnen andere, passendere Menschen begegnen.

Sich entscheiden zu können
ist ein großes Geschenk.
Sie haben immer die Wahl,
das eine oder das andere zu tun.
Ein entschlossener Akt ist befreiend,
eine zögerliche Entscheidung kräfteraubend.
Werden Sie ein Freund
schneller Entscheidungen.
Andernfalls entscheiden früher oder später
andere über Sie.
Eine Entscheidung wird fallen,
so oder so, mit Ihnen oder ohne Sie.

HARALD GLÖÖCKLER

Treffen Sie Ihre Entscheidungen – jetzt!

Laut Studien von Verhaltensforschern treffen wir vom Aufwachen bis zum Schlafengehen bis zu 20.000 Entscheidungen am Tag. Dazu gehören ganz alltägliche, die uns zumeist gar nicht mehr bewusst sind wie: „Stehe ich beim Klingeln meines Weckers auf oder bleibe ich liegen und drehe mich noch einmal um? Gehe ich zuerst in die Küche und schalte die Kaffeemaschine ein oder verschwinde ich direkt ins Badezimmer? Ziehe ich die schwarze oder die blaue Jeans an?"

Unentwegt treffen wir Entscheidungen – und das nicht nur im Privaten. Auch im beruflichen Umfeld bleiben diese nicht aus. Einige Menschen überfordert das und versetzt sie regelrecht in Stress. „Was, wenn ich die falsche Entscheidung treffe?" Nur wer keine Entscheidung trifft, macht wirklich einen Fehler, denn entscheiden Sie sich nicht, tut es jemand anderes für Sie, und Sie müssen dann mit den Konsequenzen leben. Also frage ich mich: Warum fällt es so vielen Leuten so schwer, eine Entscheidung zu fällen? Nun gut, Menschen sind unterschiedlich – was dem einen leichtfällt, kann für den anderen eine Hürde darstellen. Grundsätzlich glauben die Zauderer, dass die, die sich leicht entscheiden können, immer das Richtige wählen. Das stimmt aber natürlich nicht. Auch jene greifen mal daneben. Doch was unterscheidet die Entscheider grundsätzlich von denen, die keine

Wahl treffen (wollen)? Beide wissen vorab nicht, ob ihre Wahl sich als richtig oder falsch erweist; die einen aber handeln und sind Herr beziehungsweise Herrin der Lage, die anderen werden nie erfahren, wie es ausgegangen wäre, verpassen vielleicht die Chance ihres Lebens und überlassen die Entscheidung gegebenenfalls anderen – und das geht selten gut aus.

Im Geschäftsleben werden Sie immer wieder vor Entscheidungen gestellt und die müssen meist schnell, sehr schnell getroffen werden. Vorab können Sie niemals wissen, ob Ihre Entscheidung richtig oder falsch sein wird. Ich setze noch einen drauf: Sie riskieren sogar, dass eine andere Entscheidung weitaus besser für Sie hätte ausfallen können. Aber wie heißt es: No risk, no fun! Könnten wir in die Zukunft sehen und wüssten immer, was uns erwartet und wohin es uns nach jeder getroffenen Entscheidung führt – wer weiß, ob unser Leben dann nicht unendlich langweilig wäre und wir überhaupt lernen würden, was wir auf der Erde lernen wollen. Also: Die schlechteste Entscheidung ist immer, keine zu treffen.

Nichtsdestotrotz lässt sich der eine oder andere Umweg vermeiden, wenn Sie Ihre Ziele so präzise wie möglich formulieren und sie bei Entscheidungen stets im Auge behalten. Bevor Sie sich überhaupt auf den Weg machen, sollten Sie wissen, wohin es gehen soll. Einfach so ins Blaue hineinzufahren mag für einen Wochenendausflug vielleicht ganz schön sein – als Lebensinhalt reicht es jedoch nicht aus. Sie sollten also genau wissen, was Sie bis wann etwa erreichen möchten – natürlich unter realistischen Gesichtspunkten. In einem Monat, in einem Jahr, in fünf Jahren. Alle Entscheidungen, die Sie ab Zielsetzung treffen, sollten nämlich genau darauf basieren. Wie auch immer Sie sich entscheiden – der Fokus, also das Ziel, muss immer klar vor Augen sein. Auch Ihre Zeitspanne für kleinere und größere Entscheidungen sollten Sie festlegen. Jetzt oder später? Beides hat seine Vor- und Nachteile. Über schwierige Entscheidungen sollten Sie – wenn nötig – etwas länger nachdenken, allerdings müssen Sie in Kauf nehmen, dass Ihnen jemand anderes zuvorkommt oder dass Ihr Herauszögern als Desinteresse und mangelndes Engagement gewertet wird.

Wenn keine Deadline fällig ist, kann prinzipiell vieles bis zum nächsten Tag warten. Die Frage ist nur: Warum erledigen Sie es nicht sofort? „Was du heute kannst besorgen, das verschiebe nicht auf morgen", das Sprichwort kennen wir alle. Wenn etwas anderes höhere Priorität hat, ist die Sache klar. Aber wer etwas nur aus Faulheit aufschieben möchte, tut sich damit keinen Gefallen. Denn der nächste Tag bringt mit ziemlicher Sicherheit wieder neue Aufgaben mit sich, und dann geraten Sie unter Zeitdruck. Ich habe die Erfahrung gemacht, dass es viele Vorteile mit sich bringt, Dinge unverzüglich zu erledigen. Vor allem unangenehme Dinge, denn das macht den Kopf frei und erspart Kummer, Ärger und Druck. Gemacht werden muss es ja meist ohnehin, deshalb sollte man es nicht auf die lange Bank schieben. Je länger man sich mit einer unangenehmen Sache beschäftigt, desto mehr Raum nimmt sie ein, und aus der sprichwörtlichen Mücke wird urplötzlich ein Vampir.

Je weiter Sie auf Ihrer Karriereleiter nach oben klettern, desto mehr schnelle Entscheidungen werden Sie treffen müssen, um Probleme zu meistern. Und je mehr Dinge Sie erledigen, die kein anderer anpacken mag, desto eher werden Sie Karriere machen. Jeder mag Menschen, die Probleme für einen lösen. Was für die Zaghaften unter uns ein Problem darstellt, ist für die Mutigen eine Herausforderung. Nichts wird so heiß gegessen, wie es gekocht wird, meist malen wir uns die Situation schwärzer aus, als sie in Wirklichkeit ist. Wenn Sie einmal zurückblicken und aufzählen, wie viele der von Ihnen selbst kreierten Horrorszenarien in Ihrem bisherigen Leben wahrhaftig eingetreten sind, werden Sie mir beipflichten, dass es sich um einen absolut lächerlichen Prozentsatz handelt.

Aus meiner Erfahrung ist es erleichternd, Entscheidungen schnell zu treffen, gerade unangenehme Entscheidungen, denn wenn man diese hinter sich hat, ist man das Problem erst einmal los. Es gibt eine nette Geschichte von Heidelbeer und Moische. Heidelbeer liegt im Bett und kann nicht schlafen. Sagt seine Frau. „Was ist los mit dir, Heidelbeer? Warum kannst du nicht schlafen?" Heidelbeer: „Habe Probleme." Frau: „Was für Probleme?" Heidelbeer: „Große Probleme. Habe einen Wechsel unterschrieben an Moische. Über zwei Millionen Schekel sind morgen fällig. Kann nicht bezahlen." Frau: „Wo ist Problem?" Sie öffnet das Fenster und ruft zum Nachbarhaus: „Moische, Heidelbeer hat Wechsel unterschrieben. Ist morgen fällig. Kann nicht bezahlen." Sagt sie zu Heidelbeer: „Nu kannst schlafen. Nu hat er Probleme."

Außergewööhnliche Sentenzen

Die schlechteste Entscheidung ist die, keine zu treffen!

Das Leben steckt voller Entscheidungen. Je weiter Sie auf Ihrer Karriereleiter nach oben klettern, desto mehr schnelle Entscheidungen werden Sie treffen müssen. Und je mehr Dinge Sie erledigen, die keiner anpacken mag, desto eher werden Sie Karriere machen.

Jeder mag Menschen, die Probleme für einen lösen.

Was unterscheidet die Entscheider grundsätzlich von denen, die keine Wahl treffen? Beide wissen vorab nicht, ob ihre Entscheidung sich als richtig oder falsch erweisen wird; die einen aber handeln und sind Herr oder Herrin der Lage, die anderen werden nie erfahren, wie es ausgegangen wäre.

Jetzt oder später? Legen Sie eine Zeitspanne für kleinere und größere Entscheidungen fest. Es bringt viele Vorteile mit sich, Dinge unverzüglich zu erledigen.

Unangenehmes sofort zu erledigen macht den Kopf frei und erspart einem Kummer und Ärger. Denken Sie an die Geschichte von Heidelbeer und Moische!

Bevor Sie eine Entscheidung treffen, sollten Sie genau wissen, welches Ziel sie bis wann erreichen möchten – in einem Monat, in einem Jahr, in fünf Jahren. Alle Entscheidungen, die Sie ab Zielsetzung treffen, sollten nämlich genau darauf basieren. Wie Sie sich dann auch entscheiden – behalten Sie das Ziel stets klar vor Augen.

♔

„Was du heute kannst besorgen, das verschiebe nicht auf morgen." Wenn keine Deadline fällig ist, kann prinzipiell vieles bis zum nächsten Tag warten. Aber wenn Sie etwas nur aus Faulheit aufschieben möchten, tun Sie sich damit keinen Gefallen. Denn der nächste Tag bringt ziemlich sicher wieder neue Aufgaben mit sich, und dann geraten Sie unter Zeitdruck.

♔

Erledigen Sie Dinge gemäß der höheren Priorität. So geraten Sie nicht in Stress.

♔

Über schwere und schwierige Entscheidungen können Sie etwas länger nachdenken, allerdings müssen Sie in Kauf nehmen, dass Ihnen jemand anderes zuvorkommt oder dass Ihr Herauszögern als Desinteresse und mangelndes Engagement gewertet wird.

♔

Nichts wird so heiß gegessen, wie es gekocht wird! Malen Sie auch gewisse Situationen schwärzer, als sie es in Wirklichkeit sind?

Es gibt immer zwei Möglichkeiten im Leben,
zwei Wege, die Sie einschlagen können –
einen erprobten und einen,
der Sie an neue Ufer führt.
Sie allein entscheiden,
aber bedenken Sie: Diese Wahl wird
Ihr ganzes weiteres Leben beeinflussen.

HARALD GLÖÖCKLER

Lassen Sie jeden Tag zum besten Ihres Lebens werden

Jeder Tag ist ein Geschenk, etwas ganz Besonderes, eine Chance für Sie, sich selbst zu verwirklichen und die kommenden 24 Stunden kreativ zu nutzen, um …

… so viel Freude wie möglich zu erfahren und zu verbreiten.
… so viel Liebe wie möglich zu verschenken und zu erhalten.
… viele neue Erfahrungen zu machen und weiterzugeben.
… viele Wunder zu entdecken und zu teilen.
… viele Dinge zu ändern, die Sie schon lange ändern wollten.
… viele Dinge zu sagen, die Sie schon immer sagen wollten.
… viele Dinge zu tun, die Sie schon immer tun wollten.
… Ihrem Leben eine andere Richtung zu geben.
…

Führen Sie die Liste weiter. Sie ist unendlich.

Wie begrüßen Sie Ihren neuen Tag? Wie einen guten Freund, der zu Besuch kommt oder der Sie eingeladen hat, auf den Sie sich freuen und mit dem Sie eine tolle Zeit verbringen möchten? Oder eher wie ein lästiges Anhängsel, das Sie am liebsten loswerden würden? Begrüßen Sie ihn überhaupt? Das sollten Sie. Unbedingt! Egal, wie es Ihnen geht – wenn Sie aufwachen, ist es an Ihnen, und zwar nur an Ihnen, dem Tag eine Richtung zu geben und etwas aus ihm zu machen. Sie bestimmen, mit welcher Laune Sie in den Tag starten, ob Sie mies gelaunt am Frühstückstisch erscheinen und Ihren Mitmenschen mit missmutigen Antworten und der faden, unsinnigen Erklärung „Ich bin eben ein Morgenmuffel." den Morgen verderben. Wie billig und undiszipliniert ist denn das? Das tun Sie sich und anderen doch bitte nicht an! Gehen Sie beim Aufwachen erst einmal in sich, heißen Sie den Tag willkommen, bedanken Sie sich für alles Gute, was Ihnen im Leben widerfahren ist, und dass Sie erneut diese Chance, das Geschenk erhalten haben, aus diesem Tag den besten Ihres Lebens zu machen. Und dann gestalten Sie ihn auch gefälligst. Überlegen Sie, was Sie anpacken wollen, wie Sie es angehen werden, womit Sie die nächsten 24 Stunden füllen möchten und worauf Sie Lust haben. Hören Sie auf, darüber zu lamentieren, was Sie alles machen müssen. Sie müssen nämlich gar nichts.

Sie müssen zur Arbeit gehen (eine Arbeit, die Ihnen nicht liegt und Ihnen keinen Spaß macht) – wer sagt das? Nein, müssen Sie nicht. Kündigen Sie und machen Sie das, was Sie wirklich wollen. Damit werden Sie ohnehin erfolgreicher, da Sie weitaus motivierter an die Sache herangehen.

Sie müssen sich rasieren und zurechtmachen – wo ist da bitte das Problem? Es ist doch wunderbar, sich für den Tag herauszuputzen, das Beste aus sich herauszuholen und sich zu pflegen. Das tut doch gut!

Sie müssen mit dem Hund raus? Das ist doch eine Freude. Wie schön ist es, mit einem guten Freund, der einen liebt und den man selbst liebt, frühmorgens durch die frische Luft zu spazieren, wenn der Tag anbricht und die Vögel singen. Das ist doch Luxus, kostenlos obendrein.

Sie müssen Frühstück zubereiten. Wie wunderbar, wenn man die Möglichkeit hat, aus einer reichhaltigen Auswahl an Lebensmitteln etwas Leckeres zu zaubern und der verlockende Duft von Kaffee durch das Haus zieht. Wissen Sie, wie viele Menschen auf der Welt sich glücklich schätzen würden, wenn sie auch nur halb so viel hätten, anstatt zu hungern?

Ich weiß, wovon ich spreche. Sehen Sie, auch ich war so ein Kandidat, der morgens aufwachte und manches Mal schlecht drauf war, depressiv, getrieben von seinen durch eine unschöne Kindheit geprägten destruktiven Emotionen; der mit der fadenscheinigen Entschuldigung „Mir geht es nicht gut." erwartete, dass andere auf seine Launen Rücksicht zu nehmen hätten und sich seine Unfreundlichkeit und Disziplinlosigkeit bieten lassen müssten. Ich war ein Opfer meiner selbst, unendlich frustriert und deprimiert durch ungelebte Wünsche und Emotionen. Bis ich es endlich realisierte und den Karren aus dem Dreck zog.

Es ist eine Wandlung in kleinen Schritten. Üben Sie sich in Dankbarkeit für alles, was Sie haben. Segnen Sie alles, was Ihnen über den Weg läuft. Erstellen Sie dazu eine Liste. Ja, ich weiß, schon wieder eine Liste. Ich mag selber diese Bücher nicht, in denen man eine Liste nach der anderen anfertigen soll, aber manchmal sind Aufstellungen einfach unentbehrlich, um etwas erfolgreich zu erledigen. Diese Liste wird Ihr Leben umkrempeln. Nehmen Sie bitte ein Blatt Papier, einen Stift und ein Lineal zur Hand. Machen Sie zwei Spalten. Auf die linke Seite schreiben Sie alles, was sie stört, frustriert, nervt und ärgert. Auf der rechten Seite notieren Sie alles, wofür Sie dankbar sind und sein können.

Ich danke für meine Bettdecke.
Ich danke für mein Haus.
Ich danke für meine Nachttischlampe.
Ich segne meinen Arbeitgeber.
Ich segne unsere Bundeskanzlerin.
...

Je mehr Sie segnen und danken, desto besser, denn wenn Sie sich für etwas bedanken – bitte achten Sie darauf, Sie werden es fühlen –, breitet sich im Herzen ein überaus angenehmes, warmes, beruhigendes, aber auch erregendes Gefühl aus.

Danken und segnen Sie, wann immer Sie können. Dadurch erfahren Sie Freude und Wohlstand, denn es wird Ihnen und Ihrem Unterbewusstsein klar, dass Sie reicher sind, als sie jemals angenommen haben, da Sie so unendlich viele wunderbare Dinge besitzen, die sie als selbstverständlich hingenommen haben. Das, worauf Sie sich fokussieren, ziehen Sie an. Für etwas Gutes zu danken zieht noch mehr Gutes an. Frustration und Ärger über eine Situation bedeuten weiteren Ärger und noch mehr Frustration.

Beginnen Sie damit, sich, Ihr Leben und Ihre Einstellung grundlegend zu ändern. Wenn Sie der Meinung sind, dass einiges von dem, was Sie auf die linke Seite geschrieben haben, nicht mehr relevant ist, dann streichen Sie es durch, löschen Sie es, segnen Sie es und lassen es los. Dann bleibt nur noch die rechte Spalte übrig und die besteht rein aus Dank und Freude.

Danken Sie jedem neuen Tag, umarmen Sie ihn, heißen Sie ihn willkommen als guten Freund, als die große Chance, neu zu starten. Wir wissen nicht, wie viele Stunden, wie viele Tage uns das Leben schenkt, vergeuden Sie also keine Sekunde. Das heißt nicht, dass Sie fanatisch und verbissen alles aus einem Tag herauspressen sollen, was möglich ist. Bloß das nicht, das ist ja purer Stress. Nein, gehen Sie es gelassen und mit Freude und Begeisterung an. Und lassen Sie Spielraum für Überraschungen und Wunder. Seien Sie offen. Betrachten Sie, ohne zu beurteilen. Hören Sie zu, ohne zu verbessern. Nehmen Sie alle Eindrücke wahr, völlig urteilsfrei. Seien Sie wie ein trockener Schwamm, der alles in sich aufsaugt. Hören Sie auf damit, allem und jedem Ihren Stempel beziehungsweise den Stempel der Summe Ihrer (geerbten) Erfahrungen aufzudrücken. Und nicht vergessen: So, wie Sie den Tag beginnen, sollten Sie ihn selbstverständlich auch wieder verabschieden.

Ich habe mehr als 15 Jahre in Berlin gelebt, in dieser wunderbaren, energiegeladenen, impulsiven, unangepassten Stadt, die sich finden muss, sich immer wieder neu zu (er)finden vermag. Als ehemals geteilte Stadt, die über Nacht wieder zu einer wurde und in der alle bis dahin bestehenden Normen und Formen außer Kraft gesetzt wurden, musste sie eine neue Identität entwickeln. Dieser Findungsprozess ist in Berlin allgegenwärtig. Mein eigener Selbstfindungsprozess ist dagegen bereits abgeschlossen. Ich weiß inzwischen sehr genau, wer ich bin, was ich liebe und verabscheue, was mir guttut und was ich besser meiden sollte.

So zeigte mir meine Seele den Platz, an den sie zu ihrer weiteren Entwicklung ziehen wollte. An einen beschaulichen Ort in der Pfalz namens Kirchheim an der Weinstraße. In eine barocke Villa in einem kleinen Park, die ich beide komplett nach meinen Vorstellungen gestaltet habe. Seit ich in meinem Chateau POMPÖÖS lebe, wie ich mein jetziges Domizil nenne, hat sich mein Leben enorm verändert. Früh am Morgen und spät am Abend sitze ich in meinem Park und läute den Tag ein und aus. Um mich herum nur Mutter Natur, unzählige Vogelarten und Eichhörnchen sowie die meditative Stille des Landlebens.

Gerade das Verabschieden des Tages sollte man nicht unterschätzen. Sie haben die Möglichkeit, Ihren Tag Revue passieren zu lassen, Dinge zu reflektieren und zu korrigieren. Wenn ich zum Beispiel einen Termin oder ein Gespräch hatte, das nicht zu meiner Zufriedenheit gelaufen ist (aus welchen Gründen auch immer), starte ich den Dialog oder die Verhandlung im Geist nochmals von Neuem und lasse ihn oder sie nach meinen Vorstellungen enden. Danach danke ich Gott, dem Kosmos oder wem auch immer ich gerade danken möchte, auch meinem Partner oder meinen Partnern aus der eben genannten Situation, und lasse dann das Ganze los. Der Wind trägt es davon.

So wandle ich eine nicht zufriedenstellende Begebenheit des Tages in eine zufriedene um, sorge also einerseits für Balsam für meine Seele, andererseits aber auch für gute Energien beziehungsweise eine Erhöhung meines Energielevels. Nicht selten bekomme ich einen Tag später eine Mail oder einen Anruf des „Kontrahenten"; er teilt mir mit, er habe sich doch entschieden, anders zu verfahren ... und dreimal dürfen Sie raten, wie ... genau so, wie ich es mir am Abend zuvor ausgemalt hatte.

Zudem danke ich nochmals für alle Geschehnisse des Tages, segne den Tag, und zwar wirklich für alles, denn wie ich bereits schrieb: Grundsätzlich gibt es kein Gut oder Schlecht. Für diese Bewertung sorgen nur unsere Emotionen. Dann beende ich diesen Tag in allgemeiner Zufriedenheit und in freudiger Erwartung neuer, spannender, positiver Begebenheiten und Überraschungen des nächsten Tages.

Außergewöhnliche Sentenzen

Begrüßen Sie jeden neuen Tag wie einen guten Freund, der zu Besuch kommt und mit dem Sie eine tolle, aufregende Zeit verbringen möchten.

♕

Vergeuden Sie keine Sekunde. Sie wissen nicht, wie viele Stunden und Tage Ihnen das Leben schenkt, heißen Sie deshalb alles mit Freude, Gelassenheit und ohne Bewertung willkommen. Lassen Sie auf jeden Fall Spielraum für Überraschungen und Wunder.

♕

Verabschieden Sie jeden Tag auch so, wie Sie ihn willkommen geheißen haben. Erhöhen Sie Ihren Energielevel, indem Sie Unzufriedenheit in Zufriedenheit verwandeln.

♕

Nutzen Sie die Kraft der Imagination, um mithilfe ihrer Vorstellungskraft das, was nicht gelungen ist, einen günstigeren Verlauf nehmen zu lassen. Danken Sie Gott, dem Kosmos, segnen Sie ihre (Geschäfts-)Partner und lassen Sie die ganze Geschichte los.

♕

Gehen Sie in kleinen Schritten voran! Schreiben Sie zunächst alles auf, was Sie frustriert, nervt und ärgert, und dann alles, wofür Sie dankbar sind und sein können. Lösen Sie nach und nach die Liste der „Störenfriede“ auf, bis nur noch Dankbarkeit übrig bleibt.

EARTH

Ist man nicht man selbst,
so ist man niemand!

HARALD GLÖÖCKLER

YOU FIRST – Seien Sie ein Ego(ist)!

„Du bist egoistisch ... Du denkst nur an dich ... Es dreht sich immer nur alles um dich ... Es muss sich nicht immer alles um dich drehen ... Plustere dich nicht so auf ... Was du dir bloß einbildest ... Du bist auch nichts Besseres ... Die anderen sind auch noch da ... Du solltest dich etwas zurücknehmen ...“

Solche und andere Sprüche hören wir immer wieder. Schon von Kindheit an versucht man, uns kleinzumachen, zu demotivieren, zu domestizieren, uns in Formen zu pressen wie Plätzchen zu Weihnachten, um uns zu einem gefügigen Mitglied der Gesellschaft zu machen. Bei mir schlugen derartige Versuche gründlich fehl, das war vergebliche Mühe. Niemals habe ich mir von derartigen Einwänden und Mahnungen ein schlechtes Gewissen einreden lassen. Doch warum versuchen Menschen das? Warum erziehen uns unsere Eltern mit derartigen Methoden, was bezwecken sie damit? Nun, sie sind selbst mit solchen Maximen aufgewachsen, die dafür sorgen sollen, dass niemand aus der Reihe tanzt.

Man appelliert an unser Gewissen, immer und immer wieder. Niemand erklärt einem jedoch, was das sein soll und wo es wohnt – dieser innere Richter, der mit der Waage in der Hand abwägt und urteilt, ob wir rechtens oder falsch handeln, gut oder böse agieren. Brauchen wir so etwas wie ein Gewissen denn überhaupt? Auf jeden Fall, unbedingt. Allerdings benötigen wir eines, das uns selbstständig führt, und keines, das uns verurteilt und zur Marionette werden lässt. Wir sind angewiesen auf ein gesundes, auf unsere Maßstäbe ausgerichtetes und an menschliche Bedürfnisse angepasstes Urteilsvermögen, das uns den Weg weist. Aber das sollte unser eigener Weg sein, nicht der Weg der Allgemeinheit.

Bereits in der Antike beschäftigten sich die Weisen mit dieser Thematik. Die Griechen nannten es „Daimonion", einen persönlichen Schutzgeist, der über das dem Menschen vorherbestimmte Schicksal wache und Teil des Ichs sein sollte. Sokrates bezeichnete es als eine Art innere Stimme göttlichen Ursprungs, die in der Lage sei, Menschen zu warnen und somit das Begehen einer unrechten Tat zu verhindern. Thomas von Aquin sagte dazu: „Das Gewissen ist die Stimme Gottes in unserem Innern, die Vergegenwärtigung des göttlichen Gebots in uns."

Aber letztendlich hat sich wohl niemand so ausführlich mit dem Gewissen auseinandergesetzt wie Martin Luther. Nach Luthers Verständnis ist das Gewissen nichts Göttliches mehr, sondern viel eher menschlich. Für ihn ist es eine eigene innere Stimme, die uns rät – und das Befolgen oder Nichtbefolgen des Rats entscheide über Heil oder Unheil im Leben. Aber gerade deshalb, weil wir ein Gewissen hätten, sagte er, seien wir erst in der Lage, dem Göttlichen zu begegnen und an Jesus zu glauben. „Ich bin überwunden in meinem Gewissen und gefangen im Wort Gottes", so Luther.

Damals wie heute benutzen Kirche, Gesellschaft und Politik das Gewissen, um Druck auf uns Menschen auszuüben, sie gefügig zu machen und kleinzuhalten. Um dem Volk ihren Willen aufzudrängen, war der Obrigkeit schon immer jedes Mittel recht. So baute sie systematisch über das Gewissen eine geradezu erpresserisch anmutende Erziehung des Menschen schon von Kindesbeinen an auf.

„Wenn du nicht hörst, wirst du bestraft ... landest du im Gefängnis ... kommst du in die Hölle ..." So wurde das Gewissen über Jahrhunderte hinweg zu unserem Richter bestellt. Erstaunlicherweise scheinen ein Großteil der Politiker, Diktatoren, Staatsmänner, Kirchenoberen und Kirchendiener frei von einem Gewissen zu sein oder über einem solchen zu stehen. Die Behauptung, unser Gewissen sei unser Richter, ist grundlegend falsch. Das, was wir als unser Gewissen bezeichnen, sollten wir vielmehr als einen uns wohlgesonnenen Ratgeber durch unser Leben ansehen, quasi als Reiseführer auf unserem Lebensweg. Reinigen Sie Ihr von Falschaussagen Dritter vergewaltigtes Gewissen und kehren Sie zu Ihren gottgegebenen Instinkten zurück. Nur Sie selbst (und wirklich ausschließlich Sie selbst) können entscheiden, nach welchen inneren Richtlinien Sie handeln, welchen Weg Sie einschlagen und welche Entscheidungen Sie fällen wollen – Entscheidungen, die frei von Angst und Repressalien sind. Wenn Sie das schaffen, werden Sie im Geist wachsen.

Sie sind etwas ganz Besonderes und besitzen das göttliche Recht, sich an die erste Stelle zu setzen. Wenn Sie sich nicht selbst zur Nummer eins Ihres Lebens erklären, wird es auch kein anderer tun. Wollen Sie denn immer das Schlusslicht bilden? Sie sind, wer Sie sind und wie Sie sind, und haben das angeborene Recht, Ihre Facetten in vollem Umfang auszuleben. Der eine ist lauter in seiner Art, die andere eben zurückhaltender. Der eine ist auffälliger von Natur aus, die andere bescheidener. Wenn anderen unsere Art nicht passt, so what – wo ist das Problem? Wenn unser Gegenüber damit nicht zurechtkommt, ist das seine Sache. Wir können es nicht allen Menschen recht machen und das brauchen wir auch nicht. Im Gegenteil, wir sollten dankbar für unsere gottgewollten Unterschiedlichkeiten sein, denn je früher wir erkennen, wer und was zu uns passt oder eben nicht – sowohl im privaten als auch im beruflichen Umfeld –, desto mehr Ärger, Zeitverlust und Verdruss ersparen wir uns unter Umständen.

Es ist Ihr Recht, Ihr Geschenk, Ihr Leben frei und in vollen Zügen zu genießen und auszuleben. Lassen Sie sich nicht unterdrücken, nicht herabwürdigen. Wer Sie kleinmacht, ist Ihr Feind und nicht Ihr Freund. Denken Sie zuerst an sich. Gehören Sie auch zu den Menschen, die sich selbst sträflich vernachlässigen, andere beschenken und für ihre Mitmenschen alles in ihrer Macht Stehende tun bis zur völligen Aufopferung und Erschöpfung? Das Ende vom Lied ist, dass Sie selbst ausgebrannt, unzufrieden oder frustriert sind, während die anderen immer mehr fordern, ohne je einen Dank ausgesprochen zu haben. Es wird als eine Selbstverständlichkeit betrachtet, dass Sie sich selbst, Ihre Wünsche, Träume und Bedürfnisse hintanstellen und sich um die Belange der anderen kümmern.

„Wir brauchen Kuchen … Na, den kann doch Renate machen, sie bäckt doch so gern … Die Blumen bringt sicher Renate mit, wie immer." Selbstverständlich räumt Renate auch noch am Schluss alles auf, ohne zu murren. Irgendwann ist es zur Selbstverständlichkeit geworden. Bringt hingegen eine Person einen Kuchen mit, die sonst nie etwas beisteuert, wird sie mit Lob und Ehren überhäuft. „Na so was … schaut mal, Tom hat einen Kuchen mitgebracht, toll! Der ist aber lecker, Tom, wirklich gut gelungen." Hat aber Renate vielleicht einmal keine Zeit oder Lust und würde Renate eines Tages ablehnen, die Putzmaus zu spielen, hieße es: „Na, die ist aber zickig und selbstsüchtig geworden, nun hilft sie uns nicht mal mehr – wie egoistisch!"

Beschweren Sie sich nicht über Ihre Mitmenschen. Das Dilemma besteht nicht darin, dass diese Sie möglicherweise ausnutzen, sondern vielmehr darin, dass Sie es sich selbst gestatten, sich ausnutzen zu lassen. Sie sind das Problem, Ihre Handlungen sind es, nicht die der anderen. Deshalb sollten Sie immer erst einmal in sich gehen und sich vergegenwärtigen, was SIE eigentlich wollen und wie sich das in Ihrem Inneren anfühlt. Prüfen Sie es sorgfältig aus der Tiefe Ihres Herzens heraus, denn das Herz weiß am besten, was gut für Sie ist. Lassen Sie sich niemals zu Entscheidungen drängen, sondern nehmen Sie sich so viel Zeit, wie Sie brauchen, um Ihren eigenen Entschluss zu fassen.

Um diese Zeit für sich zu gewinnen, empfehle ich Ihnen an dieser Stelle noch einmal ausdrücklich, grundsätzlich immer erst einmal Nein zu allem zu sagen. Neinsagen muss gelernt werden, eine Absage zu geben (und auch entgegenzunehmen) fällt vielen Menschen schwer. Doch es gehört zum selbstbestimmten Leben dazu, Nein zu sagen und auch ein Nein zu erhalten. Ob doch noch ein Ja daraus wird, liegt dann ganz in Ihrer Hand. Denken Sie zuerst an sich.

Außergewööhnliche Sentenzen

Lernen Sie, Nein zu sagen, und kümmern Sie sich in erster Linie darum, was SIE brauchen. Gestatten Sie anderen nicht, Sie auszunutzen.

Wenn Sie sich selbst nicht zur Nummer eins Ihres Lebens erklären, wird es auch kein anderer tun.

Es ist Ihr Recht, Ihr Geschenk, Ihr Leben frei und in vollen Zügen zu genießen und auszuleben. Lassen Sie sich nicht unterdrücken, nicht kleinmachen. Wer das tut, ist Ihr Feind und nicht Ihr Freund.

Widersetzen Sie sich dem Druck des Gewissens, den Eltern, Kirche, Gesellschaft und Politik auf uns ausüben, um uns kleinzuhalten. Das Gewissen ist kein Strafgericht. Kehren Sie zu Ihren gottgegebenen Instinkten zurück.

Betrachten Sie Ihr Gewissen als freundlichen, wohlmeinenden Ratgeber in Ihrem Leben. Nur Sie selbst können entscheiden, nach welchen inneren Richtlinien Sie handeln, welchen Weg Sie einschlagen und welche Entscheidungen Sie fällen wollen – Entscheidungen, die frei von Angst und Repressalien sind. Wenn Sie das schaffen, werden Sie im Geist wachsen.

*Das große Problem
mit dem eigenen Spiegelbild ist,
dass es Ihnen die Wahrheit
ins Gesicht sagt.*

HARALD GLÖÖCKLER

Stellen Sie sich all Ihren Gefühlen

Ich fordere Sie in diesem Kapitel dazu auf, über Ihre emotionalen Gewohnheiten nachzudenken. Wir unterliegen dem großen Irrtum, wir würden die Welt objektiv wahrnehmen und es gäbe nur eine allumfassende Wahrheit. In Wirklichkeit ist unsere Wahrnehmung selektiv und erfolgt unbewusst nach einem automatisch ablaufenden Muster. Die Art und Weise, wie wir Dinge, Menschen und Situationen zur Kenntnis nehmen und welche Aspekte wir in einer konkreten Situation abspeichern, hängt von verschiedenen Faktoren ab.

Zum einen sucht unser Gehirn ständig nach Möglichkeiten, um neue Informationen in vorhandene Wahrnehmungsschemata und Denkkategorien zu integrieren. Sie werden dazu durch diverse Filter gejagt. Welche Aspekte einer Situation Sie registrieren und auswählen, hängt von Ihren Präferenzen und Ihrem Weltbild ab und muss sich decken mit Ihren Bedürfnissen und Zielen und den durch Erziehung, Schule, Elternhaus, Kirche, Gesellschaft und Medien vermittelten Normen. Das heißt im Klartext: Unser Gehirn filtert und färbt. Sie nehmen Situationen und Geschehnisse nicht objektiv beziehungsweise neutral wahr, sondern wählen immer nur die Bruchstücke aus, die am besten mit Ihrer Persönlichkeit, Ihrem Weltbild und Ihrer Weltanschauung übereinstimmen.

Viele von Ihnen kennen wahrscheinlich solche Phänomene: Sie bekommen ein Baby – und plötzlich sehen Sie überall nur noch Babys; Sie interessieren sich für einen Porsche – und plötzlich sehen Sie überall nur Porschefahrer. Wenn wir unsere Welt gefiltert wahrnehmen, bedeutet das, dass wir im Grunde genommen unsere Mitmenschen und generell Situationen nur auf eine auf uns ganz persönlich zugeschnittene Art und Weise wahrnehmen. Dies allerdings kann sich grundsätzlich von dem unterscheiden, was uns das Außen mitteilen wollte. Unter Umständen ist das eine hochexplosive Angelegenheit, gespickt mit irrigen Annahmen und Missverständnissen.

„Ich mach mir die Welt, wie sie mir gefällt!" Das stimmt tatsächlich. Wir alle sind wie Pippi Langstrumpf. Das hat Vorteile, aber auch immense Nachteile. Denn wenn Ihre Gefühlswelt und Ihre Gedanken in einem solchen Maße zensiert werden, wenn Sie durch das Ausblenden von Aspekten eine Scheinwelt kreieren, laufen Sie nicht nur Gefahr, Situationen völlig falsch zu interpretieren, sondern beeinträchtigen zudem Ihre eigene Wahrnehmung durch eine immer wieder neue selbst konstruierte Wirklichkeit.

Im Laufe des Lebens haben wir unsere Wünsche, Bedürfnisse und Emotionen an die von der Gesellschaft und den Eltern übernommenen Normen und Erkenntnisse angepasst oder sie im schlimmsten Fall sogar dagegen ausgetauscht. So formten wir über die Zeit unser Denken und Fühlen und bildeten einen Charakter aus – ich sage bewusst nicht: „unseren" Charakter. Im Grunde genommen leben wir aus dritter Hand. Je länger wir unsere Emotionen, Wünsche und Grundbedürfnisse jedoch negieren, desto mehr verblassen sie. Wir verlieren den Bezug dazu, sie werden uns im wahrsten Sinne des Wortes fremd, denn unsere Seele konnte sie nicht integrieren. Dadurch berauben wir uns der für unsere seelische Entwicklung wichtigen Chance, Emotionen, Wünsche, Begehrlichkeiten und Bedürfnisse auszuleben, was wiederum zu latenter Unzufriedenheit, Frustration und Aggression uns und anderen gegenüber führen kann. Die nicht gelebten Gefühle und Emotionen sind aber keinesfalls verschwunden, sondern werden lediglich unterdrückt. Ihre Energie sucht sich ein anderes Ventil und entlädt sich oft in Wut, Aggression oder Depression. Dies führt nicht selten zu ernsthaften, chronischen Erkrankungen.

Um zu sich selbst und zu Ihrer eigenen göttlichen Daseinsform zu finden, ist es unerlässlich, eine emotionale Analyse durchzuführen. Stellen Sie sich Ihren unterdrückten, gottgegebenen Veranlagungen, Wünschen, Bedürfnissen und Emotionen. Integrieren Sie sie in Ihr Leben, geben Sie ihnen einen Platz in Ihrem Herzen. Gleichzeitig ist es wichtig zu erkennen, welche der von Ihnen adaptierten fremden

Angewohnheiten, Normen und Emotionen Ihrer Natur zuwider sind oder Ihnen schaden, und sich davon ein für alle Mal in Liebe loszusagen, nicht in Aggression und Frust, das wäre der falsche Weg. Auch hier hilft eine schriftliche Gegenüberstellung.

Erkennen Sie Ihre Gefühle und stellen Sie sich ihnen mit allen Facetten Ihres Seins. Akzeptieren Sie alles, was da ist, alles, was kommt, denn wenn Sie auch nur ein Gefühl verurteilen, bringen Sie sich noch weiter in Konflikt mit sich selbst. Wollen Sie Gefühle loswerden, die nicht mehr zu Ihnen beziehungsweise Ihrer jetzigen Entwicklung passen, danken Sie ihnen, dass sie für Sie da waren, lassen Sie sie in Liebe los und geben Sie ihnen einen Platz in Ihrem Herzen, damit Transformation stattfinden kann. So schaffen Sie ein inneres Klima liebevollen Verständnisses, das Sie von innen heilen wird.

Außergewööhnliche Sentenzen

Machen Sie sich bewusst, dass Sie die Welt nicht objektiv wahrnehmen, und dass es nicht nur eine allumfassende Wahrheit gibt. Ihr Gehirn filtert und färbt und wählt immer nur die Bruchstücke aus, die am besten mit Ihrer Persönlichkeit, Ihrem Weltbild und Ihrer Weltanschauung übereinstimmen.

Führen Sie eine emotionale Analyse durch. Stellen Sie sich Ihren unterdrückten gottgegebenen Veranlagungen, Wünschen, Bedürfnissen und Emotionen und integrieren Sie sie in Ihr Leben.

Seien Sie sich klar darüber, dass die nicht gelebten Gefühle und Emotionen keinesfalls verschwunden sind, sondern lediglich unterdrückt werden. Über lange Zeit negierte Neigungen und Emotionen verwandeln sich in Wut und Aggression, nagen an Ihrer Psyche und führen nicht selten zu ernsthaften chronischen Erkrankungen. Lassen Sie es nicht so weit kommen!

Erkennen Sie, welche der von Ihnen adaptierten fremden Angewohnheiten, Normen und Emotionen Ihrer Natur zuwider sind oder Ihnen schaden, und lassen Sie diese ein für alle Mal in Liebe gehen, nicht in Aggression und Frust, das wäre der falsche Weg.

Wir alle sind Kinder Gottes.
Unsere Bestimmung ist es,
ein Leben in Reichtum
und Überfluss zu führen.
Es ist nun Zeit, zu ernten
und die reichen Geschenke
Gottes anzunehmen.

HARALD GLÖÖCKLER

Das Kind in sich bedingungslos lieben lernen

Geborgenheit, Sicherheit und Wertschätzung sollten unsere ständigen Begleiter vom Babyalter bis zum Erwachsenendasein sein. Leider sind die Bedingungen dafür nicht in jedem Elternhaus gegeben und nicht alle Eltern sind dazu fähig, ihr Kind zu umsorgen. Sind die Eltern überfordert, ist es das Kind ebenfalls. Besteht kein Vertrauen bei den Eltern, können sie dies auch dem Kind nicht vermitteln; so wird das Urvertrauen des Kindes untergraben und das Grundvertrauen in Menschen und das Leben torpediert. Wie soll ein Kind unter solchen Umständen Selbstvertrauen aufbauen? Herrschen zu Hause Terror und Angst, muss das Kind Auswege suchen, um in solch einer Situation nicht zugrunde zu gehen.

Viele entschuldigen alles im Leben mit Aussagen wie „Das gab es bei uns nicht." oder „So bin ich einfach nicht aufgewachsen!" Das ist die schlimmste Ausrede von allen, denn sie drückt von vornherein aus: „Ich will mir einfach keine Mühe geben, etwas anders zu machen." Jeder Mensch hat die Fähigkeit, sein Leben lang dazuzulernen, alles zu ändern, was er will – das gilt auch für die eigene Persönlichkeit. Stärken Sie Ihr Selbstwertgefühl mit allen Mitteln. Stärken Sie auch Ihre Selbstwirksamkeit. Wieso traut sich der eine zu, große Dinge mutig anzugehen, während der andere mit Unmengen von Bedenken zu kämpfen hat und am Ende doch lieber die Finger von etwas lässt? Das hat mit dem Zauberwort Selbstwirksamkeit zu tun. Selbstwirksamkeit beschreibt das Vertrauen in die eigenen Fähigkeiten, das heißt, sich sicher zu sein, dass man schafft, was immer man in Angriff nimmt, und dass man den Anforderungen und Herausforderungen des Lebens und seiner Aufgaben im vollen Umfang gewachsen ist. Selbstwirksamkeit hat etwas mit Selbstbewusstsein zu tun. Man ist sich selbst bewusst, dass man es hinbekommt, egal, was kommt. Dass man stark ist.

Psychologen gehen inzwischen davon aus, dass den Menschen eine starke Selbstwirksamkeit bereits in die Wiege gelegt wurde und dass die Erfahrungen, die ein Baby in den ersten Monaten in dieser Hinsicht macht, prägend sind fürs weitere Leben. Doch völlig egal, wie bescheiden Ihr Start in diesem Leben auch war – es ist nie zu spät, die Route zu ändern und das Schiff auf Erfolgskurs zu bringen.

Meine Kindheit war nun wirklich nicht aus dem Holz, aus dem Sieger geschnitzt werden. Ich hatte keine Eltern, die meine Talente sahen, mich förderten, mir Urvertrauen vermittelten, mir eine liebevolle Umgebung schenkten. Ganz im Gegenteil. Meine Mutter und mein Vater waren so hilflos und vom Leben derart überfordert, dass sie ihre Probleme nicht nur nicht lösen konnten, sondern ständig neue produzierten und mich damit belasteten. Was blieb mir also übrig? Ich nahm mein Leben mutig selbst in die Hand. So wie meine Eltern wollte ich jedenfalls nicht enden.

Ich wurde in eine Familie hineingeboren, die im herkömmlichen Sinne gar keine war. Bei uns war nichts normal. Es gab kein intaktes Familienleben, keine Sicherheit, dafür ständig Streit und Handgreiflichkeiten meines Vaters gegenüber meiner Mutter. Ich hatte keine Chance, Kind sein zu dürfen, im Grunde hatte ich gar keine Kindheit. Ich kann nicht behaupten, dass ich letztendlich dankbar dafür bin, aber so hat mein Leben eben angefangen. Es ist müßig, darüber nachzudenken, warum das so sein musste und warum es nicht hätte anders sein können. Das habe ich schon sehr früh gelernt. Schon als Junge habe ich nicht resigniert, nie lamentiert und vor allem mir nicht meine Träume zerstören lassen. Vielmehr habe ich im zarten Alter von sechs Jahren beschlossen, etwas an der Situation zu verändern. Eine schönere Welt zu kreieren und es besser zu machen, indem ich meinen eigenen Weg ging. Ich wollte niemanden mehr weinen sehen, schon gar nicht eine Frau.

Ich hatte eine Vision. Wie ich einmal leben wollte, stand mir klar vor Augen. Alles, was ich an Baumaterial für meine wunderbare Zukunft bekommen konnte, zog ich dafür heran. Marlene Dietrich und Greta Garbo wurden meine Göttinnen. Sämtliche Hollywoodfilme und Modejournale, die ich in die Finger bekam, nutzte ich als Inspiration, um mir mein künftiges Leben in den buntesten Farben auszumalen. Sehen Sie: Anstatt abends im Bett traurig und deprimiert über die fatale Situation nachzudenken und diese dadurch noch zu verstärken, schuf ich mir einen Gegenpol und packte all meine Kraft dort hinein. Ich begann zu träumen. In meinen Visionen entwarf ich als Mode-Prinz die schönsten Kleider und es waren nur Prinzessinnen und Filmdiven um mich herum. Diese Vision wurde über die Jahre immer klarer und schillernder.

Selbst als mit 13 das unfassbar Schreckliche geschah und das Lebenslicht meiner Mutter erlosch, die nach all den gewalttätigen Akten meines Vaters keine Kraft mehr hatte zu kämpfen, selbst dann gab ich nicht auf. Im Gegenteil: Meine Vision hielt mich am Leben, gab mir die Kraft, durchzuhalten. Aus dem Kind, das ich nie hatte sein dürfen, wurde ein junger Mann, der sich entschlossen und kämpferisch wie ein Soldat der Realität und dem Leben stellte. Ich habe nie etwas gescheut. Nichts war mir zu viel.

„Was du heute kannst besorgen, das verschiebe nicht auf morgen" – das war immer mein Credo und das ist auch heute noch richtig und wichtig! Schon damals fragte ich mich: „Was ist der höchste Zweck des Lebens?" Der höchste Zweck meines und Ihres Lebens ist es, zu leben. Das Leben wurde uns im wahrsten Sinne des Wortes geschenkt. Nun fragen Sie sich vielleicht, was man denn mit einem Geschenk anfangen soll, das erst einmal wie eine Niete aussieht und einen am Ende mehr belastet als erfreut? Dies ist alles eine Frage der Einstellung, mit der wir das Mysterium des Lebens betrachten. Ist das Leben ein Jubilieren? Oder ist es ein dumpfes Dahinvegetieren? Ist das Leben eine Herausforderung, einem Duell ähnlich? Aber wenn dem so wäre, wer fordert uns dann heraus, mit wem duellieren wir uns? Kämpfen wir mit uns selbst oder mit diesem unbekannten, doch irgendwie vertrauten Wesen, mit etwas nicht Greifbarem und doch überall Präsentem, das wir als Gott bezeichnen?

Diese Fragen sollten wir uns immer wieder stellen. Doch wir tun es nicht. Weil wir mit tausend anderen Dingen beschäftigt sind und anscheinend keine Zeit dafür finden. Ausreden über Ausreden. Ich frage Sie: Stellen wir uns letztendlich nur deshalb die Frage nach dem Leben nicht, weil wir zu faul sind, weil das anstrengend werden könnte oder gar gefährlich? Ja, es könnte absolut gefährlich werden, wenn Sie sich aus Ihrer Wattebausch-Komfortzone herauswagen, um die Welt und sich selbst zu entdecken. Doch ich sage Ihnen: Es ist Ihre einzige Chance, mit all den Höhen und Tiefen des Lebens und allen Persönlichkeitsmerkmalen, die Sie besitzen, zurechtzukommen – und das Leben lieben zu lernen!

Was ist der höchste Zweck des Lebens? Meine Antwort ist: Sich zu verwirklichen, sich zu entdecken mit all seinen Facetten, mit der ganzen Klaviatur, die einem zur Verfügung steht. Sich zu ergründen bis in die tiefsten Untiefen seines Seins, ohne sich darin zu verlieren, ohne sich zu bewerten, zu verurteilen oder zu Tode zu sezieren. Der höchste Zweck des Lebens besteht darin, sich bedingungslos lieben zu lernen, so schwer es auch zunächst ist. Das innere Kind in uns hat oftmals einen jahrzehntelangen Nachholbedarf in Sachen Liebe, und Sie und ich können sie ihm jetzt geben. Die Liebe ist es, die uns alle führt.

Das innere Kind wird immer ein Teil von uns bleiben und unser Erwachsenenleben bewusst und unbewusst beeinflussen. Depressionen, Wut und Angstzustände können Reaktionen auf unverarbeitete Kindheitserlebnisse sein, die von jetzt auf gleich wie ein seelischer Tsunami über uns hereinbrechen können.

In Ihrem tiefsten Inneren steckt ein wunderbares, verletzliches und sensibles Wesen, das Sie ein Leben lang begleitet: Ihr inneres Kind. An Ihnen selbst liegt es, ob Sie es wie ein richtiges Kind wahrnehmen, es annehmen, trösten, lieben und in Ihr Leben integrieren, oder ob sie es vernachlässigen, verwahrlosen und verhungern lassen, ob Sie es wie ein Wunschkind behandeln oder als Stiefkind. Das Stiefkind ist das Kind der unterdrückten Wünsche, die verletzte, nicht ausgeheilte Seele, das verleugnete, auf die Seite geschobene Kellerkind. Nur wenige von uns hatten das Glück, als Wunschkind aufzuwachsen, unter optimalen, märchenhaften, geradezu idealen Bedingungen. Heute haben berufstätige Eltern kaum noch Zeit, sind mit ihren verschiedenen Rollen völlig überfordert oder stellen derart abstruse (Leistungs-)Anforderungen und Erwartungen an ihre Kinder, dass diese ihr Kindsein gar nicht ausleben können. Manchmal findet auch ein Rollentausch statt und das Kind muss als Stütze der Eltern, als Ersatz-Liebhaber, als Ersatz-Tröster, als Ersatz-Freund und so weiter fungieren. Auf diese Weise kann auch ein Wunschkind zum Stiefkind werden.

Das innere Stiefkind trägt alle Verletzungen bis heute in sich; jedes Mal, wenn wir es verleugnen, brechen diese Wunden erneut auf. Das Kind-Ich fühlt sich nun auch von unserem Erwachsenen-Ich hintergangen und vernachlässigt und wird zornig, traurig und böse. Es wartet nur auf die entsprechende Gelegenheit, sich bemerkbar zu machen, und das geschieht dann oftmals unerwartet, aber mit voller Wucht.

Eine der wichtigsten Aufgaben in unserem Leben ist daher, dieses Stiefkind in unserem Herzen anzunehmen und seine Wunden zu heilen. Mit dem Kind Kontakt aufzunehmen kann nur in Ruhe und Stille geschehen. Bitten Sie es, mit Ihnen zu reden und Ihnen mitzuteilen, was es bedrückt. Haben Sie Geduld, mit Gewalt erreichen Sie gar nichts. Vergessen Sie nicht, dass Sie diesen Teil von sich über Jahre, vielleicht Jahrzehnte hinweg ignoriert haben. Sie dürfen daher nicht erwarten, dass es sofort Vertrauen fasst. Es kann bockig, traurig, ängstlich, ablehnend oder wütend reagieren. Was auch immer an Gefühlen ausbricht – und der Ausbruch kann gigantisch sein –, sollten Sie zulassen, ohne es zu bewerten. Einfach annehmen, zuhören, in sich hineinhören und spüren, wie es sich anfühlt. Erst dann können Sie gemeinsam mit dem Stiefkind tiefer gehen und herausfinden, was unter dieser eben erlebten Emotion liegt. Was war der Grund, der Auslöser, welche anderen Gefühle verbinden sich damit – Scham? Enttäuschung? Schuld? Schrecken?

Gehen Sie tief hinein in diese Gefühlswelt. Lassen Sie sie auf sich wirken, erleben Sie es mit allen Sinnen, auch wenn es schmerzhaft ist. Es dauert, so lange es dauert. Dann stellen Sie sich vor, ein großer Vogel zu sein (Sie wissen ja bereits, ich wähle immer den Adler), und fliegen Sie hoch hinaus. Und nun betrachten Sie das eben Erlebte aus der Entfernung, als Unbeteiligter, als Vogel, der da oben fliegt. Sie werden feststellen, dass sich noch etwas anderes zeigt. Da Sie nun alles aus einer anderen, geistigen Perspektive wahrnehmen, verstehen Sie möglicherweise die Gewalt Ihrer Gefühle gar nicht mehr, plötzlich kommen Ihnen diese völlig überzogen vor. Aber beide Sichtweisen haben ihre Berechtigung. Vielleicht können Sie sie miteinander verbinden und so einen Schritt zur Heilwerdung machen. Wenn Sie so weit sind, dass Sie vergeben können, überlassen Sie die Angelegenheit Ihrem Herzen zur endgültigen Transformation und Heilung. „So sei es und so ist es" ist ein guter Nachsatz, um abzuschließen. Nun fühlen Sie in sich hinein. Ich bin mir sicher, Sie werden eine große Erleichterung in sich fühlen, ein Gefühl der Versöhnung.

Lieben Sie alle Facetten Ihres Seins bedingungslos. Wenn das Kind in Ihnen einen Wunsch äußert, dann erfüllen Sie sich und ihm diesen Wunsch. Holen Sie Kindheitsträume nach, lassen Sie sich auch mal dazu hinreißen, etwas „Verrücktes" zu tun. Gehen Sie in einen Märchenfilm, fahren Sie Kinderkarussell oder bestellen Sie ein Kindermenü im Restaurant. Schreiben Sie das Buch Ihrer Kindheit neu, indem Sie schlechte Erinnerungen in positive Gefühle verwandeln und eine traumatische Kindheitssituation in Ihrer Vorstellung so gestalten, wie Sie sie sich damals gewünscht hätten.

Außergewööhnliche Sentenzen

Stärken Sie Ihr Selbstwertgefühl und Ihre Selbstwirksamkeit. Selbstwirksamkeit beschreibt das Vertrauen in die eigenen Fähigkeiten, das heißt, sich den Anforderungen und Herausforderungen des Lebens im vollen Umfang gewachsen zu fühlen. Sagen Sie sich immer: Ich schaffe das!

Völlig egal, wie bescheiden Ihr Start in diesem Leben auch war, es ist nie zu spät, die Route zu ändern und das Schiff auf Erfolgskurs zu bringen.

Fragen Sie sich, was der höchste Zweck Ihres Lebens ist. Verwirklichen Sie sich, entdecken Sie sich mit all Ihren Facetten, mit der ganzen Klaviatur, die Ihnen zur Verfügung steht. Ergründen Sie sich bis in die tiefsten Untiefen Ihres Seins, ohne sich darin zu verlieren, ohne sich zu bewerten, zu verurteilen oder zu Tode zu sezieren.

Nehmen Sie behutsam Kontakt auf zu dem wunderbaren, verletzlichen und sensiblen Wesen, das Sie ein Leben lang begleitet: Ihrem inneren Kind. An Ihnen selbst liegt es, ob Sie es wie ein richtiges Kind wahrnehmen, annehmen, trösten, lieben und in Ihr Leben integrieren oder ob sie es vernachlässigen, verwahrlosen und verhungern lassen.

Haben Sie Geduld mit Ihrem inneren Kind, mit Gewalt erreichen Sie gar nichts. Vergessen Sie nicht, dass Sie diesen Teil von sich über Jahre, vielleicht Jahrzehnte hinweg ignoriert haben. Heilung und Vergebung brauchen Zeit.

Wechseln Sie den Standort! Tauchen Sie tief in die Gefühlswelt des Kindes ein und betrachten Sie das Drama auch aus der Vogelperspektive.

♛

Holen Sie Kindheitsträume nach. Lassen Sie sich auch mal dazu hinreißen, etwas „Verrücktes" zu tun. Gehen Sie in einen Märchenfilm, fahren Sie Kinderkarussell oder bestellen Sie ein Kindermenü im Restaurant. Schreiben Sie das Buch Ihrer Kindheit neu, indem Sie schlechte Erinnerungen in positive Gefühle verwandeln und eine traumatische Kindheit in Ihrer Vorstellung so gestalten, wie Sie sie sich damals gewünscht hätten.

♛

Und vor allem: Lernen Sie, sich bedingungslos zu lieben!

*Das Einzige, was von uns
eines Tages bleibt, ist das,
was wir anderen freigiebig
von Herzen gegeben und
in den Köpfen und Herzen
der Menschen hinterlassen haben.*

HARALD GLÖÖCKLER

Fuck you, Brain … jetzt oder nie!

„Davon habe ich nichts!“ scheint das Credo unserer Zeit zu sein. Doch Egoisten, die nur auf ihr eigenes Wohl bedacht sind, mag im Grunde niemand. Es ist schon richtig, jeder muss sehen, wo er bleibt, und sollte darauf achten, nicht zu freigiebig mit Zeit und Zuwendung umzugehen, da man sonst Gefahr läuft, ausgenutzt zu werden. Achten Sie immer darauf, die Balance zwischen Geben und Nehmen zu wahren.

Grundsätzlich haben Sie immer einen Mehrwert bei allem, was Sie tun, und sei es nur, dass Sie zu neuen Erkenntnissen gelangen. Diese Art zu denken unterscheidet unter anderem erfolgreiche Menschen von Versagern. Erfolgreiche Persönlichkeiten ziehen aus allem, wofür sie sich engagieren, einen Gewinn. Ich persönlich bekomme immer viele Anregungen für ein neues Business. Da ich hier und da gern einmal querdenke, kommen mir immer wieder die kreativsten Ideen aus den Bereichen Kunst und Design, mit denen ich Nischen besetze, die bisher leer standen. Nur weil andere dachten, das und das würde nicht zusammenpassen. Oftmals ergibt sich eine Bereicherung für beide Seiten, eine Win-win-Situation, die zu Begeisterung beider Parteien führt, so wie es in einem guten Business sein sollte. Dann gibt es Angebote für Jobs, die nicht unbedingt zu den bestbezahlten gehören, einen aber auf einer anderen Ebene weiterbringen. Oder es kommt eine Anfrage, die im ersten Moment gar nicht zur eigentlichen Profession passt, bei näherem Hinsehen aber ungeahnte Möglichkeiten offeriert.

Ein Beispiel: Auf der Messe Cebit in Hannover präsentierte ich für die Firma Lapp Kabel eine Kabel-Couture, eine Modekollektion aus Kabeln, die die Verwendungsmöglichkeiten der neuesten Kabel auf kreative und künstlerische Weise mithilfe von Models und Tänzern in Szene setzte. Lapp Kabel begeisterte mit dieser Show ihre Besucher und zeigte sich, passend zum Produkt, modern und innovativ. Und ich demonstrierte einmal mehr meine Vielseitigkeit. Die Menschen waren begeistert von meinem Einfallsreichtum in einer Branche, die eigentlich so gar nichts mit Mode zu tun hat.

Für mich ist es immer eine Bereicherung, meinen Radius über alle Grenzen hinaus zu erweitern und völlig andere Menschen zu erreichen, meine Ideen einem Publikum zugänglich zu machen, dem diese sonst verschlossen geblieben wären. Wenn man Grenzen sprengt – und das macht man als Künstler ja durchaus immer wieder –, stößt man allerdings nicht immer bei allen auf Zustimmung und Akzeptanz. Oft bekommt man auch die geballte Ladung an Vorurteilen, Häme und Neid zu spüren. Sehr beliebt in Deutschland: „Der macht ja aus allem Geld!" Glauben Sie mir, mit solchen Sätzen kann ich gut leben, das ist ja im Grunde ein Kompliment. An dieser Stelle kann ich nur Salvador Dalí zitieren: „Neid muss man sich erarbeiten, Mitleid bekommt man geschenkt."

Überlegen Sie sich jedoch immer sehr genau, was Sie tun wollen und was Sie besser sein lassen, was Sie weiterbringt oder was Ihnen unter Umständen eher schadet. Nicht nur bestehende, sondern auch eventuell entstehende Partnerschaften und Freundschaften sollten Sie regelmäßig auf den Prüfstand stellen. Informieren Sie sich ganz professionell über sämtliche die Person, Firma oder Gesellschaft betreffenden Aspekte sowohl im privaten als auch im beruflichen Sektor. Sie müssen unbedingt im Vorfeld wissen, auf wen Sie sich einlassen, damit Sie keinem Betrüger auf den Leim gehen oder anderen (finanziellen wie persönlichen) Schaden davontragen. Ihr guter Name kann in Mitleidenschaft gezogen werden, wenn Sie sich mit den falschen Personen einlassen. Wenn alle beruflichen Fakten überprüft und Sie zu einem positiven Ergebnis gelangt sind, checken Sie die menschliche Seite.

Nichts, was ich im Leben angehe, mache ich in erster Linie des Geldes wegen. Verstehen Sie mich nicht falsch, ich liebe Geld, das ist etwas

Großartiges, etwas ganz Wunderbares. Geld ist Energie, mit der man sehr viel bewirken kann. Viele Menschen haben bedingt durch Erziehungsvorgaben ein gestörtes Verhältnis zu Geld. Man suggerierte ihnen von klein auf, dass Geld schlecht sei, den Charakter verderbe, man darüber nicht spreche und so weiter. Alles Schmarrn. Wenn ein Charakter verdorben ist, dann ist er es mit oder ohne Geld. Ich persönlich halte es mit Mae West, die einmal gesagt haben soll: „Ich war arm und ich war reich, aber glauben Sie mir, reich ist besser!" Ich schätze Geld, ich bin dankbar dafür und heiße es in meinem Leben immer herzlich willkommen.

Um es aber anzuziehen, also dem Geld die Möglichkeit zu geben, zu Ihnen zu kommen, dürfen Sie ihm nicht hinterherrennen, denn dann läuft es logischerweise vor Ihnen weg. Vielmehr sollten Sie für eine entsprechende Resonanz sorgen, damit es zu Ihnen kommt. Wenn Sie Dinge im Leben, im privaten wie im geschäftlichen Bereich, mit Begeisterung und Faszination anpacken (wie ich nicht oft genug betonen kann), gelingen diese und werden unweigerlich erfolgreich. Mit dem Erfolg kommt – wenn Sie es richtig angehen und klug taktieren – das Geld ganz automatisch.

Ich bin jedoch immer auch gern bereit, einer bestimmten Anzahl von Anfragen ohne Entgelt nachzukommen. So engagiere ich mich seit vielen Jahren sehr stark im karitativen Bereich. Wenn ich nach eingehender, zuvor beschriebener Prüfung zum Ergebnis komme, dass es seriös ist und für mich passt, stelle ich mich völlig kostenlos zur Verfügung – sei es als Gast auf einer Spendengala oder als Redner. Warum ich das tue und was ich davon habe? Schauen Sie, viele Menschen sagen zu mir: „Ich mache doch nichts umsonst, ich bin doch nicht verrückt!" Darauf kann ich nur erwidern: Man macht nie etwas umsonst, höchstens kostenlos. Energie geht nicht verloren; alles, was Sie im Leben tun, kommt auf der Haben- wie auf der Sollseite wieder zu Ihnen zurück, das unterliegt dem Resonanzgesetz. Es muss dabei jedoch nicht immer zwingend dieselbe Person sein, die von Ihnen unterstützt wurde und Ihnen nun einen Mehrwert bringt – oft kommt es aus einer ganz anderen Ecke zurück und dann gleich hundertfach.

Sehen Sie, bei einem karitativen Event sind die unterschiedlichsten Menschen aus allen Bereichen des Lebens zugegen, darunter sicherlich auch der eine oder andere potenzielle Geschäftspartner. Wenn Sie so prominent sind wie ich, zudem als personifizierte Marke, stechen Sie den Menschen im wahrsten Sinne des Wortes automatisch ins Auge. Es ist eine perfekte Gelegenheit, Networking zu betreiben und sich selbst von einer anderen Seite zu zeigen, um nicht zu sagen, sich selbst zu promoten. Dabei spielt für mich noch ein weiterer Aspekt eine bedeutende Rolle. Ich fühle mich gut, wenn ich Menschen helfe. Es gibt mir ein warmes, wohliges Gefühl und ist Balsam für meine Seele. Das Fördern von Mitgefühl und das damit verbundene Unterstützen von Menschen, die unsere Hilfe benötigen, ist ein uns angeborenes menschliches – besser gesagt, seelisches – Bedürfnis. „Wie du mir, so ich dir" ist ein Spruch, der auch hier passt. Wenn Sie nur raffgierig und selbstsüchtig durchs Leben schreiten, werden Sie früher oder später auch nur noch auf solche Menschen treffen. Ich frage Sie: Wer braucht denn die als Freunde oder Partner? NIEMAND!

Dann höre ich immer wieder Menschen sagen: „Ich würde ja gern, aber ich habe dafür einfach zu viel zu tun!" Die Klassiker unter den faulen Ausreden: „Sport machen – bei dem Terminplan?" „Sich weiterbilden – dafür habe ich wirklich keine Zeit!" In den meisten Fällen stimmt das nicht, weil man sich Zeit für die wichtigen Dinge im Leben eigentlich immer nehmen kann. Dafür müssen nur Prioritäten anders gesetzt werden. Seit gefühlten hundert Jahren – in Wirklichkeit seit meinem 16. Lebensjahr – betreibe ich Sport zur Ertüchtigung und zum Formen meines Körpers nach meinen Vorstellungen. Auch hier gilt: Man braucht erst eine Vision, einen Plan, und muss diese/n dann umsetzen. Sie wissen ja inzwischen, ich bin kein Sportfanatiker. Es gibt tausend andere Dinge, die ich bedeutend lieber tue, wie zum Beispiel ein Buch lesen. Nur ist mir leider nicht bekannt, dass jemand durch das Lesen von Büchern zu einem gestählten Körper gekommen wäre. Ich wünsche mir einen perfekt geformten Body, sofern man bei Materie, die sich sekündlich verändert, von Perfektion reden kann. Wenn man das eine will, muss man das andere tun, das ist der Deal im Leben, und da ich nicht mit mir sinnlos diskutiere, trabe ich schon fast mein ganzes Leben lang schön folgsam zum Sport, um mich ästhetisch zu formen. Denn der Körper folgt dem Geist, nicht umgekehrt.

Wenn mir nun Bekannte erklären, sie würden ja auch gern zum Sport gehen, ihnen fehle es lediglich an Zeit, dann belügen sie sich selbst und mich gleich mit. Ich verbitte mir solche Ammenmärchen. Meist haben gerade diese Leute weit mehr Freizeit zur Verfügung als ich selbst. Sie beleidigen meine Intelligenz. Es stellt sich hier übrigens die Frage, was schlimmer wiegt: der Betrug an einem anderen oder der an sich selbst? Ich denke, der Selbstbetrug ist der weitaus tragischere, zumal eine Lüge, wenn man sie nur lange genug aufrechterhält, irgendwann zur Wahrheit wird. Erklärt mir nun ein Bekannter, er habe keine Zeit für Sport, werde ich sehr deutlich: „Du hast sehr wohl die Zeit, du musst nur eine Stunde früher aufstehen. Es gibt auch Sportstudios, die 24 Stunden am Tag geöffnet sind. Schaff dir ein Laufband an, geh joggen oder was auch immer du magst. Was du nicht hast, sind Disziplin und die Kraft, aufzuhören, dich mit fadenscheinigen Ausreden aus der Verantwortung zu ziehen. Reiß dich zusammen und geh raus aus deiner Komfortzone. Beweg deinen Allerwertesten, sage: ‚Fuck you, Brain!‘ und setz deine Ziele um.“

Fatalerweise wirken sich Nachlässigkeit und mangelnde Disziplin in einem Bereich (wie dem privaten) auch auf andere Bereiche des Lebens aus (etwa den Beruf). Auch hier vergeudet man dann lieber die Zeit mit Ausflüchten und Ausreden, statt den Stier bei den Hörnern zu packen, Aufgaben anzugehen und zu erledigen. Ich habe längst aufgehört, mit solchen Menschen zu diskutieren. Ich sage lieber: „Tu es oder lass es, aber triff eine Entscheidung und behellige nicht deine Mitmenschen mit deinem ewigen Lamentieren.“ Es wird nie den richtigen Moment geben, wenn man nicht irgendwo anfängt.

Außergewööhnliche Sentenzen

Wer anderen hilft, hilft meist auch gleichzeitig sich selbst.

Ab und an sollten Sie die Dinge auch einfach um der Dinge selbst willen tun, wie einem Kollegen selbstlos helfen. Niemand mag Egoisten.

Wenn Sie nur raffgierig und selbstsüchtig durchs Leben schreiten, werden Sie früher oder später auch nur noch auf ähnlich gestrickte Menschen treffen.

Erfolgreiche Persönlichkeiten ziehen aus allem, wofür sie sich engagieren, einen Gewinn. Das Fördern von Mitgefühl und das damit verbundene Unterstützen von Menschen, die unsere Hilfe benötigen, ist ein uns angeborenes seelisches Bedürfnis.

Achten Sie auf die Balance zwischen Geben und Nehmen.

Nichts ist jemals „umsonst“. Energie geht nicht verloren und alles, was Sie im Leben tun, kommt auf der Haben- oder Sollseite wieder zu Ihnen zurück.

Man hat immer Zeit für die wichtigen Dinge im Leben! Setzen Sie Prioritäten. Und: Schluss mit faulen Ausreden.

Sprengen Sie Ihre Grenzen mit Kreativität und Einfallsreichtum.

Erweitern Sie Ihren Radius, bewegen Sie sich auch außerhalb der gesteckten Grenzen, um so Ihre Ideen einem neuen Publikum zu erschließen.

♔

Neid müssen Sie sich erarbeiten, Mitleid bekommen Sie geschenkt.

♔

Überlegen Sie immer sehr genau, was Sie tun wollen und was Sie besser sein lassen, was Sie weiterbringt oder was Ihnen unter Umständen eher schadet.

♔

Bei allem, was Sie tun, ob gegen Bezahlung oder kostenlos: Informieren Sie sich über sämtliche die Person, Firma oder Gesellschaft betreffenden Aspekte. Sie müssen unbedingt wissen, auf wen Sie sich einlassen, damit Sie keinem Betrüger auf den Leim gehen oder anderen Schaden davontragen.

♔

Erzeugen Sie Resonanz und sagen Sie sich: Ich schätze Geld, ich bin dankbar dafür und heiße es in meinem Leben immer herzlich willkommen.

♔

Mit dem Erfolg kommt – wenn Sie es richtig angehen und klug taktieren – das Geld ganz automatisch. Um Geld anzuziehen, müssen Sie dem Geld die Möglichkeit geben, zu Ihnen zu kommen. Wenn Sie ihm hinterherrennen, läuft es vor Ihnen weg.

♔

Selbstbetrug ist fast schlimmer, als andere zu betrügen.

Ich stelle in meiner Persönlichkeit
eine gewisse Kompromisslosigkeit fest,
was Menschen und Gegebenheiten angeht,
die nicht mit meinem Seelenleben und
meiner Grundeinstellung kompatibel sind
und mich dadurch in meinem Herzen
und meinem Dasein beschweren.
Ich akzeptiere diese Art von Menschen
nicht mehr in meiner Nähe.
Alle anderen Menschen
sind mir überaus willkommen
und werden herzlich
in meinem Leben aufgenommen.

HARALD GLÖÖCKLER

Make peace, not war!

Die ganze Welt ist im Umbruch. Ein neues Zeitalter bricht an und die Erde kommt in immer höhere Schwingungen. Wir fühlen uns müde, alles schmerzt, wir entwickeln Ängste, da wir nicht wissen, was mit uns ist und wird und wir uns völlig neben der Spur befinden.

Aber auch Mitmenschen, Bekannte und Freunde verändern sich plötzlich in einem Maße, dass wir sie nicht mehr wiedererkennen und nicht mehr miteinander harmonieren. Viele Menschen, mit denen wir lange verbunden waren, verlassen uns nun, aber das sollte uns nicht beunruhigen. Segnen Sie diese Menschen und lassen Sie sie gehen. Das Leben ist Veränderung und momentan verändert sich alles eben rapide. Alles ist jetzt im Wandel und vieles wird geklärt und gereinigt. Einige Menschen kommen damit nicht klar und drehen durch. Es gibt mehr Konflikte und Kriege, immer mehr Menschen sehen sich gezwungen, mit nichts als dem, was sie am Körper tragen, ihre Heimat zu verlassen und in ein fremdes Land zu ziehen, da zu Hause ein Leben nicht mehr möglich ist.

Bedauerlicherweise nimmt das Versagen der Politik dramatische Ausmaße an. Zu lange haben die Verantwortlichen zugeschaut oder, noch schlimmer, weggeschaut und nichts unternommen. Menschenleben scheinen nichts wert zu sein; und wenn ein Land nicht strategisch wichtig erscheint oder über Bodenschätze verfügt, die man ausbeuten kann, schaut man lieber weg und lässt alles geschehen. Und als wäre das noch nicht genug, verkauft man noch lustig weiter Waffen an Diktaturen und Diktatoren. Immer mehr Menschen verarmen, die Städte sind nicht mehr sicher und die Polizei ist unterbesetzt und oftmals machtlos. Die Politik negierte das Problem viel zu lange und schaute dem Ganzen offensichtlich teilnahmslos zu.

Hierbei stellt sich durchaus die Frage nach der Professionalität. War das Handeln der Politiker professionell oder eher dilettantisch? Wir haben mittlerweile einen Punkt erreicht, wo manche Bürger aus Angst zeitweise ihre Häuser nicht mehr verlassen. Angst war schon immer ein Feind der Kreativität. Zudem ist es nicht hinnehmbar, ja geradezu unerträglich, dass Menschen, die etwas in ihrem Leben erreicht haben, die sich durch Leistung, harte Arbeit und Fleiß etwas erschaffen haben, von Neidern beleidigt und oftmals sogar bedroht werden und sich, ihr Werk und ihr Leben einer privaten Security anvertrauen müssen, die es zum Glück gibt. Es ist das Versagen einer globalen Politik, einer Politik ohne Visionen, praktiziert von mittelmäßigen Personen, die an die Macht gekommen sind. Das Ganze wird zum einen getragen und befördert von Alternativlosigkeit, gepaart mit Handlungsunfähigkeit und Mutlosigkeit, zum anderen von Gottlosigkeit oder von Schreckensherrschaften im Namen Gottes. Wir brauchen uns jedoch nicht beschweren, wir haben diese Leute gewählt. Wir müssen lernen, wieder Verantwortung zu übernehmen, jeder Einzelne von uns, und unsere Macht und die Bürgerrechte, die wir an die Politiker abgegeben haben, zurückfordern.

Es ist wie gesagt eine Zeit des Umbruchs, alte Strukturen brechen auf und zusammen. So, wie das alte Rom unterging und sich neu formierte, wird sich auch unsere Gesellschaft neu strukturieren müssen. Es ist eine Katharsis, eine schmerzhafte, aber absolut notwendige Reinigung. Für unsere Gesellschaft wie für unsere Zukunft ist eine grundlegende Revolution, eine Erneuerung unseres (kollektiven) Bewusstseins überlebenswichtig, einfach unabdingbar, um ein Umdenken herbeizuführen. In uns wartet ein gottgegebener Schatz voller Lösungsmöglichkeiten für alle sogenannten Probleme und Krisen, der darauf harrt, gehoben zu werden. Meine Großmutter sagte immer: „Wenn im Leben ein Problem auf dich zukommt, schenkt dir Gott auch die Kraft, die Lösung zu finden. In deinem Glauben liegt die Lösung." So wurde ich erzogen, und für mich ist der Glaube eine wichtige Stütze, auch im Beruf.

Der Glaube an mich selbst und der Glaube an Gott, an eine höhere Macht, spielen für mich eine große Rolle im Leben. Ich wurde im lutherischen Glauben erzogen. Da ich allerdings nicht danach gefragt wurde, ob ich lutherisch, katholisch oder gar nicht getauft werden wollte, und mir als freiheitsliebender und sehr selbstbewusster Mensch alles Fremdbestimmte widerstrebt, machte ich mir schon als Kind so meine Gedanken, ob die Zugehörigkeit zum evangelischen Glauben am Ende genauso ein Fehlgriff gewesen war wie die Zugehörigkeit zu meiner Familie, in der ich mich als Fremder unter Fremden fühlte. Denn in die passte ich meiner Meinung nach genauso wenig rein wie ein Lamm in ein Wolfsrudel oder ein Pfau in einen Hühnerstall.

Ich ging eigentlich gern in die Kirche, dann war ich wenigstens für ein paar Stunden von zu Hause weg und konnte die Zeit des Gottesdienstes für meine Studien nutzen. Ich war schon immer ein wissbegieriges Kind mit großen Visionen. Ich fühlte mich zu Erwachsenen weitaus mehr hingezogen als zu gleichaltrigen Kindern, die mich mit ihren albernen Spielchen langweilten. Zum einen beobachtete ich während des Gottesdienstes die Eigenheiten der Kirchgänger, zum anderen die des Chores. Der Pfarrer verfügte über recht wenig Geschick, die Jugend zu erreichen, und war fast genauso uncharmant und kurz angebunden wie die Mesnerin. Zu sagen, ich war mir nicht sicher, ob unser Pfarrer ein Herz hatte, wäre doch etwas zu drastisch, aber er strahlte für mich tatsächlich die Herzlichkeit eines kalten Fisches aus. Damals war für mich ein Pfarrer jemand mit Vorbildfunktion, ein besonderer Mensch, schließlich predigte er von Gott. Doch zu meinem Entsetzen stellte ich fest, dass auch er einfach nur unzulänglich war. Zudem hatte er keinen Humor. So fand ich auch seine Predigten mitunter recht enervierend. Ich klinkte mich häufig schnell aus und begann in Gedanken, die Kirche umzugestalten.

Mir wurde klar, dass es in der Kommunikation mit Gott etwas gibt, das weit über den Glauben, in dem wir aufwachsen, hinausgeht. Denn dieser Glaube an Jesus, das Bild, das uns von anderen vermittelt wird, ist geprägt von Emotionen und Restriktionen und wurde über die Jahrtausende von der Kirche und den Kirchenoberen immer wieder angepasst, um nicht zu sagen benutzt, um die Gläubigen unter Kontrolle zu halten und zu Demut und Unterwürfigkeit zu erziehen.

Was bedeutet denn glauben? Google sagt: etwas lieb haben, verehren, gutheißen, aber auch auf etwas vertrauen, jemandem treu sein.

Der Kosmos will von uns Erdenkindern, dass wir wachsen, dass wir uns entwickeln, dass wir fortschreiten. Wir sind auf dem Weg des Erwachens, auch wenn es noch nicht ganz danach aussieht. Bei

Kindern würde man vom „Weg zum Erwachsenwerden" sprechen. Momentan treiben jedoch noch einige in unserer Welt jedes Extrem auf die Spitze, um der Veränderung zu entkommen. Viele von uns fühlen sich überfordert und sind unzufrieden; etliche reagieren gereizt bis aggressiv, andere wiederum sind deprimiert oder verängstigt. Die ganze Welt befindet sich im Umbruch. Alte, so überaus gewohnte und vertraute Strukturen tragen nicht mehr. Nichts macht uns mehr Angst, als wenn wir Menschlein nicht wissen, was „danach" kommt, wenn Gefahr droht, all das zu verlieren, was uns lieb und teuer ist. Wird es Krieg geben? Wird der Euro zusammenbrechen? Diese und weitere Fragen beschäftigen die Menschen, ohne dass sie eine sichere Antwort finden. Dazu kann ich nur sagen: Der Tag wird kommen, wo wir ohnehin alles verlieren werden, wo wir diese Erde, so nackt wie wir gekommen sind, wieder verlassen müssen. Das letzte Hemd hat bekanntlich keine Taschen. Uns wird nur das bleiben, was wir in diesem Leben gegeben haben.

Deshalb ist die Erkenntnis so wichtig, dass wir göttliche Wesen sind, Kinder Gottes, und dass wir durch unseren Glauben Menschen und Dinge verändern können, ja, die ganze Welt verändern können. Wenn wir aufhören würden zu kritisieren und zu bewerten und stattdessen alles und jeden mit grenzenloser, allumfassender Liebe überfluten würden – denn die Liebe ist die höchste Macht und eliminiert alles andere – könnten wir die Welt zu einer besseren machen. Wer grenzenlos, frei von Erwartungen und selbstlos liebt, kann nicht im selben Moment hassen und wird niemals töten. So bekommen wir langsam, aber sicher wieder eine menschenfreundlichere Welt. Alles ist möglich, wenn wir nur fest an uns und unsere Ziele und Visionen glauben.

Alles das sollten wir uns wieder bewusst machen und damit aufhören, uns und unsere Kinder zu beschränken. Wir erziehen unsere Kinder bereits zur Mittelmäßigkeit, indem wir ihnen systematisch ihre absolut außergewöhnliche Vorstellungskraft und Genialität rauben. Unser Bildungssystem, das immer stärker auf Leistung setzt und abweichendes Denken und Fantasie nicht fördert, ist längst überholt. Dies ist keine Willkür der Lehrer, sondern liegt im Selbstverständnis des Systems an sich. Dieses System sollten wir schnellstens umwandeln in eines, das unserer Jugend eine Zukunft voller Visionen anbietet und die ursprüngliche, göttliche Genialität der Kinder nicht untergräbt oder zerstört, sondern weckt und fördert. Das ist unsere einzige, und zwar wirklich absolut einzige Chance, dafür zu sorgen, dass unsere Welt wieder ein lebenswerter und liebenswerter Ort wird.

Naturzerstörung und Umweltverschmutzung, Kriege, Massentierhaltung, Flucht und Vertreibung ersticken die Liebe zur Kreatur, zum Mitmenschen, ja, zum ganzen Planeten. Das hat nichts mehr mit Visionen zu tun, das ist nur noch ein einziges Desaster. Wir benötigen dringend ein kollektives Umdenken, vor allem ein Querdenken, eine komplette Überarbeitung des Bildungs- und Wertekonzepts, um mit einem anderen Grundverständnis und mit Kompetenz an der Neugestaltung unseres Lebens, unserer Welt und unseres Planeten mitzuwirken.

Außergewööhnliche Sentenzen

Wir benötigen dringend ein kollektives Umdenken, vor allem ein Querdenken, eine komplette Überarbeitung des Bildungs- und Wertekonzepts, um mit einem anderen Grundverständnis und mit Kompetenz an der Neugestaltung unseres Lebens, unserer Welt und unseres Planeten mitzuwirken.

Lernen Sie als Einzelne/r, wieder Verantwortung zu übernehmen, fordern Sie Ihre Macht und die Bürgerrechte, die Sie an die Politiker abgegeben haben, zurück.

Auch in Ihnen wartet ein gottgegebener Schatz voller Lösungsmöglichkeiten für alle sogenannten Probleme und Krisen, der darauf wartet, gehoben zu werden.

Erziehen Sie Ihre Kinder nicht zur Mittelmäßigkeit, indem Sie ihnen ihre absolut außergewöhnliche Vorstellungskraft und Genialität rauben, sondern fördern Sie sie mit aller Kraft.

Mit festem Glauben können Sie Menschen und Dinge verändern, ja, sogar die ganze Welt verändern.

Nachwort

Meine sehr verehrten Damen und Herren,

ich hoffe, unsere gemeinsame Reise in die Welt und die Visionen des Harald Glööckler, in unser Denken und Fühlen, in die Kindheit und das Erwachsenendasein, in Strategien und Erfolgsrezepte, in das eigene Unterbewusstsein und in die verschiedenen Ichs haben Ihnen genauso viel Freude gemacht wie mir.

Dass ich dieses Buch geschrieben habe, entsprang nicht nur einfach der Idee, Harald Glööckler könnte ja auch mal eben so ein Motivationsbuch schreiben, obgleich dieser Gedanke keineswegs abwegig, sondern durchaus nachvollziehbar wäre. Vielmehr war es mir ein inneres Bedürfnis, eine Berufung sogar. Nachdem immer mehr Menschen mich über Facebook und Twitter anschrieben, um mein Erfolgsgeheimnis zu ergründen und mich in der einen oder anderen Angelegenheit um Rat zu fragen, beschloss ich, einiges davon, was mir besonders am Herzen liegt, niederzuschreiben. Wie ich Ihnen in „Fuck you, Brain!" erläutert habe, kommen im Leben Herausforderungen auf uns zu und werden Anforderungen an uns herangetragen, die wir annehmen oder denen wir uns verweigern können. Ich möchte Sie ermutigen, ein Original zu werden, immer und überall Sie selbst zu sein, über Ihren viel zu kleinen Schatten zu springen, Ihre Ängste und konditionierten Vorstellungen über Bord zu werfen, kühne Visionen zu entwerfen und nur dem zu folgen, was Sie wirklich, wirklich wollen. Dazu müssen Sie erst einmal herausfinden, wer und was Sie sind und was momentan wichtig und richtig für Sie selbst und Ihre persönliche Entwicklung ist. So manche Aufgabe, die im ersten Ansatz unlösbar oder abwegig erscheint, stellt sich im Nachhinein als Ihre große Chance zur persönlichen Herzensbildung und Weiterentwicklung heraus.

Ich bin ein sehr spiritueller Mensch und stets offen für unkonventionelle Empfehlungen und Botschaften. So ist es nicht weiter verwunderlich, dass ich mir eines Tages in Indien mein Palmblatt lesen ließ.

Die Palmblätter wurden vor ca. 5000 v. Chr. von Rishis geschrieben, von weisen Menschen, die die Fähigkeit hatten, Informationen aus der kosmischen Akasha-Chronik zu erhalten, in der Vergangenheit, Gegenwart und Zukunft eins sind, in der die lineare Zeit nicht existiert. So soll es in den Palmblatt-Bibliotheken für Millionen von Menschen so ein geheimnisvolles Blatt geben, das Auskunft gibt über den individuellen Lebensweg und das eigene Schicksal, über frühere, gegenwärtige und zukünftige Existenzen, über Blockaden und Fähigkeiten. Die Palmblatt-Bibliotheken wurden geschaffen, um den Lebensweg eines Menschen zu bestimmten Zeiten nachvollziehen und mit der richtigen Verhaltensempfehlung günstiger gestalten zu können. Das bedeutet allerdings nicht, dass sich das vorgezeichnete Schicksal abwenden lässt.

Die Aufzeichnungen werden mit scharfen Werkzeugen in Lontarblätter, eine Palmenart, eingeritzt. Die fertigen Seiten reibt man mit Ruß oder Gelbwurz ab, beides wird nur von dem Eingeritzten angenommen. Um ein Buch fertigzustellen, wird durch die Blätter ein Loch gebohrt. Ein hölzerner Deckel und Boden und eine Kordel halten den Stapel zusammen. Diese Bücher haben eine Haltbarkeit von circa 800 Jahren, danach werden sie wieder neu abgeschrieben. Forschungsinstitute auf der ganzen Welt bemühen sich mittlerweile um den Erhalt dieser wertvollen Manuskripte. Die Sammlung wurde 1997 sogar in die Liste des UNESCO-Weltkulturerbes aufgenommen.

So ließ ich mir also mein Palmblatt lesen und was soll ich sagen: Nicht nur mein gegenwärtiger Lebensverlauf war bereits vor 7.000 Jahren in erstaunlicher Genauigkeit dokumentiert worden, sondern ich erfuhr auch wichtige Details über die Zukunft. So stand in meinem Palmblatt, ich würde ein Prediger werden, um Menschen zu helfen und zu heilen. Meine Aufgabe werde sein, Menschen wieder ins Licht zu führen, sie zu coachen und zurück zum Glauben zu führen. Dies war nun selbst für mich einigermaßen verwirrend, aber ich bin immer bereit, mich überraschen zu lassen. Ist erst einmal „die Katze aus dem Sack", lässt die Reaktion ganz sicher nicht lange auf sich warten. Und so geschah es.

Nahezu zeitgleich kam eine Anfrage der evangelischen Andreasgemeinde Niederhöchstadt bei Frankfurt, die seit vielen Jahren außergewöhnliche Gottesdienste für Menschen feiert, die der Kirche eher kritisch gegenüberstehen – sogenannte Go Specials mit Künstlern an ungewohnten Orten. Nachdem ich vor einigen Monaten von der deutschen Bibelgesellschaft in Zusammenarbeit mit der Deutschen Evangelischen Kirche gebeten und verpflichtet worden war, einen Schmuckschuber für die brandneue Übersetzung der Lutherbibel anlässlich des 500-jährigen Lutherjubiläums zu kreieren, wurde man bezüglich meines Glaubens auf mich aufmerksam und bat mich, in einem der Go-Special-Gottesdienste zu predigen und über meinen Glauben zu sprechen. Diesem Ruf bin ich nun mehrfach mit großem Erfolg gefolgt; es war für mich eine große Freude und Bereicherung zu sehen, dass ich vielen Menschen dadurch etwas geben konnte.

Auch in meiner Profession als Coach und Speaker mehren sich die Anfragen und Buchungen. Dafür bin ich sehr dankbar, denn es gibt nichts Schöneres, als Erfahrungen und gesammeltes Wissen weiterzugeben.

Nun bleibt mir nur noch, mich auch bei Ihnen, meinen sehr verehrten Leserinnen und Lesern, von ganzem Herzen zu bedanken und Ihnen Gottes Segen zu wünschen.

Harald Glööckler

Im Anhang finden Sie Affirmationen und Kontemplationen, die Ihnen helfen sollen, Ihren neuen Weg zu gehen und zu festigen.

PURPLE UNIVERSUM

Affirmationen für jeden Tag

ANHANG

Ich bin dankbar ...

Ich bin dankbar für allen Überfluss, der mir täglich aufs Neue zuteilwird.

Ich bin dankbar, dass all meine Wünsche jetzt großzügig in göttlicher Liebe erfüllt werden.

Ich bin dankbar für die Liebe, die Freude, die Gesundheit, die Gnade und den Reichtum, für alles, was mir das Leben zuteilwerden lässt.

Ich bin dankbar, dass ich jeden Tag reicher an Erfahrungen werde. Mein Reichtum nimmt stetig zu.

Ich bin unendlich dankbar für jeden Menschen, der mich liebt und schätzt.

Ich bin dankbar für alles, was ich besitze und was ich in Kürze besitzen werde.

Ich bin dankbar, dass mich das Universum jeden Tag aufs Neue mit Glück und Reichtum überschüttet.

Ich bin dankbar, dass mein Dasein so einzigartig und wundervoll ist.

Ich bin dankbar für die Schönheit des Lebens und der Natur.

Ich bin dankbar für den Reichtum des Universums, der im Überfluss vorhanden ist.

Ich bin dankbar für Gottes Liebe und Gnade, die mich reich beschenken.

Ich bin dankbar für die segnende Kraft der Sonne, die sich täglich in Fülle über mich ergießt.

Ich bin dankbar für alle Erfahrungen des Lebens. Alles, was ich erlebe, bereichert mein Leben und ist gut, wie es ist.

Ich bin dankbar für alles, was ich besitze.

Ich liebe ...

Ich liebe mein Spiegelbild.

Ich liebe meine Augen.

Ich liebe meine Haare.

Ich liebe meinen Mund.

Ich liebe und werde geliebt.

Ich liebe mich so, wie ich bin.

Ich bin …

Ich bin in Liebe und voller Dankbarkeit.

Ich bin in Liebe und voller Freude.

Ich bin in Liebe und mein Reichtum wächst unermüdlich.

Ich bin in Liebe und mein Erfolg nimmt stetig zu.

In bin in Liebe und von den Engeln geliebt.

Ich bin in Liebe und von den Engeln beschützt.

Ich bin in Liebe und von Gott beschützt.

Ich bin in Liebe und werde geachtet und geschätzt.

Ich bin in Liebe und alle lieben mich.

Ich bin in Liebe und überaus erfolgreich.

Ich bin in Liebe und in Gesundheit.

Ich bin in Liebe und in großer Freude.

Ich bin es wert, geliebt zu werden.

Ich bin Gottes Kind und werde von Gott geliebt.

Ich bin einmalig.

Ich bin gut.

Ich bin schön.

Ich bin wertvoll.

Ich bin liebevoll.

Ich bin charmant.

Ich bin eloquent.

Ich bin unterhaltsam.

Ich bin inspirierend.

Ich bin vielseitig.

Ich bin überaus interessant.

Ich bin erfrischend anders.

Ich bin zufrieden mit mir selbst.

Ich bin Leichtigkeit.

Ich bin Vertrauen.

Ich bin Selbstvertrauen.

Ich bin gewappnet gegen die Herausforderungen des Lebens.

Ich bin die Nummer eins in meinem Leben.

Ich bin voller Kraft und Energie.

Ich bin voller Freude und Lebendigkeit.

Ich bin reich …

Ich bin reich. Ich bin wohlhabend. Ich bin vermögend.

Ich bin stets von Reichtum und Glück umgeben.

Ich bin reich und erfolgreich.

Ich bin reich und werde geliebt.

Ich bin reich und einzigartig.

Ich bin reich und mein Reichtum nimmt stetig zu.

Ich bin reich und schön.

Ich bin reich und beliebt.

Ich bin reich und kreativ.

Ich bin finanziell frei und unabhängig.

Ich bin erfolgreich.

Ich ziehe Geld magnetisch an.

Ich bin Reichtum.

Ich bin Wohlstand.

Ich nehme Reichtum dankend an.

Ich nehme Wohlstand dankend an.

Ich bin es wert, reich zu sein.

Ich bin es wert, reich beschenkt zu werden.

Ich bin ein Kind Gottes und Gottes Reichtum fließt zu mir.

Ich sehe Gottes Reichtum.

Geld strömt mir in reicher Fülle zu.

Es ist mein göttliches Geburtsrecht, reich und wohlhabend zu sein.

Ich bin ständig von Reichtum umgeben.

Alles in der Natur ist Reichtum pur.

Unerwartetes Vermögen fließt in Fülle zu mir.

Ich liebe Geld und Geld liebt mich.

Ich werde jetzt vom Kosmos reich beschenkt.

Gottes Reichtum ist auch mein Reichtum.

Das Universum beschenkt mich reich.

Ich nehme den Reichtum des Universums dankend an.

Wohlstand und Überfluss sind mein natürlicher Zustand.

Ich bin eins mit Gottes unendlichem Reichtum.

Ich lebe in Reichtum, Zufriedenheit und Dankbarkeit.

Es ist leicht für mich, erfolgreich zu sein.

Ich öffne mich ...

Ich öffne mich meiner eigenen Schönheit.

Ich öffne mich mir selbst gegenüber.

Ich vertraue …

Ich vertraue auf meine Kenntnisse.

Ich vertraue mir selbst.

Ich vertraue auf meine Fähigkeiten.

Ich respektiere …

Ich respektiere meine Mitmenschen
und meine Mitmenschen respektieren mich.

Ich achte und werde geachtet.

Ich umgebe mich ...

Ich umgebe mich mit Dingen, die mir guttun.

Ich umgebe mich mit Menschen, die mir guttun.

CHAOS ON SUNDAY

Kontemplationen für jeden Tag

ANHANG

Die folgenden Seiten sollten Sie jeden Tag einige Minuten auf sich wirken lassen, denn allein das pure Betrachten wird etwas in Ihnen bewegen.

FREUDE..FREUDE..FREUDE..FREUDE..FREUDE..FREUDE..FREUDE
FREUDE..FREUDE..FREUDE..FREUDE..FREUDE..FREUDE..FREUDE
FREUDE..FREUDE..FREUDE..FREUDE..FREUDE..FREUDE..FREUDE
FREUDE..FREUDE..FREUDE..FREUDE..FREUDE..FREUDE..FREUDE
FREUDE..FREUDE..FREUDE..FREUDE..FREUDE..FREUDE..FREUDE
FREUDE..FREUDE..FREUDE..FREUDE..FREUDE..FREUDE..FREUDE
FREUDE..FREUDE..FREUDE..FREUDE..FREUDE..FREUDE..FREUDE
FREUDE..FREUDE..FREUDE..FREUDE..FREUDE..FREUDE..FREUDE
FREUDE..FREUDE..FREUDE..FREUDE..FREUDE..FREUDE..FREUDE
FREUDE..FREUDE..FREUDE..FREUDE..FREUDE..FREUDE..FREUDE
FREUDE..FREUDE..FREUDE..FREUDE..FREUDE..FREUDE..FREUDE
FREUDE..FREUDE..FREUDE..FREUDE..FREUDE..FREUDE..FREUDE
FREUDE..FREUDE..FREUDE..FREUDE..FREUDE..FREUDE..FREUDE
FREUDE..FREUDE..FREUDE..FREUDE..FREUDE..FREUDE..FREUDE
FREUDE..FREUDE..FREUDE..FREUDE..FREUDE..FREUDE..FREUDE
FREUDE..FREUDE..FREUDE..FREUDE..FREUDE..FREUDE..FREUDE
FREUDE..FREUDE..FREUDE..FREUDE..FREUDE..FREUDE..FREUDE
FREUDE..FREUDE..FREUDE..FREUDE..FREUDE..FREUDE..FREUDE
FREUDE..FREUDE..FREUDE..FREUDE..FREUDE..FREUDE..FREUDE
FREUDE..FREUDE..FREUDE..FREUDE..FREUDE..FREUDE..FREUDE
FREUDE..FREUDE..FREUDE..FREUDE..FREUDE..FREUDE..FREUDE
FREUDE..FREUDE..FREUDE..FREUDE..FREUDE..FREUDE..FREUDE
FREUDE..FREUDE..FREUDE..FREUDE..FREUDE..FREUDE..FREUDE
FREUDE..FREUDE..FREUDE..FREUDE..FREUDE..FREUDE..FREUDE
FREUDE..FREUDE..FREUDE..FREUDE..FREUDE..FREUDE..FREUDE

SELBSTVERTRAUEN...SELBSTVERTRAUEN...SELBSTVERTRAUEN

SELBSTVERTRAUEN...SELBSTVERTRAUEN...SELBSTVERTRAUEN

SELBSTVERTRAUEN...SELBSTVERTRAUEN...SELBSTVERTRAUEN

SELBSTVERTRAUEN...SELBSTVERTRAUEN...SELBSTVERTRAUEN

SELBSTVERTRAUEN...SELBSTVERTRAUEN...SELBSTVERTRAUEN

SELBSTVERTRAUEN...SELBSTVERTRAUEN...SELBSTVERTRAUEN

SELBSTVERTRAUEN...SELBSTVERTRAUEN...SELBSTVERTRAUEN

SELBSTVERTRAUEN...SELBSTVERTRAUEN...SELBSTVERTRAUEN

SELBSTVERTRAUEN...SELBSTVERTRAUEN...SELBSTVERTRAUEN

SELBSTVERTRAUEN...SELBSTVERTRAUEN...SELBSTVERTRAUEN

SELBSTVERTRAUEN...SELBSTVERTRAUEN...SELBSTVERTRAUEN

SELBSTVERTRAUEN...SELBSTVERTRAUEN...SELBSTVERTRAUEN

SELBSTVERTRAUEN...SELBSTVERTRAUEN...SELBSTVERTRAUEN

SELBSTVERTRAUEN...SELBSTVERTRAUEN...SELBSTVERTRAUEN

SELBSTVERTRAUEN...SELBSTVERTRAUEN...SELBSTVERTRAUEN

SELBSTVERTRAUEN...SELBSTVERTRAUEN...SELBSTVERTRAUEN

SELBSTVERTRAUEN...SELBSTVERTRAUEN...SELBSTVERTRAUEN

SELBSTVERTRAUEN...SELBSTVERTRAUEN...SELBSTVERTRAUEN

SELBSTVERTRAUEN...SELBSTVERTRAUEN...SELBSTVERTRAUEN

SELBSTVERTRAUEN...SELBSTVERTRAUEN...SELBSTVERTRAUEN

SELBSTVERTRAUEN...SELBSTVERTRAUEN...SELBSTVERTRAUEN

SELBSTVERTRAUEN...SELBSTVERTRAUEN...SELBSTVERTRAUEN

SELBSTVERTRAUEN...SELBSTVERTRAUEN...SELBSTVERTRAUEN

SELBSTVERTRAUEN...SELBSTVERTRAUEN...SELBSTVERTRAUEN

SELBSTVERTRAUEN...SELBSTVERTRAUEN...SELBSTVERTRAUEN

GELASSENHEIT..............GELASSENHEIT..............GELASSENHEIT

GELASSENHEIT..............GELASSENHEIT..............GELASSENHEIT

GELASSENHEIT..............GELASSENHEIT..............GELASSENHEIT

GELASSENHEIT..............GELASSENHEIT..............GELASSENHEIT

GELASSENHEIT..............GELASSENHEIT..............GELASSENHEIT

GELASSENHEIT..............GELASSENHEIT..............GELASSENHEIT

GELASSENHEIT..............GELASSENHEIT..............GELASSENHEIT

GELASSENHEIT..............GELASSENHEIT..............GELASSENHEIT

GELASSENHEIT..............GELASSENHEIT..............GELASSENHEIT

GELASSENHEIT..............GELASSENHEIT..............GELASSENHEIT

GELASSENHEIT..............GELASSENHEIT..............GELASSENHEIT

GELASSENHEIT..............GELASSENHEIT..............GELASSENHEIT

GELASSENHEIT..............GELASSENHEIT..............GELASSENHEIT

GELASSENHEIT..............GELASSENHEIT..............GELASSENHEIT

GELASSENHEIT..............GELASSENHEIT..............GELASSENHEIT

GELASSENHEIT..............GELASSENHEIT..............GELASSENHEIT

GELASSENHEIT..............GELASSENHEIT..............GELASSENHEIT

GELASSENHEIT..............GELASSENHEIT..............GELASSENHEIT

GELASSENHEIT..............GELASSENHEIT..............GELASSENHEIT

GELASSENHEIT..............GELASSENHEIT..............GELASSENHEIT

GELASSENHEIT..............GELASSENHEIT..............GELASSENHEIT

GELASSENHEIT..............GELASSENHEIT..............GELASSENHEIT

GELASSENHEIT..............GELASSENHEIT..............GELASSENHEIT

GELASSENHEIT..............GELASSENHEIT..............GELASSENHEIT

GELASSENHEIT..............GELASSENHEIT..............GELASSENHEIT

LEICHTIGKEIT...LEICHTIGKEIT...LEICHTIGKEIT...LEICHTIGKEIT
LEICHTIGKEIT...LEICHTIGKEIT...LEICHTIGKEIT...LEICHTIGKEIT
LEICHTIGKEIT...LEICHTIGKEIT...LEICHTIGKEIT...LEICHTIGKEIT
LEICHTIGKEIT...LEICHTIGKEIT...LEICHTIGKEIT...LEICHTIGKEIT
LEICHTIGKEIT...LEICHTIGKEIT...LEICHTIGKEIT...LEICHTIGKEIT
LEICHTIGKEIT...LEICHTIGKEIT...LEICHTIGKEIT...LEICHTIGKEIT
LEICHTIGKEIT...LEICHTIGKEIT...LEICHTIGKEIT...LEICHTIGKEIT
LEICHTIGKEIT...LEICHTIGKEIT...LEICHTIGKEIT...LEICHTIGKEIT
LEICHTIGKEIT...LEICHTIGKEIT...LEICHTIGKEIT...LEICHTIGKEIT
LEICHTIGKEIT...LEICHTIGKEIT...LEICHTIGKEIT...LEICHTIGKEIT
LEICHTIGKEIT...LEICHTIGKEIT...LEICHTIGKEIT...LEICHTIGKEIT
LEICHTIGKEIT...LEICHTIGKEIT...LEICHTIGKEIT...LEICHTIGKEIT
LEICHTIGKEIT...LEICHTIGKEIT...LEICHTIGKEIT...LEICHTIGKEIT
LEICHTIGKEIT...LEICHTIGKEIT...LEICHTIGKEIT...LEICHTIGKEIT
LEICHTIGKEIT...LEICHTIGKEIT...LEICHTIGKEIT...LEICHTIGKEIT
LEICHTIGKEIT...LEICHTIGKEIT...LEICHTIGKEIT...LEICHTIGKEIT
LEICHTIGKEIT...LEICHTIGKEIT...LEICHTIGKEIT...LEICHTIGKEIT
LEICHTIGKEIT...LEICHTIGKEIT...LEICHTIGKEIT...LEICHTIGKEIT
LEICHTIGKEIT...LEICHTIGKEIT...LEICHTIGKEIT...LEICHTIGKEIT
LEICHTIGKEIT...LEICHTIGKEIT...LEICHTIGKEIT...LEICHTIGKEIT
LEICHTIGKEIT...LEICHTIGKEIT...LEICHTIGKEIT...LEICHTIGKEIT
LEICHTIGKEIT...LEICHTIGKEIT...LEICHTIGKEIT...LEICHTIGKEIT
LEICHTIGKEIT...LEICHTIGKEIT...LEICHTIGKEIT...LEICHTIGKEIT
LEICHTIGKEIT...LEICHTIGKEIT...LEICHTIGKEIT...LEICHTIGKEIT
LEICHTIGKEIT...LEICHTIGKEIT...LEICHTIGKEIT...LEICHTIGKEIT

WOHLSTAND.....WOHLSTAND......WOHLSTAND.....WOHLSTAND

WOHLSTAND.....WOHLSTAND......WOHLSTAND.....WOHLSTAND

WOHLSTAND.....WOHLSTAND......WOHLSTAND.....WOHLSTAND

WOHLSTAND.....WOHLSTAND......WOHLSTAND.....WOHLSTAND

WOHLSTAND.....WOHLSTAND......WOHLSTAND.....WOHLSTAND

WOHLSTAND.....WOHLSTAND......WOHLSTAND.....WOHLSTAND

WOHLSTAND.....WOHLSTAND......WOHLSTAND.....WOHLSTAND

WOHLSTAND.....WOHLSTAND......WOHLSTAND.....WOHLSTAND

WOHLSTAND.....WOHLSTAND......WOHLSTAND.....WOHLSTAND

WOHLSTAND.....WOHLSTAND......WOHLSTAND.....WOHLSTAND

WOHLSTAND.....WOHLSTAND......WOHLSTAND.....WOHLSTAND

WOHLSTAND.....WOHLSTAND......WOHLSTAND.....WOHLSTAND

WOHLSTAND.....WOHLSTAND......WOHLSTAND.....WOHLSTAND

WOHLSTAND.....WOHLSTAND......WOHLSTAND.....WOHLSTAND

WOHLSTAND.....WOHLSTAND......WOHLSTAND.....WOHLSTAND

WOHLSTAND.....WOHLSTAND......WOHLSTAND.....WOHLSTAND

WOHLSTAND.....WOHLSTAND......WOHLSTAND.....WOHLSTAND

WOHLSTAND.....WOHLSTAND......WOHLSTAND.....WOHLSTAND

WOHLSTAND.....WOHLSTAND......WOHLSTAND.....WOHLSTAND

WOHLSTAND.....WOHLSTAND......WOHLSTAND.....WOHLSTAND

WOHLSTAND.....WOHLSTAND......WOHLSTAND.....WOHLSTAND

WOHLSTAND.....WOHLSTAND......WOHLSTAND.....WOHLSTAND

WOHLSTAND.....WOHLSTAND......WOHLSTAND.....WOHLSTAND

WOHLSTAND.....WOHLSTAND......WOHLSTAND.....WOHLSTAND

WOHLSTAND.....WOHLSTAND......WOHLSTAND.....WOHLSTAND

ZUFRIEDENHEIT...........ZUFRIEDENHEIT...........ZUFRIEDENHEIT

ZUFRIEDENHEIT...........ZUFRIEDENHEIT...........ZUFRIEDENHEIT

ZUFRIEDENHEIT...........ZUFRIEDENHEIT...........ZUFRIEDENHEIT

ZUFRIEDENHEIT...........ZUFRIEDENHEIT...........ZUFRIEDENHEIT

ZUFRIEDENHEIT...........ZUFRIEDENHEIT...........ZUFRIEDENHEIT

ZUFRIEDENHEIT...........ZUFRIEDENHEIT...........ZUFRIEDENHEIT

ZUFRIEDENHEIT...........ZUFRIEDENHEIT...........ZUFRIEDENHEIT

ZUFRIEDENHEIT...........ZUFRIEDENHEIT...........ZUFRIEDENHEIT

ZUFRIEDENHEIT...........ZUFRIEDENHEIT...........ZUFRIEDENHEIT

ZUFRIEDENHEIT...........ZUFRIEDENHEIT...........ZUFRIEDENHEIT

ZUFRIEDENHEIT...........ZUFRIEDENHEIT...........ZUFRIEDENHEIT

ZUFRIEDENHEIT...........ZUFRIEDENHEIT...........ZUFRIEDENHEIT

ZUFRIEDENHEIT...........ZUFRIEDENHEIT...........ZUFRIEDENHEIT

ZUFRIEDENHEIT...........ZUFRIEDENHEIT...........ZUFRIEDENHEIT

ZUFRIEDENHEIT...........ZUFRIEDENHEIT...........ZUFRIEDENHEIT

ZUFRIEDENHEIT...........ZUFRIEDENHEIT...........ZUFRIEDENHEIT

ZUFRIEDENHEIT...........ZUFRIEDENHEIT...........ZUFRIEDENHEIT

ZUFRIEDENHEIT...........ZUFRIEDENHEIT...........ZUFRIEDENHEIT

ZUFRIEDENHEIT...........ZUFRIEDENHEIT...........ZUFRIEDENHEIT

ZUFRIEDENHEIT...........ZUFRIEDENHEIT...........ZUFRIEDENHEIT

ZUFRIEDENHEIT...........ZUFRIEDENHEIT...........ZUFRIEDENHEIT

ZUFRIEDENHEIT...........ZUFRIEDENHEIT...........ZUFRIEDENHEIT

ZUFRIEDENHEIT...........ZUFRIEDENHEIT...........ZUFRIEDENHEIT

ZUFRIEDENHEIT...........ZUFRIEDENHEIT...........ZUFRIEDENHEIT

ZUFRIEDENHEIT...........ZUFRIEDENHEIT...........ZUFRIEDENHEIT

ÜBERFLUSS...ÜBERFLUSS...ÜBERFLUSS...ÜBERFLUSS...ÜBERFLUSS
ÜBERFLUSS...ÜBERFLUSS...ÜBERFLUSS...ÜBERFLUSS...ÜBERFLUSS
ÜBERFLUSS...ÜBERFLUSS...ÜBERFLUSS...ÜBERFLUSS...ÜBERFLUSS
ÜBERFLUSS...ÜBERFLUSS...ÜBERFLUSS...ÜBERFLUSS...ÜBERFLUSS
ÜBERFLUSS...ÜBERFLUSS...ÜBERFLUSS...ÜBERFLUSS...ÜBERFLUSS
ÜBERFLUSS...ÜBERFLUSS...ÜBERFLUSS...ÜBERFLUSS...ÜBERFLUSS
ÜBERFLUSS...ÜBERFLUSS...ÜBERFLUSS...ÜBERFLUSS...ÜBERFLUSS
ÜBERFLUSS...ÜBERFLUSS...ÜBERFLUSS...ÜBERFLUSS...ÜBERFLUSS
ÜBERFLUSS...ÜBERFLUSS...ÜBERFLUSS...ÜBERFLUSS...ÜBERFLUSS
ÜBERFLUSS...ÜBERFLUSS...ÜBERFLUSS...ÜBERFLUSS...ÜBERFLUSS
ÜBERFLUSS...ÜBERFLUSS...ÜBERFLUSS...ÜBERFLUSS...ÜBERFLUSS
ÜBERFLUSS...ÜBERFLUSS...ÜBERFLUSS...ÜBERFLUSS...ÜBERFLUSS
ÜBERFLUSS...ÜBERFLUSS...ÜBERFLUSS...ÜBERFLUSS...ÜBERFLUSS
ÜBERFLUSS...ÜBERFLUSS...ÜBERFLUSS...ÜBERFLUSS...ÜBERFLUSS
ÜBERFLUSS...ÜBERFLUSS...ÜBERFLUSS...ÜBERFLUSS...ÜBERFLUSS
ÜBERFLUSS...ÜBERFLUSS...ÜBERFLUSS...ÜBERFLUSS...ÜBERFLUSS
ÜBERFLUSS...ÜBERFLUSS...ÜBERFLUSS...ÜBERFLUSS...ÜBERFLUSS
ÜBERFLUSS...ÜBERFLUSS...ÜBERFLUSS...ÜBERFLUSS...ÜBERFLUSS
ÜBERFLUSS...ÜBERFLUSS...ÜBERFLUSS...ÜBERFLUSS...ÜBERFLUSS
ÜBERFLUSS...ÜBERFLUSS...ÜBERFLUSS...ÜBERFLUSS...ÜBERFLUSS
ÜBERFLUSS...ÜBERFLUSS...ÜBERFLUSS...ÜBERFLUSS...ÜBERFLUSS
ÜBERFLUSS...ÜBERFLUSS...ÜBERFLUSS...ÜBERFLUSS...ÜBERFLUSS
ÜBERFLUSS...ÜBERFLUSS...ÜBERFLUSS...ÜBERFLUSS...ÜBERFLUSS
ÜBERFLUSS...ÜBERFLUSS...ÜBERFLUSS...ÜBERFLUSS...ÜBERFLUSS
ÜBERFLUSS...ÜBERFLUSS...ÜBERFLUSS...ÜBERFLUSS...ÜBERFLUSS

LIEBE…LIEBE…LIEBE…LIEBE…LIEBE…LIEBE…LIEBE…LIEBE…LIEBE

LIEBE…LIEBE…LIEBE…LIEBE…LIEBE…LIEBE…LIEBE…LIEBE…LIEBE

LIEBE…LIEBE…LIEBE…LIEBE…LIEBE…LIEBE…LIEBE…LIEBE…LIEBE

LIEBE…LIEBE…LIEBE…LIEBE…LIEBE…LIEBE…LIEBE…LIEBE…LIEBE

LIEBE…LIEBE…LIEBE…LIEBE…LIEBE…LIEBE…LIEBE…LIEBE…LIEBE

LIEBE…LIEBE…LIEBE…LIEBE…LIEBE…LIEBE…LIEBE…LIEBE…LIEBE

LIEBE…LIEBE…LIEBE…LIEBE…LIEBE…LIEBE…LIEBE…LIEBE…LIEBE

LIEBE…LIEBE…LIEBE…LIEBE…LIEBE…LIEBE…LIEBE…LIEBE…LIEBE

LIEBE…LIEBE…LIEBE…LIEBE…LIEBE…LIEBE…LIEBE…LIEBE…LIEBE

LIEBE…LIEBE…LIEBE…LIEBE…LIEBE…LIEBE…LIEBE…LIEBE…LIEBE

LIEBE…LIEBE…LIEBE…LIEBE…LIEBE…LIEBE…LIEBE…LIEBE…LIEBE

LIEBE…LIEBE…LIEBE…LIEBE…LIEBE…LIEBE…LIEBE…LIEBE…LIEBE

LIEBE…LIEBE…LIEBE…LIEBE…LIEBE…LIEBE…LIEBE…LIEBE…LIEBE

LIEBE…LIEBE…LIEBE…LIEBE…LIEBE…LIEBE…LIEBE…LIEBE…LIEBE

LIEBE…LIEBE…LIEBE…LIEBE…LIEBE…LIEBE…LIEBE…LIEBE…LIEBE

LIEBE…LIEBE…LIEBE…LIEBE…LIEBE…LIEBE…LIEBE…LIEBE…LIEBE

LIEBE…LIEBE…LIEBE…LIEBE…LIEBE…LIEBE…LIEBE…LIEBE…LIEBE

LIEBE…LIEBE…LIEBE…LIEBE…LIEBE…LIEBE…LIEBE…LIEBE…LIEBE

LIEBE…LIEBE…LIEBE…LIEBE…LIEBE…LIEBE…LIEBE…LIEBE…LIEBE

LIEBE…LIEBE…LIEBE…LIEBE…LIEBE…LIEBE…LIEBE…LIEBE…LIEBE

LIEBE…LIEBE…LIEBE…LIEBE…LIEBE…LIEBE…LIEBE…LIEBE…LIEBE

LIEBE…LIEBE…LIEBE…LIEBE…LIEBE…LIEBE…LIEBE…LIEBE…LIEBE

LIEBE…LIEBE…LIEBE…LIEBE…LIEBE…LIEBE…LIEBE…LIEBE…LIEBE

LIEBE…LIEBE…LIEBE…LIEBE…LIEBE…LIEBE…LIEBE…LIEBE…LIEBE

LIEBE…LIEBE…LIEBE…LIEBE…LIEBE…LIEBE…LIEBE…LIEBE…LIEBE

GESUNDHEIT......GESUNDHEIT......GESUNDHEIT......GESUNDHEIT

GESUNDHEIT......GESUNDHEIT......GESUNDHEIT......GESUNDHEIT

GESUNDHEIT......GESUNDHEIT......GESUNDHEIT......GESUNDHEIT

GESUNDHEIT......GESUNDHEIT......GESUNDHEIT......GESUNDHEIT

GESUNDHEIT......GESUNDHEIT......GESUNDHEIT......GESUNDHEIT

GESUNDHEIT......GESUNDHEIT......GESUNDHEIT......GESUNDHEIT

GESUNDHEIT......GESUNDHEIT......GESUNDHEIT......GESUNDHEIT

GESUNDHEIT......GESUNDHEIT......GESUNDHEIT......GESUNDHEIT

GESUNDHEIT......GESUNDHEIT......GESUNDHEIT......GESUNDHEIT

GESUNDHEIT......GESUNDHEIT......GESUNDHEIT......GESUNDHEIT

GESUNDHEIT......GESUNDHEIT......GESUNDHEIT......GESUNDHEIT

GESUNDHEIT......GESUNDHEIT......GESUNDHEIT......GESUNDHEIT

GESUNDHEIT......GESUNDHEIT......GESUNDHEIT......GESUNDHEIT

GESUNDHEIT......GESUNDHEIT......GESUNDHEIT......GESUNDHEIT

GESUNDHEIT......GESUNDHEIT......GESUNDHEIT......GESUNDHEIT

GESUNDHEIT......GESUNDHEIT......GESUNDHEIT......GESUNDHEIT

GESUNDHEIT......GESUNDHEIT......GESUNDHEIT......GESUNDHEIT

GESUNDHEIT......GESUNDHEIT......GESUNDHEIT......GESUNDHEIT

GESUNDHEIT......GESUNDHEIT......GESUNDHEIT......GESUNDHEIT

GESUNDHEIT......GESUNDHEIT......GESUNDHEIT......GESUNDHEIT

GESUNDHEIT......GESUNDHEIT......GESUNDHEIT......GESUNDHEIT

GESUNDHEIT......GESUNDHEIT......GESUNDHEIT......GESUNDHEIT

GESUNDHEIT......GESUNDHEIT......GESUNDHEIT......GESUNDHEIT

GESUNDHEIT......GESUNDHEIT......GESUNDHEIT......GESUNDHEIT

GESUNDHEIT......GESUNDHEIT......GESUNDHEIT......GESUNDHEIT

GLÜCK....GLÜCK....GLÜCK....GLÜCK....GLÜCK....GLÜCK....GLÜCK
GLÜCK....GLÜCK....GLÜCK....GLÜCK....GLÜCK....GLÜCK....GLÜCK
GLÜCK....GLÜCK....GLÜCK....GLÜCK....GLÜCK....GLÜCK....GLÜCK
GLÜCK....GLÜCK....GLÜCK....GLÜCK....GLÜCK....GLÜCK....GLÜCK
GLÜCK....GLÜCK....GLÜCK....GLÜCK....GLÜCK....GLÜCK....GLÜCK
GLÜCK....GLÜCK....GLÜCK....GLÜCK....GLÜCK....GLÜCK....GLÜCK
GLÜCK....GLÜCK....GLÜCK....GLÜCK....GLÜCK....GLÜCK....GLÜCK
GLÜCK....GLÜCK....GLÜCK....GLÜCK....GLÜCK....GLÜCK....GLÜCK
GLÜCK....GLÜCK....GLÜCK....GLÜCK....GLÜCK....GLÜCK....GLÜCK
GLÜCK....GLÜCK....GLÜCK....GLÜCK....GLÜCK....GLÜCK....GLÜCK
GLÜCK....GLÜCK....GLÜCK....GLÜCK....GLÜCK....GLÜCK....GLÜCK
GLÜCK....GLÜCK....GLÜCK....GLÜCK....GLÜCK....GLÜCK....GLÜCK
GLÜCK....GLÜCK....GLÜCK....GLÜCK....GLÜCK....GLÜCK....GLÜCK
GLÜCK....GLÜCK....GLÜCK....GLÜCK....GLÜCK....GLÜCK....GLÜCK
GLÜCK....GLÜCK....GLÜCK....GLÜCK....GLÜCK....GLÜCK....GLÜCK
GLÜCK....GLÜCK....GLÜCK....GLÜCK....GLÜCK....GLÜCK....GLÜCK
GLÜCK....GLÜCK....GLÜCK....GLÜCK....GLÜCK....GLÜCK....GLÜCK
GLÜCK....GLÜCK....GLÜCK....GLÜCK....GLÜCK....GLÜCK....GLÜCK
GLÜCK....GLÜCK....GLÜCK....GLÜCK....GLÜCK....GLÜCK....GLÜCK
GLÜCK....GLÜCK....GLÜCK....GLÜCK....GLÜCK....GLÜCK....GLÜCK
GLÜCK....GLÜCK....GLÜCK....GLÜCK....GLÜCK....GLÜCK....GLÜCK
GLÜCK....GLÜCK....GLÜCK....GLÜCK....GLÜCK....GLÜCK....GLÜCK
GLÜCK....GLÜCK....GLÜCK....GLÜCK....GLÜCK....GLÜCK....GLÜCK
GLÜCK....GLÜCK....GLÜCK....GLÜCK....GLÜCK....GLÜCK....GLÜCK
GLÜCK....GLÜCK....GLÜCK....GLÜCK....GLÜCK....GLÜCK....GLÜCK

DANKBARKEIT..DANKBARKEIT..DANKBARKEIT..DANKBARKEIT
DANKBARKEIT..DANKBARKEIT..DANKBARKEIT..DANKBARKEIT
DANKBARKEIT..DANKBARKEIT..DANKBARKEIT..DANKBARKEIT
DANKBARKEIT..DANKBARKEIT..DANKBARKEIT..DANKBARKEIT
DANKBARKEIT..DANKBARKEIT..DANKBARKEIT..DANKBARKEIT
DANKBARKEIT..DANKBARKEIT..DANKBARKEIT..DANKBARKEIT
DANKBARKEIT..DANKBARKEIT..DANKBARKEIT..DANKBARKEIT
DANKBARKEIT..DANKBARKEIT..DANKBARKEIT..DANKBARKEIT
DANKBARKEIT..DANKBARKEIT..DANKBARKEIT..DANKBARKEIT
DANKBARKEIT..DANKBARKEIT..DANKBARKEIT..DANKBARKEIT
DANKBARKEIT..DANKBARKEIT..DANKBARKEIT..DANKBARKEIT
DANKBARKEIT..DANKBARKEIT..DANKBARKEIT..DANKBARKEIT
DANKBARKEIT..DANKBARKEIT..DANKBARKEIT..DANKBARKEIT
DANKBARKEIT..DANKBARKEIT..DANKBARKEIT..DANKBARKEIT
DANKBARKEIT..DANKBARKEIT..DANKBARKEIT..DANKBARKEIT
DANKBARKEIT..DANKBARKEIT..DANKBARKEIT..DANKBARKEIT
DANKBARKEIT..DANKBARKEIT..DANKBARKEIT..DANKBARKEIT
DANKBARKEIT..DANKBARKEIT..DANKBARKEIT..DANKBARKEIT
DANKBARKEIT..DANKBARKEIT..DANKBARKEIT..DANKBARKEIT
DANKBARKEIT..DANKBARKEIT..DANKBARKEIT..DANKBARKEIT
DANKBARKEIT..DANKBARKEIT..DANKBARKEIT..DANKBARKEIT
DANKBARKEIT..DANKBARKEIT..DANKBARKEIT..DANKBARKEIT
DANKBARKEIT..DANKBARKEIT..DANKBARKEIT..DANKBARKEIT
DANKBARKEIT..DANKBARKEIT..DANKBARKEIT..DANKBARKEIT
DANKBARKEIT..DANKBARKEIT..DANKBARKEIT..DANKBARKEIT

REICHTUM...REICHTUM...REICHTUM...REICHTUM....REICHTUM
REICHTUM...REICHTUM...REICHTUM...REICHTUM....REICHTUM
REICHTUM...REICHTUM...REICHTUM...REICHTUM....REICHTUM
REICHTUM...REICHTUM...REICHTUM...REICHTUM....REICHTUM
REICHTUM...REICHTUM...REICHTUM...REICHTUM....REICHTUM
REICHTUM...REICHTUM...REICHTUM...REICHTUM....REICHTUM
REICHTUM...REICHTUM...REICHTUM...REICHTUM....REICHTUM
REICHTUM...REICHTUM...REICHTUM...REICHTUM....REICHTUM
REICHTUM...REICHTUM...REICHTUM...REICHTUM....REICHTUM
REICHTUM...REICHTUM...REICHTUM...REICHTUM....REICHTUM
REICHTUM...REICHTUM...REICHTUM...REICHTUM....REICHTUM
REICHTUM...REICHTUM...REICHTUM...REICHTUM....REICHTUM
REICHTUM...REICHTUM...REICHTUM...REICHTUM....REICHTUM
REICHTUM...REICHTUM...REICHTUM...REICHTUM....REICHTUM
REICHTUM...REICHTUM...REICHTUM...REICHTUM....REICHTUM
REICHTUM...REICHTUM...REICHTUM...REICHTUM....REICHTUM
REICHTUM...REICHTUM...REICHTUM...REICHTUM....REICHTUM
REICHTUM...REICHTUM...REICHTUM...REICHTUM....REICHTUM
REICHTUM...REICHTUM...REICHTUM...REICHTUM....REICHTUM
REICHTUM...REICHTUM...REICHTUM...REICHTUM....REICHTUM
REICHTUM...REICHTUM...REICHTUM...REICHTUM....REICHTUM
REICHTUM...REICHTUM...REICHTUM...REICHTUM....REICHTUM
REICHTUM...REICHTUM...REICHTUM...REICHTUM....REICHTUM
REICHTUM...REICHTUM...REICHTUM...REICHTUM....REICHTUM
REICHTUM...REICHTUM...REICHTUM...REICHTUM....REICHTUM